······中国基础教育国家级教学成果

后“茶馆式”教学

走向“轻负担、高质量”的实践研究

上海市静安区教育学院附属学校 编著

图书在版编目(CIP)数据

后“茶馆式”教学：走向“轻负担、高质量”的实践研究 / 上海市静安区教育学院附属学校编著. —北京：北京师范大学出版社，2019.1(2024.12 重印)
(中国基础教育国家级教学成果文库)
ISBN 978-7-303-23416-5

Ⅰ.①后… Ⅱ.①上… Ⅲ.①中小学—教学研究 Ⅳ.①G632.0

中国版本图书馆 CIP 数据核字(2018)第 020835 号

图书意见反馈 **gaozhifk@bnupg.com 010-58805079**
营销中心电话 010-58802755 5880035
编辑部电话 010-58802786

HOU CHAGUANSHI JIAOXUE
出版发行：北京师范大学出版社 www.bnupg.com
北京市西城区新街口外大街 12-3 号
邮政编码：100088
印 刷：北京虎彩文化传播有限公司
经 销：全国新华书店
开 本：787 mm×1092 mm 1/16
印 张：21.75
字 数：325 千字
版 次：2019 年 1 月第 1 版
印 次：2024 年 12 月第 5 次印刷
定 价：56.00 元

策划编辑：路 娜 郭 翔 责任编辑：鲍红玉
美术编辑：焦 丽 装帧设计：焦 丽
责任校对：陈 民 责任印制：马 洁

“中国基础教育国家级教学成果文库”
编委会名单

总　序

教育兴则国家兴，教育强则国家强。中共中央、国务院高度重视教育事业，始终将教育事业摆在优先发展的位置上。在中共十九大报告中，习近平总书记明确指出："优先发展教育事业。建设教育强国是中华民族伟大复兴的基础工程，必须把教育事业放在优先位置，深化教育改革，加快教育现代化，办好人民满意的教育。要全面贯彻党的教育方针，落实立德树人根本任务，发展素质教育，推进教育公平，培养德智体美全面发展的社会主义建设者和接班人。"2018 年 9 月 10 日，全国教育大会在北京召开，习近平总书记强调：在党的坚强领导下，全面贯彻党的教育方针，坚持马克思主义指导地位，坚持中国特色社会主义教育发展道路，坚持社会主义办学方向，立足基本国情，遵循教育规律，坚持改革创新，以凝聚人心、完善人格、开发人力、培育人才、造福人民为工作目标，培养德智体美劳全面发展的社会主义建设者和接班人，加快推进教育现代化、建设教育强国、办好人民满意的教育。

"两个一百年"奋斗目标的实现、中华民族伟大复兴中国梦的实现，归根到底靠教育，而基础教育则是实现伟大复兴中国梦、提高民族素质、促进人的全面发展的奠基工程。为此，要鼓励校长和教师创新教育思想、教育模式和教育方法，在实践中办出特色，教出风格。

近些年，基础教育领域教育教学成果斐然，涌现出了一大批有特色的学校、有个性的校长、有风格的教师。在此背景下，2014 年，教育部委托中国教育学会组织评选了首届"基础教育国家级教学成果奖"，共有 417 项成果获奖。这些获奖成果是改革开放以来我国基础教育改革创新的缩影，凝聚着几代教育工作者的智慧和心血。获奖者中有的是历史悠久、文化积淀深厚，至今仍然在实践中勃发着育人风采的名校；有的是建校时间短，在校长和教师的勠力同心、共同耕耘下创出佳绩的新学校；有的是办学理念先进、管理经验丰富、充满活力的校长；有的是师德高尚、业务精湛、热爱学生的教师。总结和推广他们的经验，是推动我国基础教育改革、提高基础教育质量、实现基础教育内涵式发展的重要动力，也是写好教育“奋进之笔”、实现教育现代化的重要保证。

为了宣传首届“基础教育国家级教学成果奖”的获奖成果，充分发挥优秀教学成果的示范、引领和借鉴作用，有效促进基础教育的教学改革与质量提升，教育部委托中国教育学会与北京师范大学出版社共同组织编写了“中国基础教育国家级教学成果文库”(以下简称“文库”)。“文库”围绕首届“基础教育国家级教学成果奖”中的特等奖、一等奖及部分二等奖进行组稿，将每一项教学成果转化为一部著作，深入挖掘优秀成果的创新教育理念与教育思想，系统展示教育教学模式和教育方法，着力呈现对教育突出热点问题和难点问题的工作思路、解决措施和实际效果。这套“文库”将成为宣传优秀教学成果、交流成功教改经验、促进基础教育教学质量提升的综合服务平台。

新时代呼唤更好的教育，人民群众期盼更好的教育。只有扎根中国大地，努力挖掘民族文化底蕴，不断吸收优秀文明成果，始终坚定本土教育自信，持续创生本土教育智慧，才能创造富有中国特色的教育理论和教育文明，推进教育教学改革实践探索；才能切实回应人民群众最现实的教育关切，增强人民群众的教育获得感；才能真正办好人民满意的教育，满足人民对美好生活的向往。人民满意的教育既是我们奋斗的目标，也是我们前进的动力。

2018年9月

前　言

上海市静安区教育学院附属学校(简称静教院附校)十多年来一直潜心于课程与教学改革研究。2008 年年初，学校成功申报了上海市教育科学研究重点课题“提高义务教育阶段学生学业效能的研究”，试图通过提高学生学业效能的研究与实践，进一步减轻学生负担，提高教育质量，并且把这一研究成果直接落实到教学的核心环节——课堂上，由此产生了后“茶馆式”教学。

2010 年，《后“茶馆式”教学》①荣获教育部基础教育课程改革教学研究成果一等奖。2013 年，学校成功申报了教育部重点课题“后‘茶馆式’教学的发展研究”，并在实践中不断完善和发展后“茶馆式”教学。“后‘茶馆式’教学的发展研究”于 2014 年获得了国家级教学成果一等奖。

多年的实践研究使后“茶馆式”教学在国内外产生了很大的影响。《纽约时报》②《人民教育》③及上海各主流媒体④对此都有大篇幅报道。经上海市教委批准，《后“茶馆式”教学》已成为中小学多门学科教师的培训课程。2013 年 11 月，上海市教委命名成立上海市后“茶馆式”教学研究所。互联网上有大量关于后“茶馆式”教学的学习体会与赞誉，上海市及全国其他各地中小学都有进一步学习、掌握后“茶馆式”教学的愿望。

---

① 张人利．后“茶馆式”教学[M]．上海：上海教育出版社，2012．

② David Barboza. Shanghai Schools' Approach Pushes Students to Top of Tests[N]. *The New York Times*, 2010-12-30.

③ 张人利．后“茶馆式”教学：提高课堂教学质量的实证研究[J]．人民教育，2011(5)：41-45.

④ 《文汇报》在 2011 年 3 月 24 日对静教院附校推进后“茶馆式”教学进行了题为“老师少讲多听，学生勤议善问”的报道；《上海教育》《上海教育科研》《思想理论教育》《现代基础教育研究》《现代教学》《教育家》等杂志均发表了关于后“茶馆式”教学的相关文章。

目　录

第一章　后“茶馆式”教学的产生缘由　/ 1

第一节　归纳日常课堂教学的弊端　/ 3

第二节　聚焦教学成果的共同方向　/ 11

第三节　建立后“茶馆式”教学的雏形　/ 17

第二章　后“茶馆式”教学的研究实践　/ 37

第一节　一次探索奠定了实践基础　/ 39

第二节　以“循环实证”推进研究发展　/ 49

第三节　源于实践研究的归纳提升　/ 69

第四节　不同学校的实践验证成果　/ 71

第三章　后“茶馆式”教学的成果阐释　/ 79

第一节　后“茶馆式”教学的基本特征　/ 81

第二节　后“茶馆式”教学的教学方式　/ 111

第三节　后“茶馆式”教学的教学策略　/ 124

第四节　后“茶馆式”教学的教学手段　/ 132

第五节　后“茶馆式”教学的教学方法　/ 150

第四章　后“茶馆式”教学的资源支持　/ 171

第一节　后“茶馆式”教学资源库的功能定位　/ 173

第二节　后“茶馆式”教学资源库的运作机制　/ 184

第三节　后“茶馆式”教学资源库的纵横结构　/ 196

第五章　后“茶馆式”教学的设计案例　/211

第一节　中小学语文教学设计及阐释　/214

第二节　中小学数学教学设计及阐释　/231

第三节　中小学英语教学设计及阐释　/247

第四节　音体美学科教学设计及阐释　/264

第六章　后“茶馆式”教学的实践成效　/293

第一节　后“茶馆式”教学的实践效果　/295

第二节　后“茶馆式”教学的辐射影响　/307

第三节　后“茶馆式”教学的研究反思　/320

附　录　/333

一、各类报纸关于后“茶馆式”教学的报道　/335

二、各类杂志上发表的关于“后茶馆式”教学的文章　/336

第一章

后“茶馆式”教学的产生缘由

1998年，上海市静安区教育学院附属学校(以下简称静教院附校)开始进行课程与教学改革，提出了“按学生最佳发展期设课，创学生最近发展区施教”的课程与教学改革理念，并持续不断地推进各项教育教学实践研究。自2008年提出后“茶馆式”教学以来，静教院附校逐步把研究的重心落到课堂教学上，并在大量观课的基础上，归纳出日常课堂教学的主要弊端。为解决弊端，静教院附校又放眼全国优秀典型教改，提炼并借鉴共同的成功经验，传承和发展了段力佩先生的有领导的“茶馆式”教学，理性分析了维果茨基的最近发展区理论和课堂教学的基本属性，建立了后“茶馆式”教学的理想模型。

第一节　归纳日常课堂教学的弊端

一、 日常课堂教学凸显四个特性

课堂教学是学校教学工作的基本形式，是学生获取知识的主渠道，是实现素质教育、培育核心素养的主阵地。推进课堂教学改革是提高教学质量的关键，也是一项复杂又艰巨的任务，因为课堂教学改革有其重要性、复杂性、艰难性和长期性等特性。

（一）重要性

有人说：“课程与教学的改革最终还是发生在课堂教学中。”因为课程改革的核心环节是课程实施，而课程实施的基本途径是课堂教学。如果离开了课堂，离开了教师的日常教学行为，那么改革只是一句空话。如果教师的教学观念不更新、教学方式不转变，改革也将流于形式，事倍功半，甚至劳而无功。因此，课堂教学是课程与教学改革中必不可少的一环。

学校办学的根本目的是育人，学生在学校学习时间最长的地方还是课堂。校长及校长所领导的团队，如果不能驾驭学校的日常课堂教学，那就意味着还没有真正掌握这个学校的领导权。教师若不会上课，就不是一个合格教师，因为课堂教学水平的高低是评价教师不可或缺的重要标志。

（二）复杂性

课堂是育人的主阵地，学生是学习的主体。课堂教学绝不是教师简单机械地把“桶里的水倒进学生‘一个个杯子里去’”。因此，课堂教学的研究，不但有对学科的研究，还有对人，即对学生的研究。可以说，在中小学阶段，对学生的研究的复杂程度远远大于对学科的研究。可以说，教育是一种“人学”，课堂教学更是一种“人学”，即对人的研究。

人的复杂程度决定着课堂教学的复杂程度，因为人不但有共性，还有个性。多年前，曾有人把钱学森的控制论应用于课堂教学实践，但是经过长期实践，最后宣布失败，原因在于课堂教学涉及教学对象及其情绪、语言、机智等方方面面，实在太复杂了。

（三）艰难性

早在20世纪60年代，毛泽东同志与邓小平、陆定一等人在春节座谈会上关于教育改革工作的讨论与指示中就曾指出，我国“教育方针对，方法不对，要改革”“课程太重、学科太多、作业负担重……学制、课程、教学方法、考试方法这几方面都要改”。2000年1月7日，教育部在北京召开减轻中小学生过重负担的工作电视会议，要求各级教育行政部门和学校切实转变教育观念，树立实施素质教育的思想，切实减轻中小学生过重的负担。

几十年过去了，减负工作的进展并不十分明显。虽然至今几乎每所中小学都开展了课堂教学改革，但是日常课堂教学的改革依然非常困难。为什么日常课堂教学改革的艰难性如此突出呢？其一，因为课堂教学的复杂性决定了课堂教学改革的艰难性；其二，虽然已有提高教师专业能力与素养的校本研修活动等，但是课堂教学最终还是由教师个体完成，特别是日常课堂教学。通俗地说，就是“关了门，教师就是老大”。因此，日常课堂教学的改革仅有行政命令是不行的，它更需要全体教师不断提升教学理念，改变自己的日常教学行为，从而提高课堂教学的效能。

（四）长期性

静教院附校进行课程与教学改革已近 20 年，聚焦课堂教学的研究也已近 10 年。虽然改革成效明显，获得了国家级教学成果一等奖等一系列奖项，且带来了教师教学行为的根本变化，然而，正如对未知世界的探索那样，我们探索得越多、成果越多、成绩越显著，就会越来越感到还有许多值得继续探索的，需要实践的也更多，因此，对课堂教学的研究一定是长期的。

二、 教育应用性研究的逻辑起点

教育科学研究从不同的维度划分有不同的分类：有宏观研究和微观研究，有定量研究和定性研究，有思辨研究和实证研究……在教育领域中，可能更经常地分为基础性研究和应用性研究。

基础性研究通常是对理论的研究，研究指向发展普遍性认识和发现普遍性规律，目的在于为现有的学科知识体系创造或增添新内容，其成果通常以科学论文、科学著作为主要形式。应用性研究指向解决目前的实际问题，是一种理论应用于实践的研究。中小学的教育科研，一般都属于教育的应用性研究。

教育的应用性研究既不同于自然科学的应用性研究，也不同于教育的基础性研究。自然科学，无论是基础性研究，还是应用性研究，都有普适性。如中学物理学习的牛顿三定律，在一定的条件下是普遍适用的。自然科学成果的普遍性，一般不会受地域差异的影响。教育的基础性研究虽然与自然科学研究有区别，但是它们的普适性却往往是相同的。如维果茨基的“最近发展区理论”应该是普遍适用的。然而，教育的应用性研究不但有它的普适性，更有它的差异性，优秀学校不能克隆，优秀教师不能克隆，优秀应用性研究的成果也不能克隆，原因之一在于学生差异、学校差异太大。成果的应用往往要加以修正，甚至需要校长、教师的再创造。

十余年前，上海市静安区开始招收学历层次较高的硕士、博士研究生。静安区教育学院组织这些新教师进行教育实践培训，其中有人就问道：“我们都是名牌师范大学的研究生，为什么还要到地区的教育学院进行培训呢?”言下之意是：你们一个小小的地区教育研究、培训机构能与名牌的师范大学相比吗？院长当即反问了一个问题：“如果你现在生病了要开刀，面前有两位医生供你选择：一位只是医学院的本科学历，但是开刀的临床已有十年；另一位是医学博士，但刚从大学毕业，你考虑选谁呢?”这位教师当场哑然。

教育实践需要教育理论支撑，但是教育理论不等于教育实践，教育的基础性研究也不等于教育的应用性研究。教育实践知识只能在教育实践中获得。

对课堂教学的研究属于应用性研究。课堂教学的应用性研究一定是与教学实践密切结合的。课堂教学又因其具有复杂性的特点，在应用性研究上还有很大差异。如这个教师能在上海上好课，不一定能在中国的西北地区上好课，甚至也不一定能在同一个省市的其他学校上好课。因为除了学生有差异之外，恐怕还有环境的差异，还有地域文化、学校文化背景的差异等。

因此，对课堂教学的研究，必须关注三个问题：①实践研究的基础，即学校的课堂教学现状、突出的问题；②实践研究期望的目标；③可以通过什么途径、方法，从原有基础达到期望目标。课堂教学的研究应体现出应用性、实践性的特点，其研究的逻辑起点不是教育理论上缺什么，不是哪些理论研究还不够，或还没有确定究竟是哪个层面的研究，而是把自己归纳出的问题作为研究的逻辑起点。

三、 当前日常课堂教学的主要弊端

为了进一步进行课堂教学改革，我们从静教院附校“家常课”入手，归纳了课堂教学中的四个主要弊端。

课堂教学的研究主要在两个方面，即学科研究和人的研究，课堂教学的弊端也来源于这两个方面。从目前的教学实践来看，有学科研究的问题，更有对人的研究的问题，这里归纳的弊端主要是教师对学生认知规律的模糊认识，甚至错误认识，导致教师教学行为出现问题。

（一）教师总体讲得太多

教师总体讲得太多，但绝大部分教师并没有认识到自己讲得太多，并常常把自己的讲解作为学生学习的唯一途径。

许多教师认为，上课就是教师讲解，甚至说：“我不讲，学生就不懂；我多讲，学生就多懂；我少讲，学生就少懂；我重复地讲，才能使更多的学生学懂。”“只要上课认真听，你就应该懂。同样在教室里听课，为什么他懂，你不懂呢？他懂，因为我教过了，他认真听了，你不懂说明你没有认真听。所以，讲不讲是教师的责任，懂不懂是学生的问题。”

透过这些教师的语言，我们基本可以看到这样的观点，那就是：“我教过的知识，你只要认真听，就应该懂。”从逻辑上来分析，就是应然、使然、实然。应然，就是应该怎样，上课教过的知识，学生应该能懂；使然，就是为了使学生能听懂这些知识，教师上课认真教过了、讲过了；实然，就是实际上学生并没有听懂。

诺贝尔物理学奖获得者杨振宁是抗战时期从西南联大毕业的。西南联大的特点是“硬件”软，“软件”硬。西南联大常常晚上断电，学生都看不成书，然而，西南联大的教师却是由北大、清华、南开的师资组成的。杨振宁回想在西南联大读书时说：“在物理教室内常常只能听懂一半，还有一半是在晚上与同学的闲聊中搞懂的，因为那时晚上没有电灯。”这当然是杨振宁的谦虚，杨振宁是不可能只听懂一半的。但是这却说明杨振宁也有听不懂的。我们可以设想，杨振宁这样的人还有听不懂的，现在我们的学生都能听懂了？西南联大的教师还没有让杨振宁这样的学生懂，我们的教师就能让学生都懂了？大学如此，中小学难道不是如此？这不恰恰说明了教师上课教过的、讲过的，不等同于学生学会的。

近年来，课堂教学虽然有些改变，例如，电脑、多媒体等教学手段的介入，但是以教师讲解为主的上课模式还是没有改变。大部分学生只有听的权利，没有讲的权利，没有议的权利，没有问的权利。上海市教委教研室主任徐淀芳说，教师总体讲得太多，但大部分教师并没有认识到自己讲得太多，这个问题在上海市中小学课堂教学中普遍存在。

（二）学生学习中的问题暴露不够，解决更少

教师仅仅告诉学生什么是正确的，没有关注学生是怎么思考的，学生学习中的问题暴露不够，解决更少。

学生在学习某一知识前，头脑里常常不是空的，学生有着原有的知识、经历和方法。这些知识、经历和方法，有的有助于今天要学的知识的掌握，甚至会产生“闪光点”；但也有可能与今天要掌握的知识完全相悖。这就需要教师在课堂教学中加以启发引导、暴露问题，从而帮助学生真正掌握新知。然而，教学现状是教师往往讲得太多，只告诉学生正确的知识，却没有关注学生的想法，课堂教学方式还是灌输式居多、启发式较少，学生怎么可能真正学会呢？

何为灌输？何为启发？何为真正学会？教师不关注学生是怎么思考的，只是讲正确的，那是灌输。教师如果能想方设法、千方百计把学生这样或那样的错误暴露出来，进行对话、“碰撞”，再“放”到学生的脑子之中，这才能称之为“启发”，也才能让学生真正学会。可悲的是，许多教师往往只有一套本事：讲正确的，却从来不关注学生在想什么。后“茶馆式”教学把对某一概念、某一问题存在不同认识、不同理解和不同判断的普遍存在的认识论上的现象称为“相异构想”。“相异构想”可以是错误的，也可以是不全面、不深刻的，还可以是正确的，甚至有创意的见解。其实，在大量的学科考核中都有选择题，如果是单选题，一定是一个正确，另外几个错误，结论就是“相异构想”。如果我们的教师在教学中能充分关注“相异构想”的发现、暴露，那么不但有利于学生问题的解决，还有利于学生创新思维的培育。

一位日本的教育专家曾这样描写日本目前中小学课堂教学中的四类现象：第一类，教师怕学生讲错，或者学生讲的与自己不一样；第二类，

学生讲错，或者讲的与教师的想法不一样，教师急于纠错，显得不耐烦；第三类，学生讲错，或者讲的与教师的想法不一样，教师能耐心倾听、适时解答；第四类，教师能有意识地引导、暴露学生可能出现的不同想法，引起学生与学生、学生与教师的对话。

教育需要走向对话，在对话中暴露“相异构想”，帮助学生真正学会知识，而这一点在课堂教学上是远远不够的。

（三）教师没有正视学生间的差异

即使教师关注学生间的差异，也只是在学业成绩上，除了布置大量练习和补课之外，教师没有其他办法。

教师教的、讲的，不一定是学生学会的。教师在课堂教学中暴露学生的问题不够，实际上并不能解决每个人的问题，因为每个人头脑里的知识都不是空的，问题也都不一样。如果所有学生的原有知识和经历都是相同的，那么教学就变得简单了，教师只要解决一个人的问题就可以了。如问学生“军舰为什么能浮在海面上?”如果所有学生回答都是海水的缘故，那么教师的教学就简单了，因为只要解决海水的问题就好了。但是，实际上，学生在生活中对于在水里哪些物体会下沉、哪些物体会上浮已有一定的了解，而对于它们上浮或下沉的原因，因为学生各自积累的知识和生活经历不同，因此会对此产生不同的想法。有的学生仅仅认为是海水的缘故，而有的学生会思考船只接触水的面积、船的形状、海水的含盐量、海水的浮力、水深、马达、船的运动轨迹等。学生对于知识的理解是各不相同的，因为学生之间是有差异的。

对于学生的差异，过去几十年中曾有分层教学的实践研究和理论探索。关注学生差异的出发点是正确的，然而，在分层教学中常常会遇到这样的问题：其一，学生的差异是否仅仅表现在学业成绩、知识与技能上？在一堂课的教学中，学生的差异还表现在过程与方法上，情感、态度和价值观上；其二，学生的差异，有的能分层，有的可能就分不了层。就像教学中的“知识与技能”目标，有的能分层，有的也分不了层。学业成绩虽然是可以分层的，一次考试下来有的学校把学生的学业成绩分为

“A”“B”“C”“D”四个档次，但是分析原因，同为80分，获得80分的原因也是不同的。有的学生错误在这里，有的学生错误在那里；即使错的是同一个题目，犯错的原因也可能是不同的。

所以，学生的差异不仅体现在知识与技能上，也可能体现在过程与方法上，还可能体现在情感、态度和价值观上。就像我们常说的，一千个读者眼里有一千个哈姆雷特，因为每个读者原有知识、经历各不相同，对人物的理解自然也不同。再有，印度伟大的诗人泰戈尔在《飞鸟与鱼》诗集中有一首诗《世界上最远的距离》，诗中写道：“世界上最远的距离，不是生与死的距离，而是我站在你面前，你不知道我爱你……”如果拿“世界上最远的距离”去问科学家，科学家会回答你：“世界上哪有最远的距离?”诗，是语言文字的艺术表达，从中可以体会作者的情感。诗是文学的语言，不是科学的语言。这里不是去考证“世界上最远的距离”这句话正确与否，而是表达不一样的情感体验。对于这样的诗句，因为人的知识与经历不同，理解和感悟自然也不一样。因此，教师必须关注并正视学生间的各种差异。

（四）许多教师不明白自己每个教学行为的价值取向

现在的公开课教学展示活动、课堂教学评比活动很多，教师们可以通过各种途径，观察到不少公开课，从中学到些值得借鉴的经验。

然而，往往很多教师只是学到了一种形式，却不知其本质。如很多教师会在上公开课或参加课堂教学评比时设计小组讨论的教学环节，究竟为什么要小组讨论，教师自己也不是特别明白，甚至有人坦言道：“今天是公开课，我就安排讨论了，平时我也不会去讨论的，浪费时间!”仅仅是因为公开课，就安排小组讨论；因为别人开课时有小组讨论，所以自己也安排小组讨论。为什么讨论却不知道。如何指导学生开展合作与交流也没有方法。这样的讨论实在是流于形式。

另外，教师自身教学的随意性很大，究竟为什么要提问，为什么这个问题要请这位学生回答，为什么这一部分内容要教师讲解，在教学内容和形式上，有些教师都带有盲目性，不知道每一个教学行为背后的价值。

那么，如何才能改变教师的日常教学行为，克服以上列举的四个主要弊端，进行课堂教学的改革呢？以下将进行具体分析。

第二节　聚焦教学成果的共同方向

一、　不同维度寻找国内优秀教改成果

为了克服课堂教学中的弊端，课题组从三个维度来寻找研究的方向。

（一）价值维度

价值维度即新课程对课堂教学的要求。这也是我们进行筛选的价值取向，即以什么标准进行选择。我们要克服“家常课”上暴露出的四个突出弊端，与新课程要推进的方向保持完全一致。新课程的推进，不但关注学科，而且关注人。新课程不但关注教师讲了多少，更加关注学生学了多少、学会了多少、会学了多少。新课程反对用一种方法来包打天下，它认为一种方法不能解决所有的课堂教学问题，课堂教学十分强调教学方式的转变。所有这些，与我们要克服的弊端是完全吻合的。所以，我们以更符合新课程理念的教学改革作为价值取向，对全国的优秀教改进行了讨论和评估，确定了我们的研究方向。

（二）空间维度

我们的研究不仅在本校，而且在外校；不仅在本市，而且将视角放大到全国。因为范围越大，能学到的经验越多，越有利于我们的研究。当然，寻找别人的优势，站在他人的肩上，是一种可取的发展之路。自然科学与社会科学不同。自然科学中的成果往往都有专利，不经允许，用别人的创造成果就侵犯了知识产权。社会科学则不同，社会科学成果，

即使为实践成果，也没有专利，但是有版权，更有职业道德，用别人的成果应该指明来源之处。正因为如此，在社会科学领域、教育科学领域，借鉴他人的教育研究成果总是最“合算”的。

（三）时间维度

回溯过去，审视今天。为什么还要回溯过去呢？在这一点上，自然科学与社会科学也有所不同。自然科学的发展往往是以时间的数轴来衡量的，甚至有人说：“不到 30 岁，很难看懂华罗庚的书。”这话可能说得有点过头，但是他却道出了数学的真谛：数学是一环扣一环的。社会科学则不然，总体一定是发展的，从局部看不一定都是以时间数轴来定的。正因为如此，我们不能把过去的教育、教学全部否定，如孔子的“有教无类”“因材施教”等教育理念和思想，至今仍有着深远的影响。当然，我们也不能认为现在的教育教学完美无缺，新课程的改革与推进还在不断地实践探索中。

新课程不是凭空想象出来的，是在大量的调查研究、经验研究与比较研究的基础上产生的，是在众多的学者、专家、行政人员、教科研人员、校长与教师代表，以及部分社会人士持续对话的过程中产生的，也是在处理国际化与本土化、继承与创新的关系中产生的。归根结底，新课程是在推进素质教育的大背景下，按照教育的发展方向，在大量的实践中产生的。

二、 国内优秀教改成果的简述

从三个维度对国内优秀教改成果进行搜索之后，一些优秀教改进入了我们研究学习的视线。因这些教改所涉及的领域有所不同，我们将其分为局部优秀教改成果与整体优秀教改成果。

（一）局部优秀教改成果

课题组将搜集到的全国优秀教改案例，从不同的角度进行研究，如，在教学手段的应用上，我们发现有“学案”①“导学案”②等，而在教学资源的利用上，又有“学材”等。

1. 学案

推出者解释为，过去教师用的称教案，现在是给学生用的，所以称学案。还有解释为，过去备课教师写的是教案，因为关注的是教师的教，现在备课教师写的是学案，因为关注的是学生的学。学案本无划一的界定，也有的学校把大量给学生做的学科练习题都称学案等。

2. 导学案

顾名思义，导学案即引导、帮助学生学习的学案。推出者还赋予了导学案其他许多深刻的内涵。

此外，还有类似的教学手段，如学习设计、学习任务单、学习活动单等。

3. 学材

在教育资源的利用上，有推出“学材”的。推出者解释为，教科书是教材，是给教师用的；为了给学生学，有必要编写学材。还有的认为编写学材太麻烦，可以把教师的备课笔记先给学生。

无论是“学案”“导学案”“学习设计”“任务单”还是“学材”，都只是改革了课堂教学中的一部分，属于局部教改成果。

（二）整体优秀教改成果

使课堂教学的逻辑结构发生颠覆性变化的改革，我们称之为整体的优秀教改。

1. 山东省杜郎口中学

杜郎口中学对课堂教学进行大胆的教学改革，彻底改变传统课堂的结构，践行学生主体地位，摸索新创了“三三六”自主学习的高效课堂模式③，即课堂自主学习三特点：立体式、大容量、快节奏；自主学习三模

① 高亚军，张项理．措施：如何设计、编写学案[J]．基础教育课程，2009(5).

② 张海晨，李炳亭．高效课堂导学案设计[M]．济南：山东文艺出版社，2010.

③ 崔其升，等．崔其升与杜郎口经验[M]．北京：首都师范大学出版社，2011.

块：预习、展示、反馈；课堂展示六环节：预习交流、明确目标、分组合作、展现提升、穿插巩固、达标测评。

2. 江苏省洋思中学

洋思中学创立了“先学后教，当堂训练”的有效课堂教学模式①。这里的“先学”不是让学生泛泛地学，而是在教师的指导下自学；“后教”不是教师漫无目的地教，而是在学生充分自学后，教师与学生、学生与学生之间互动式学习；“当堂训练”是在“先学”“后教”之后进行的分层训练，加深学生理解课堂上所学的重点、难点。

3. 六步教学法

辽宁省的魏书生在教改实践中推出以知、情、行、恒相互作用的规律为依据，重视科学与民主，重点培养学生自学能力的教学方法。这种教学法可概括成：定向、自学、讨论、答疑、自测、自结，因此又叫作“六步教学法”②。

4. 有领导的“茶馆式”教学

20 世纪 80 年代，上海育才中学段力佩校长提出有领导的“茶馆式”教学③。有领导的“茶馆式”教学模式是这样的：首先学生自读教材，接着 4 人小组讨论、提出问题、发表意见，之后学生进行必要的练习，教师针对问题进行点拨的环节是贯穿整个教学过程的。在整个教学中，读是基础，议是关键，练是运用，讲是贯穿始终的。段力佩校长所倡导的有领导的“茶馆式”教学——读读、议议、练练、讲讲的教学方法，当时在全国教育界引起了强烈反响，为广大教育者所赞同。

全国范围内的优秀教改真是五彩缤纷，无论是局部的优秀教改，还是整体的优秀教改，我们从中积极归纳它们的共同点，寻找可借鉴的经验，从而克服日常课堂教学中的弊端。

---

① 刘金玉．高效课堂八讲[M]．上海：华东师范大学出版社，2010.

② 魏书生．教学工作漫谈[M]．桂林：漓江出版社，2014.

③ 段力佩．解放思想，注重试验，努力探索教育规律[J]．上海教育，1980(9).

三、 聚焦全国优秀教改成果的共同方向

聚焦这些优秀教改成果，我们从中可以得到以下三点启示。

（一）有比较先进的教学理念，基本符合新课程推进的方向

这些优秀教改的理念基本一致，都突出了以人的发展为本、以学生的发展为本，课堂教学从关注教师的教到不但关注教师的教，而且更加关注学生的学，认为“课堂不是(教师的)讲堂，而应该是(学生的)学堂”①，提出“以学论教”“为学而教”“以学定教”等教学理念。

（二）应用了“最近发展区”的教育理论

在新课程的推进过程中，各种先进的教学理念被引入具体的教育改革中，其中有建构主义理论、多元智能理论、最近发展区理论等，但是最没有争议的或许是最近发展区理论了。这些优秀教改成果中应用最多的也是最近发展区理论。最近发展区理论可以说是贯彻在我们国家课堂教学改革的全过程中的。

（三）颠覆了过去沿用的课堂教学的逻辑结构

从以教师认为的学科体系为线索进行讲解，变成遵循学生认知规律，在教师的帮助下，由学生自己建构，即变教师的“讲堂”为学生的“学堂”。

对于这些在全国范围内有影响的课堂教学改革，很多人都会简单地以“先学后教”这个词来概括它们的共同点。的确，“读读、议议、练练、讲讲”“预习展示，反馈达标”“先学后教，当堂训练”“定向、自学、讨论、答疑、自测、自结”等都提倡了学生先学。

长期以来，许多教师都要求学生在课前预习，课前预习难道不是学生先学吗？但现状是，教师并不因为学生课前已有了预习，而改变自己的教学，教师往往还是完整地、系统地讲。因此，对于这些优秀教改成

① 段力佩．段力佩教育文集[M]．上海：上海教育出版社，1982.

果，仅仅简单地概括为“先学后教”恐怕是不够的，“先学后教”并不能涵盖它们的共同点。

段力佩先生认为，课堂就应该是学生的学堂，而不是教师的讲堂。他说：“我的‘茶馆式’教学，追求的是学生的‘七嘴八舌’，追求的是以‘议’为核心。”“议”其实是一种合作学习的表现形式。在他之后的其他优秀教学改革，虽然有的强调先学，有的推崇自学，有的尝试翻转课堂，但在教学方式上，他们都反对把教师的讲解作为学生习得的唯一途径，都强调独立学习与合作学习的方式，强调学生之间的讨论、学生与教师之间的讨论。其本质都强调了“对话”，其课堂教学设计的逻辑结构已经有了颠覆性的变化，从以学科体系为线索，变成了以学生的学习为线索，这也许是课堂教学转型的一个重要特征。

四、 践行课堂教学颠覆性变化的先驱

纵观全国优秀教改的成果，虽然他们的阐述各不相同，研究教学的领域也有所不同，但似乎都能从中找到20世纪80年代段力佩先生提出的“读读、议议、练练、讲讲”的有领导的“茶馆式”教学的影子，只是或多，或少，或有意识，或无意识罢了。

作为一名知名的中学校长、一名有胆略的教育改革家，段力佩不仅有着自己独特的教育理论，更敢于把自己的教育理论付诸改革实践。20世纪60年代，段力佩对育才中学的课程设置、课时安排、教学内容、教学方法等进行全面变革，并明确提出教学改革的主导思想——“紧扣教材，边讲边练，新旧联系，因材施教”。这十六字教学法具体指导了教师怎么教，使教师集中精力抓教学，提高了教学质量。当年育才的这一教改经验，经《人民日报》《解放日报》《文汇报》以头版头条的显著位置报道后，立即在全国掀起了学习育才教改经验的热潮。20世纪80年代，段力佩又提出了“有领导的‘茶馆式’的教学形式——读读、议议、练练、讲讲”，又称“八字教学法”。之所以命名为“有领导的‘茶馆式’的教学形式”，是因为段力佩认为：“茶客们在茶馆里的思想是最活跃的。”而“读读、议议、练练、讲讲”的课堂教学基本形式，学生在教师的引导下参与

讨论，气氛活跃，与茶馆相似。他提出：“教始终是为了学，学生也始终离不开学。”段力佩的“八字教学法”改变了课堂教学的逻辑结构，关注了学生怎么学的逻辑结构，这种颠覆性的变化引起了社会的广泛关注，再次在教育界引起强烈反响。

同为教育家的吕型伟曾这样评价段力佩：“纵观近三十年的上海，再也没有出一位像于漪那样的教师，再也没有出一位像段力佩那样的校长。”正是独具校长的改革魄力，段力佩才能从 20 世纪 50 年代到 90 年代的从教生涯中不断总结、革新自己的教育思想、办学理念，并积极付诸教育教学实践，形成了独特的育才之道，对上海乃至对全国教育界都产生了重大影响。可以说，对课堂教学的逻辑结构进行颠覆性改革的人物中，段力佩是我国最早的一个，他是实践的先驱。

第三节　建立后“茶馆式”教学的雏形

一、 “茶馆式”教学中不可避免的问题

仔细分析段力佩校长提出并实践的“读读、议议、练练、讲讲”的有领导的“茶馆式”教学，以及在他之后在全国涌现的许多类同的课堂教学探索与实践，它们都在不同程度上推进了我国的中小学课堂教学改革，取得了令人瞩目的成果。而同时，“读读、议议、练练、讲讲”的教学方法，以及之后在全国范围内产生的其他优秀教学改革，在实践中势必也会遇到一些没有办法回避的问题。

（一）学科特征非常明显， 操作性较强， 但适用范围变小了

“读读、议议、练练、讲讲”这种有领导的“茶馆式”教学，即使完全不了解“茶馆式”教学的教育同人，也能通过这八字教学法猜出段力佩先生的学科背景是文科，甚至能猜出是语文学科。

一般说来，教学模式、教学方法，只要学科特征明显，操作性都比较强，但它的适用范围往往比较狭窄。数学与物理，虽然同属理科，但它们的学科特征也有很大的不同。物理是以实验为基础的学科，数学则不是。“读读、议议、练练、讲讲”的方法，语文学科特征明显，且在语文的某些课型中操作性强，但要推广到其他学科就比较困难了。

（二）方法不具有普适性

一种教学方法不能适合所有学科、学段、课型；即使是同一学科、同一学段、同一课型，一种方法也不能适合不同内容、不同学业基础的学生。

小学一年级和高中三年级使用同一教学模式，行吗？一年级的小学生，识字不多，怎么“读读”？从年龄特点来看，低年级的学生一般还不会倾听别人的意见，如何讨论？对一年级的学生来说，可能需要的是教他们如何识字、如何查字词、如何先学，学习与人交流、学习讨论。在中小学各个年级中，还有许多起始学科，即使不是起始学科，同一学科中还有不同的起始内容，如小学四年级开始学习文言文。文言文与现代文的读法不一样，刚开始学文言文，我们的学生又如何先读？

即使是同一学科、同一年级，还会有课型不同的问题。数学课有概念课、练习课，还有复习课。就是同为数学的几何和代数有时还会有不同。另外，还有作文课、实验课等。对于不同的课型，一种教学模式、一种教学方法必然不能完全适合。

对于段力佩校长倡导的教学要关注学生的学，颠覆已有的课堂教学设计的逻辑结构，并在教学实践中勇于尝试有领导的“茶馆式”教学，我们是认同的。然而，段力佩先生只是认为“读读、议议、练练、讲讲”的“茶馆式”教学是对的，为什么对？这种教学方法背后的深刻内涵是什么？其理论支撑是什么？这一教学模式的适用范围是什么？他都没有阐释。另外，“茶馆式”教学的“茶馆”可能不是一个十分确切、十分科学的名称。但是，“茶馆”有中国特色，散发着“草根”文化的芳香。再说，教学叫什么名称，其实也仅仅是一个符号而已，关键还在于内涵与效果。

“茶馆式”教学不可回避的困难，也反映了其他几种教学方式试图用一种方法、方式、手段概括所有课堂教学的教学改革今后也会遇到的困难。但是，“茶馆式”教学以及在它之后产生的一系列优秀的教学改革，都有值得传承、创新和发展的地方。那么，我们应该传承什么，发展什么，在哪些方面可以有自己的创新呢？课题组汲取这些优秀教改的共同点，发现值得传承的是：关注学生，改变课堂教学的逻辑结构；而在教学方式、手段和教学方法上可以进行新发展，即基于实践，使我们的教学改革能够灵活地适应于不同年级、不同学科和不同课型，以提高每堂课的教学效能。就是在段老的“茶馆式”教学的基础上，课题组提出了后“茶馆式”教学的基本假设，建立了后“茶馆式”教学的理想模型。

二、 后“茶馆式”教学的基本假设

任何探索都有假设，假设是探索逻辑结构中的重要环节。自然科学研究应该有假设，教育科学研究也应该有假设。假设反映了研究的方向，反映了研究的科学含量，还反映了研究达成的可能性大小。后“茶馆式”教学是一项教学实践探索，它有自身的基本假设。

（一）学科体系的逻辑结构与学生认知的逻辑结构不一定重合

一个现象应该引起教育工作者的关注，即幼儿的语言教学都很成功。然而，父母学历再高也不会去考虑语言的学科结构，也不会有意识地去设计先教什么、后教什么。幼儿看到他叫“爸爸”，看到她叫“妈妈”，根据生活说“我要睡觉”“我要尿尿”，等等。我们的孩子不都听得懂、说得出了吗？为什么教学效果很好呢？原因在于教者有意识地或无意识地遵循这个年龄阶段儿童学习语言的认知规律，即在情境中学习、在生活中学习、在游戏中学习。这一现象给我们的启示是：学科体系的逻辑结构是人为的，不同人有不同的理解。

不同的假设产生不同的教学：其一，教师认为自己的学科理解是正确的，学科的结构是合理的，只要自己讲解清楚，学生都应该懂。如果有学生听不懂，一定是他没有认真听。教师认为学生都是划一的，别人懂了，你也应该懂。而且每位学生形成的学科、学科体系也应该与教师一样。其二，教师认为学生是有差异的，即使学生都认真听教师讲了，即使教师讲得正确、清楚，也会有学生不懂。不懂的，不一定在于聪明与笨，更多的是理解不同。学科、学科体系要靠学生自己构建，而且也不一定完全相同。教师的作用在于遵循学生的认知规律，帮助学生自己建构学科体系。这样，前者产生了“教师的讲堂”，后者产生了“学生的学堂”。后“茶馆式”教学支持的是后者。

(二)教者，可以是教师，也可以是学生，还可以是文本、实验，以及信息技术开发的教学资源等

在静教院附校，小学一年级的一位学生外语成绩不及格。学校做了调查，发现该学生在智力、心理、习惯等方面都没有特别的问题，那么他为什么会掉队呢？进一步调查发现，这个孩子的父亲是当“安保”的，母亲没有固定工作，家庭经济条件比较差。小学一年级没有书面作业，只有口头作业。而且，口头作业都是通过网络传回去的。这个家庭没有电脑，上网更无可能。也就是说，别的学生回家都在读读、背背，他是从来不读、不背的，这可能是个原因。我校这样的家庭不多，是否由学校出面，借他们一台还能用的旧电脑，再配一个U盘，小孩天天把U盘带回去，不就能读读、背背了？授课教师没有反对学校的建议，但事后也不做，而是采用了更聪明的办法。她把这位学生请到教师办公室，悄悄地告诉他：“老师给你一个‘秘密’任务，你每天把在教室里学会的，回去都教给你的母亲，让她也学会。”学生高兴地说：“我可以当小老师了！”之后，他真的去教他母亲了。他母亲向教师反映，回家后，帮他儿子洗澡时，儿子已经开始教她了，而且有时还对他母亲说：你怎么这么笨，这些东西都学不会呀！学期结束，这位学生的成绩明显提高了。其实，学生再听一遍，不如学生自己讲一遍。在学生教别人的同时，提高的不仅是被教的人，提高的更是自己。

目前，有一种教学引起教育界的关注，称翻转课堂。在这样的教学中，学生独立学习时，教者为信息技术开发的资源。

从以上案例不难看出：如果教者，仅为教师，课堂教学不可能丰富。后“茶馆式”教学支持教者多样的假设。

（三）总有一部分内容学生自己是能学会的

因学科、内容、年级、学生不同，学生自己能学会的内容也有所不同。

何谓学生自己学会？所谓“学生自己学”，就是在没有教师直接教授下，学生通过自己读教科书、看电脑、做习题、做实验等独立学习，或者通过学生间互相讨论、对话合作学习。所谓“学会”，依据的是授课教师制订的课堂教学目标，即以教学目标为依据设计问题、习题，对学生进行评价。有人认为学生自己学会是不可能的，即使能学会，也都是浅层次的，只有教师的教、教师的讲解才是深层次的。其实，深浅是人为的，而是否学会，应该有客观标准，这个客观标准就是课堂教学目标。

学生自己能学会的一定是不同的。小学低、中年级的学生需要得到教师的指导，学会怎么先学。即使是中学生，如果从来没有自己先学的习惯，也不一定会自己学习。静教院附校推行后“茶馆式”教学是从初中开始的。在初三数学课上，教师让学生自己在教室里先读文本，有学生悄悄地把授课教师请到身边，问道：“老师，今天你大概课没有备好，怎么要求我们学生先看书？”初中学生对自己先学也是不习惯的。学科不同，学生自己能学会的也不同。有人做过这方面的实验，在同一年级中，学生自己能学会的物理学科知识内容比较少。由于学生与学生的差异，学生自己能学会的一定还有更大的差异。因此，这个假设为：总有一部分内容学生自己是能学会的。

（四）任何学生在学习任何知识之前，头脑里都不是“空”的

这一假设的本质在于：没有把学生视为等着放“水”的容器，而是把学生视为有差异的、有思维的生命体。教师划一的讲解贯穿于所有教学的始终，不能让学生真正学会。学生真正学会需要对话，需要在“碰撞”中构建自己的学科和学科体系。

课堂教学的发展可以分为三个阶段：其一，不做学情分析，只是按照教师自己理解的学科和学科体系讲解清楚。其二，做学情分析，但只分析学生在学习新内容之前的基础如何，只考虑哪些该补补基础，哪些该重点讲讲。其三，让学生自己先学，把学习新内容之前的基础问题和在学习新内容过程之中的问题通过评价一同暴露出来。学生个体、群体都学不会的，教师才能讲。“其二”与“其三”的区别在于基本假设不同。“其二”的基本假设是只有把基础解决好，教师的讲解才能让学生学会；“其三”的基本假设是不管学生基础如何，学生在新内容学习的过程中都会出现很多问题。而且，基础如何也往往是在进一步学习的过程中才会暴露更多。这就需要学生与学生对话。教师做学情分析，不仅要对学生先学之前进行分析，还应对学生先学之后进行分析；教师不但要有备课时的“静态”分析，还要有课堂教学过程中的“动态”分析。

（五）学生之间有差异

这种差异不仅在知识与技能、过程与方法上，还在情感、态度与价值观上。学生的差异，有的能分层，有的分不了层。

这样的例子是屡见不鲜的。某教师通知小测验让得 70 分以下的学生留下来补课，校长问教师准备怎么补，教师的回答是：把最重要的再讲一遍。其实，教师这样的做法已经有了两个基本假设：第一，70 分以下的学生错误的题目是一样的；第二，70 分以下的学生不但错误的题目一样，错误的原因也差不多。即使教师主观上没有这样的假设，但客观上就是这样假设的。划一的讲解，结果必然是有学生会了，有学生仍然不会。不会的原因在于教师没有针对他们进行解答。如果所有错误都讲、所有错误的原因也都讲，那么，不但需要很多时间，而且大部分学生可能在陪听，效率很低。

小学三年级语文有一篇课文《荒芜的花园》，讲述外国有一个独居老太太，家不小，还有一个很大的花园。邻居都到她的花园来玩，白天来，晚上也来，有的甚至还在花园里搭起了帐篷，闹得老太太不能好好休息。老太太在花园里贴了布告，希望邻居不要进她的花园，但是邻居还是来。

老太太再次贴布告，说花园内有毒蛇，毒蛇要咬人，这里离医院很远，咬了之后不能得到及时治疗。邻居怕了，都不进来了，老太太安静了，但花园也荒芜了。“教学参考”要求：让学生懂得分享。三年级的学生是怎么认为的？学生A：“这老太太太自私，不让别人进来，自己的花园也荒芜了，活该！”学生B：“我认为不对，自己的私人花园为什么要让别人进来呢？”学生C：“不让别人进来是对的，但是让别人进来更好。”学生D：“应该具体操作，白天让别人进来，晚上就不要让他们进来了，这样花园不会荒芜，自己也能安静睡觉。”学生E：“学会分享的不仅是老太太，进来的人也要学会分享，不能太吵闹，老太太年龄大了。”显然，学生的看法是不一样的，仅一句“学会分享”是远远不够的，学生在“情感、态度、价值观”上的差异，在对话中可以趋向完善。

（六）一种方式、方法、手段不能适用于所有课堂教学

恰当的方式、方法、手段能提高教学效能。

“读读、议议、练练、讲讲”是一种教学方法，在20世纪80年代，这种教学方法风靡全国。倡导者教育家段力佩先生明确表述：“要从教师的讲堂，变成学生的学堂。”毫无疑问，“读读、议议、练练、讲讲”的课堂确为学生的学堂。然而，“学生的学堂”的教学方法是否仅有“读读、议议、练练、讲讲”一种呢？虽然一种方法带来的是教师教学实践的方便，但是一种方法又往往不能适合所有的教学。后“茶馆式”教学认为：一种方式、方法、手段不能适用于所有课堂教学，但每一种教学方法都有它适用的范围，不同的教学方法适合不同的学段、学科、课型和内容，只有恰当地选择，才能提高教学效能。

教学的基本假设是备课、上课、观课、评课及进行教研活动的基础。有怎样的假设，才有怎样的课堂教学和课堂教学评价。即使不是每位教师都有这样的意识，但是客观上教师的每一个教学行为一定有教学假设。如果我们的教师不断反思自己教学行为的基本假设是什么，那么，教师的教学行为会不断改进；如果在教研活动中有争论的问题，回归到教学的基本假设，争论也常常会得到统一。教学的基本假设是一个教学工作

者不能忽视的问题。后“茶馆式”教学的基本假设当然也是后“茶馆式”教学的基础，并体现后“茶馆式”教学的研究逻辑。

三、后“茶馆式”教学的雏形

只有继承才能更快地发展，只有发展才能使优秀的教学方法具有更强的生命力。特别是新课程推进到今天，中小学教师都有优化课堂教学方法的诉求。我校结合新课程的理念，以有领导的“茶馆式”教学为基础，探索这一教学方法的发展，并且把这种发展后的“茶馆式”教学称为后“茶馆式”教学。

（一）以“议”为核心

后“茶馆式”教学在以“茶馆式”教学为代表的系列教学改革的基础上发展、创新而成，它继承了“茶馆式”教学最核心、最本质的部分，即以“议”为核心，关注学生，颠覆了课堂教学的逻辑结构。以“议”为核心，“议”的本质是让教学走向对话、走向合作、走向学习共同体。

1.“议”是从单向输出到双向互动

如果教师仅仅把学生当作一种容器，把学生的学习比作海绵吸水，那只是一种单向的输出。而课堂教学中有了“议”的方式后，不仅会有教师的知识输出，也含有学生的知识输出。输出的知识有正确的，也可能有错误的，但这种双向的输出是有互动的，知识就在互动中构建起来。

2.“议”使学生从被动学习到主动学习

当学生只会一味接受知识的时候，学习往往是被动的，因为不知道知识的来龙去脉。而“议”可以使学生不断地提出自己的见解，深入学习，这是学生主动学习的一种表达形式。

3.“议”促使学生从学习的客体变成学习的主体

我们强调“议”，因为学习不是简单地把教师构建的知识体系变成学生自己的知识体系，这也是不可能的。知识体系只有靠个人自己去构建，才能变成自己的知识。而这个构建的过程需要“议”，在“议”的过程中，个人构建知识体系也在不断修正、发展、完善。

4.“议”旨在告诉我们，学习不只是记忆

一味记录老师的话，并不能真正领悟和掌握知识。学习更重要的是要学会思维。学会思维的过程就是从学会到会学的过程。这种思维的形成，“议”在其中起了关键作用，它让教学走向对话。

日本著名的教育学者、日本教育学会原会长佐藤学说过，所谓“学习”是同客观世界对话(文化性实践)、同他人对话(社会性实践)、同自我对话(反思性实践)三位一体的活动。课堂教学中对话的主要形式就是“议”，课堂应该以“议”为核心。因为，课堂不是讲堂，而是学生的学堂。[①]

（二）三个新发展

后“茶馆式”教学基于基本假设，通过教学实践，对有领导的“茶馆式”教学进行了新发展。

1. 教学方式更加多元

从“书中学”一种方式，到“书中学”“做中学”两种方式并举。

茶馆式教学仅有一种学习方式——“书中学”，它提出的“读读、议议、练练、讲讲”主要针对的是有意义的接受性学习，让学生学习前人已总结出的知识，从而获得间接知识。新课程推进后，广大中小学教师更清楚地认识到学生的学习方式有两种：一种是有意义的接受性学习，即“书中学”；另一种是研究性、实践性学习，以“做中学”的方式进入课堂，使学生获得直接知识，即“做中学”。

其实，生活中很多知识与技能的习得用的都是“做中学”的学习方式。如学骑自行车，所有人学骑自行车都是通过实践学会的，不可能是看书学会的。即使看了书，知道了步骤，没有实践，也是不可能学会的。后“茶馆式”教学提出有必要在“茶馆式”教学——“读读、议议、练练、讲讲”的基础上增加“做做”，成为“读读、练练、议议、讲讲、做做”。因为，学生很多知识的掌握都是在“做中学”的过程中完成的。

---

① [日]佐藤学. 学校的挑战：创建学习共同体[M]. 钟启泉，译. 上海：华东师范大学出版社，2010：54.

静教院附校推进“做中学”的学习方式，并不是从上至下的带强制性的行政行为，也不是理论到理论的演绎，而是实际教学的需求，目的是解决教学实践中产生的具体问题。正如前文所述，学生在学习某一知识前，头脑里常常不是空的，他们有着原有的知识、经历和方法。这些知识、经历和方法有的有助于今天要学的知识的掌握，甚至会产生“闪光点”；但是也有可能原有的知识、经历和方法与今天要掌握的知识完全是相悖的，这就称“相异构想”，或称“迷思概念”。有时，同一个班级学习同一内容还会产生不同的“相异构想”，“相异构想”数还远不止一个。下面就以静教院附校三年级的科学课为例进行阐述。

案例 1-1：

平面镜成像

题目 1：我们几乎每天都离不开穿衣镜、化妆镜这种表面是平的镜子，请你说一说什么是镜子。

该题的目的是了解学生对于镜子及其原理认识的程度，学生的想法如表 1-1 所示。

表 1-1 “相异构想”开放式问卷分析一

选项	概念类型	学生想法
A. 能如实地反映出物体及其对面的一切物体及空间	能如实地反映出物体及其对面的一切物体及空间。	照出人影的东西；映出物体的像的东西；可以映出你的样子；可以反映出我们的行动；能照出镜子对面的一切物体。
B. 经过光的折射，反射出物体的影像	经过光的折射，反射出物体的影像。	经过光的折射，反射出了人的形象；经过光的折射，看到了自己的样子。
C. 镜子反射出物体	镜子反射出物体。	可以反射出我们；可以反射出我们的样子；可以反射出我们的动作。
D. 可以反射光，能反射出物体	表面光滑，可以反射光，能反射出物体的物品。	可以反射不透明的物体；可以反射光的物体；可以反射大量的光；十分光滑，能清晰地反射物体的工具。

根据结果统计分析，学生对镜子的认识主要集中在四个方面：一是

认为镜子是反映出了人们以及镜子对面的一切物体、场景的物品；二是认为镜子的原理在于经过光的折射，从而反射出了物体的影像；三是认为镜子能够反射出物体，比如，反射出我们的样子、动作等；四是认为镜子是具有反射光线的能力且表面十分光滑的物品。其中，认为镜子能够反射出物体的人数最多。

题目2：照镜子时，镜子中的“你”和你自己相比，在空间和位置上有什么特点？

该题目主要是想了解学生是如何认识镜子中的像的，对镜子的成像认识有多少。通过调查，学生的想法如表1-2所示。

表1-2 “相异构想”开放式问卷分析二

选项	概念类型	学生想法
A. 镜子中的“你”是平面的，你自己是立体的	镜子中的“你”是平面的，你自己是立体的。	位置没有变化，只是平面与立体的改变；镜子中的“你”是平的，而镜子外的“你”不是平的，是立体的；像是平面的，而我是立体的；像是平的，人是多面的。
B. 位置是相反的，镜子中的“你”是虚的	位置是相反的，镜子中的“你”是虚的。	镜子中的“你”是假的，位置左右相反；镜子中的“你”是摸不着的，物与像是面对面的；镜子里找出的东西和真正的东西是反方向的；我举左手，他举右手，镜子中的不是“我”。
C. 镜子中的“你”是虚的，你自己是实的	镜子中的“你”是虚的，你自己是实的。	像是虚的，我是实的；人是立体的，镜子是平面的；镜子照出的物体是反着的，三维物体成平面。
D. 位置是相同的，空间是相反的	位置是相同的，空间是相反的。	位置上没有变化，空间和位子上是反的；位置相同，空间上是面对面的；位置相同，空间上动作和我一样，但方向是反的。

根据结果分析，对于镜中所成的像，学生在像的位置以及虚实上有不同的认识，有的学生分不清镜子中的像到底是实还是虚，只知道位置上跟自己是相反的，“我”举左手，镜子中的人举右手；有的学生认为镜

子中的像是平面的，而自己是立体的；有的学生认为位置是相同的，站的地方一样，没有变化，空间上是相反的、面对面的，或者说是反向的。从结果看出，有部分学生分不清楚自己与镜子中的像在位置上有什么变化，这可能是学生的生活经验不全面造成的，学生们有一定的认识，但是不能完全说清楚怎么变化。

题目 3：照镜子时，镜子里的“你”究竟是什么？

该题目主要是想了解学生对于镜中的像是如何认识的，学生的想法如表 1-3 所示。

表 1-3 “相异构想”开放式问卷分析三

选项	概念类型	学生想法
A. 影子、倒影	影子、倒影。	一个倒影；是影子。
B. 和镜子前的“你”一样	成像的物体。	就是我自己；就是现实中的我；镜中的我就是我(约等于我)；和我一样的人。
C. 虚拟、虚幻、虚构的“你”	虚拟、虚幻、虚构的“你”。	虚拟的“你”；是虚幻的、虚构的人。
D. 物体的像	反射出的物体的像。	跟“我”一样的像；反射出的一样的图像；反射在镜面上的成像。

调查结果显示，学生对于镜子中所成的像有各种各样的认识，有的学生认为是一个倒影或者影子；有的学生认为那就是“我自己”“显示中的我”“和我一样的人”；有的学生认为那是假象，是虚拟、虚幻、虚构的，是不存在的；有的学生认为那是镜子反射出的物体的像。有很多学生认为那就是自己或者那是一种假象。

进一步分析学生的这些“相异构想”，可以归纳出产生这些“相异构想”的原因。

1. 日常生活经验和观察的缺乏与不足

学生在进入课堂时，是带着自己已有的生活经验与观察来学习的，而科学原有的概念也往往来自生活经验。因此，生活经验和观察对于科学概念的学习起着重要作用，正是由于这两者之间的密切关系，引起了诸多的迷思概念。例如，在考查学生对凸透镜的理解时，由于学生在日常的生活中经常接触放大镜，所以有很多学生认为具有放大功能的镜面就是凸透镜。

2. 片面或错误掌握学科知识

学生在学习科学知识的过程中，由于思维能力处在发展中，其知识的掌握在某种程度上具有局限性，因此，已有学科知识掌握的程度对学生学习科学概念具有一定的影响。学生掌握的学科知识不全面，甚至是错误的，这都会产生迷思概念。例如：在考查学生对平面镜成像的原理的理解时，有很多学生认为是由于光的折射造成的，学生在学习平面镜时，已经学过光的折射知识，但在这个地方仍然出错，说明学生在一开始对光的折射知识就理解错了。

3. 无形中加入自己的想象

想象在学生学习中发挥着重要的作用，当学生掌握的知识及具有的经历不足或者达不到学习某个概念所需要的程度时，学生就会想象。一定的想象空间能够带来令人惊喜的创意，但事物都有其两面性，有好的一面，必然会有不好的一面，凭空的想象或者说不合理的想象容易产生一些迷思概念。在本研究中，研究的其中一个年级是三年级，教师通过让学生画图的方式来探测学生的迷思概念。在画图时，学生不自觉地加入了自己的想象，侧重面出现了错误。例如：在记录铅笔的影子时，学生为了让画看起来更生动些，便随便移动了固定铅笔的位置。后来在访谈中问学生时，学生说只是想让它看起来生动些，没有考虑是否正确与合理。

4. 不恰当的类比与推理

在学生学习某个科学概念时，现有知识基础可能达不到该科学概念的上位概念，这时，学生进行演绎推理的逻辑就容易出现错误，从而产生迷思概念。在考查学生对凸透镜成像是等大的、放大的还是缩小的理解时，有些学生通过类比或者推理来说明自己的选择。如“放大镜或老花镜是一种凸透镜，可以放大物体”，学生的这种类比虽然正确，但却是片面的；再如，“因为平面镜是平面的，成等大的像，而凸透镜是凸的，所以可以成放大的像”，学生想当然的推理也是不恰当的。

从以上例子可以看出，学生在学习某个知识前确实存在着相当多的

“相异构想”，而产生这些“相异构想”的原因是与学生的原有经历、经验密切相关的。仅靠教师将正确的知识灌输给学生是不可能解决这些“相异构想”的，只有在教学过程中加强研究性学习，增加学生经历，才能使学生逐步构建起自己的知识体系。

以上只举了小学科学中的例子，其实，在其他年级、其他学科教学中，学生也会产生“相异构想”“迷思概念”。如七年级的科学课“密度”。本课的核心概念就是：浮与沉，平均密度。学生在生活中对于在水里哪些物体会下沉、哪些物体会上浮也有一定的了解。但是对于它们上浮或下沉的原因，学生有着自己的理解。本节课，教师选择在实验室里上。因此，教师可以让学生动手测试不同物质的密度。在做实验的过程中，学生掌握了密度的概念，计算出不同物质的密度，取得了较好的教学效果。其实，在这些核心知识上，仅仅由教师告诉学生一个正确的结论是没有用的，直接看公式、直接由教师告诉，看上去是学习的捷径，但实际上学生真正能理解、掌握的并不多。学生解题、做实验的过程是一种重要的探究过程，在此过程中学生形成默会知识，有助于他们正确理解、掌握核心概念，同时也有助于学生创新能力的提升。

可见，学习不仅需要“书中学”，更需要“做中学”。后“茶馆式”教学发展了“茶馆式”教学。发展之一就是让学生的学习方式更加多元，从“书中学”一种学习方式，变成“书中学”与“做中学”两种学习方式并存。

2. 教学方法更加灵活

从“读读”开始，到“读、议、练、讲、做”等多种方法选择。

段力佩先生的“读读、议议、练练、讲讲”有领导的“茶馆式”教学，以及之后产生的“先练后讲，反馈达标”“预习展示，当堂巩固”“定向、自学、讨论……”“六步教学法”等优秀的教学，有人说它们是教学模式，有人说它们是教学方法。其实，不管是教学模式还是教学方法，它们都试图用一种模式、一种方法来概括所有的课堂教学。因为是一种，因此比较容易操作。我们也看到这些教学方法为自身的教学带来了发展，取得了显著的成效。同时，也正因为是一种，所以遇到了在不同学段、不同学科、不同课型上的适切性问题。

教学模式是在一定教育思想、教学理论和学习理论指导下，在某种环境中展开的教学活动进程中稳定的结构形式。需要强调的是“某种环境”，也就是说一种教学模式往往只适合一种教学环境，或几种教学环境，而教学模式的结构阐述是各种教学元素。教学模式的适用范围又决定于这种元素在什么教学层面。一般而言，元素处的层面越高，适合的范围越大，操作性越弱；元素处的层面越低，适合的范围越小，操作性越强。教学方法不是教学模式，但在这方面的特征与教学模式是相同的。一言以蔽之，一种教学模式要“包打天下”总是很难的。有人把一种教学模式比作照相机中的“傻瓜机”，可能过于刻薄，但还是比较形象的。现在的“傻瓜机”已经大大改善了。二三十年前的“傻瓜机”还要“傻”，只有一种模式，但操作自然是最方便的。“傻瓜机”原理十分简单，把光圈固定，而且很小，这样“景深”很大，即在很大的范围内也很清晰，因此也不需要调距离。又由于光圈小了，曝光不足，所以用闪光灯补充。现在的“傻瓜机”不会只有一种模式，可以转换，供拍摄者选择，如海边的、月光下的、运动的等。不转模式行吗？也可以，就是拍出来的照片不太清楚。同样，一种教学模式“统管”所有学科、所有年级、所有课型可以吗？也许也可以，只是教师自己也感到有的课型不很适合。

“教学有法，教无定法。”这句话为教育界认同。这正说明了课堂教学的复杂性。

我们把数学、物理、化学等学科称为科学学科。其实，就是在这些学科中也有艺术。特别是当人们进入这些学科达到一定的境界之后，常常会感受到艺术之美。有一位数学教师写了一篇《数学中的对称之美》的文章，其中就有对数学中艺术的阐述。但是，数学、物理、化学等学科更多地被归类为科学。

我们常把音乐、美术等学科称为艺术学科。其实，就是在这些学科中也有科学。例如，美术中把人体的美称为世界上最美的艺术。那么，要画好人体，需要了解人体解剖学，美术中又常要画风景，画风景又常常需要了解透视学。但是音乐、美术等学科更多地被归类为艺术。

建筑学归类为科学还是艺术？目前，建筑学都设在工科大学内，但是读建筑学的学生必须考美术，也就是说要有一定的艺术基础。一个建筑物一定是力学、电学、光学等科学的综合，同时一个建筑物又常常是件艺术作品。当人们去参观意大利的各式教堂建筑时，赞叹的不是内部的科学应用，而是它们的艺术呈现。我们的教育教学是科学还是艺术？既是科学又是艺术。以科学为主，还是以艺术为主？可能在这问题上有不同的看法。我们认为科学与艺术是有关联的，但以科学为主。否则，为什么从中央到地方成立的都是“××科学院”呢？但这丝毫没有降低教育艺术的地位，更没有否定某些教师十分高超的教学艺术。静教院附校日常教学中的四个突出问题就是从教育科学角度进行的分析，从“茶馆式”教学到全国一些有影响的教学分析，也是从教育科学的视角进行的分析。即使是教育科学一个视角，课堂教学已现十分复杂的态势。因为，我们不是以一种教学模式、一个教学方法来涵盖所有课堂，试图达到“教学有法、教无定法”的境界。

后“茶馆式”教学遵循以学生发展为本的教育思想，贯彻以学定教的教育理念，把所说的“法”归纳为两条：其一，颠覆课堂教学设计的逻辑结构，从以学科体系为线索，变成以学生的学习为线索；其二，坚持以“议”为核心，强调学生与学生、学生与教师、学生与文本、学生与实验等客观世界的对话。以这两条为“法”，教师可以在不同学科、不同学段、不同课型中灵活地应用读、议、练、讲、做等各种教学方法，彰显各自不同的教学艺术。

就“学生先学”而言，可以在课前，也可以在课上，但课前先学的时间应计入课外作业总量；可以一次先学，也可以多次先学，如语文课可以有读通课文、理解文意、带感情地读等多次先学的形式；可以先读，也可以先练、先听，如数学、物理、化学等学科的先学可以是先做练习，外语课的先学方式可以是先听，小学一、二年级的语文学习，因识字量少，先学也可以是先听。教学方法应根据学科、年段、课型的不同而灵活运用。在教师帮助、学生自己学习的前提下，后“茶馆式”教学提倡三个“不”。

(1)不规定“读”“议”“练”“讲”的教学用时

20世纪80年代，上海育才中学曾有教师讲解的用时规定。目前，全国有许多学校也有上课教师讲解的用时规定。例如，山东省的杜郎口中学规定每堂课教师的讲解不能超过10分钟，即所谓“10＋35”(当地每堂课为45分钟)。其实，从几十人的班级授课制开始，人们已经开始认识到上课教师讲解的时间太多，教师的讲解并不是学生习得的唯一途径。几十年前，上海育才中学规定教师在授课中讲解用时的规定，到今天山东杜郎口中学的教师授课中的用时规定都起到了积极的推进作用，也取得了一定的效果。然而，持久了恐怕不行。年级不同、学科不同、学科中的内容不同，划一的教师讲解用时规定一定会出现问题。另外，就是同一年级、同一学科，还有课型不同的问题。例如，数学中有概念课、练习课、复习课，语文中有作文课，物理、化学、生物中有实验课，教师讲解用时的划一规定也不合适。教师讲解的用时规定不合适，那么，读的、议的、练的、讲的用时划一规定也一定不合适。

(2)不拘泥“读”“议”“练”“讲”的应用完整

也因为考虑了学科、学段、课型的不同，“读”“议”“练”“讲”的应用不但不能规定教学的用时，也不应该拘泥其应用的完整性。语文中的作文课，一定要“读”吗？物理中的实验课一定要“练”吗？不但如此，教学中还可以“看看”“想想”等。因此，后“茶馆式”教学视“茶馆式”教学的“读读、议议、练练、讲讲”为后“茶馆式”教学的一个特例，它也就在某些学科、某些学段、某些课型中是可行的。这正如现代物理是在经典物理的基础上发展起来的，经典物理的一些定律可以被视作物理在一定条件下的特例一样。只要坚持以学生的学习为逻辑结构，只要坚持以“议”为核心，不拘泥“读”“议”“练”“讲”的应用完整就成了很自然的事情了。

(3)不确定“读”“议”“练”“讲”的教学顺序

段力佩先生在叙述他的“茶馆式”教学时，“读读”“议议”“练练”“讲讲”的顺序从来没有变过。因为，他对课堂教学的教育理念十分清楚：课堂不是(教师的)讲堂，而是(学生的)学堂。他强调的不是教师的讲，而是学生的学，他并没有把教师的讲解作为学生习得的唯一途径，他更关注学生的学，所以，“读读”“议议”“练练”“讲讲”是学生学习的逻辑结构。这种学生学的逻辑结构要坚持、要继承。例如：应该从学生的先学开始。但是这个先学就不一定是先读了，有时也可以是教师先讲几句，再让学生先学。后“茶馆式”教学继承的是教学设计逻辑结构的本质，而不是“读读”“议议”“练练”“讲讲”一种教学模式或一种教学方法。正因为如此，我们就不确定“读”“议”“练”“讲”的教学顺序了。

教学方法的三个“不”，如果仅阅读题目似乎把“茶馆式”教学及“茶馆式”教学之后的优秀教学都推翻了，其实不然。后“茶馆式”教学正是传承了“茶馆式”教学及其他优秀教学合理的内涵，而又不是用一个教学模式、一种教学方法把自己束缚住。因此，教学方法的三个“不”正是对“茶馆式”教学的发展。

3. 教学手段更加现代化

教学手段的创设从讲台之上延伸到讲台之下。教学手段的现代化中的“现代化”指手段运用的现代化。

教学手段的现代化往往局限于教学技术的现代化，如信息技术的应用、计算机的不断发展。这里的“现代”不仅仅指技术的现代，更突出的是技术应用的现代。如果以教师讲解为主的课堂，所有的教学手段都是帮助教师的讲解，手段的变化也仅仅在讲台之上。即使有相当有创意的教具，它的应用也是在讲台之上。当课堂转型以后，它已经从教师的讲堂变成学生的学堂，它打破了教师讲解的课堂，大量呈现学生的独立学习、合作学习。教学手段的应用，不但有讲台之上，还要有讲台之下。特别是当学生自主活动的频率、时间、手段增加时，“现代”的教学手段更多地应该应用在讲台之下。

后“茶馆式”教学的教学手段创设，既有讲台之上，又有讲台之下。讲台之下的教学手段，不是用于教师讲解，而是帮助学生自己学习，它是一种学具。当前，需要更加重视信息技术的应用。因为信息技术的应用，已越来越为广大教育工作者认同，也带来了一场暴风骤雨的变化。在不同的教学方式下，它的应用是完全不一样的。如果是教师的讲堂，那么这种信息技术的应用无非就是 PPT 课件的翻新；而当课堂变成学生的学堂时，这种应用就能使学生学的资源更丰富、合作学习的机会更多、教学评价更精准等。例如，七年级的地理课上运用了信息技术，学习效果非常好。

案例 1-2：

七年级地理课“气候特点”

季风气候显著是我国气候的一项特征，学生在本课学习之前已知我国气温和降水的分布，大多能辨认我国气候类型分布，但未必能说出我国气候类型复杂多样的原因。故任课教师在上课时，在 Ai-School 软件操作平台上设计了辨认中国气候类型、读图圈划、数据解码和地图解码等需要学生独立学习的活动。

图 1-1　盛丽芬老师在上数字信息化的地理课

学生借助平板电脑，开展独立学习，并做题上传。教师通过 Ai-School 软件平台的教师端可即时统计出每位同学的答题情况，清晰地看到每一题的正确率；教师再查看作答详情，即可看到每一题错选答案的人数及错误类型。这样的即时反馈，让教师快速了解学生暴露的“相异构想”，并能即时做出教学调整。

在本课中，教师还设计了一个合作学习的线上活动，要求小组通过阅读“我国季风活动示意图”比较我国冬夏季风的发源地、风向及特点，判断冬夏季风的盛行风向。学生小组讨论后答题，Ai-School 软件平台可以同时投影四个小组的讨论结果。学生看到自己的学习过程会投影出来，既紧张又欣喜，极大地调动了学生学习的积极性，他们对于学习的讨论也更积极。

后“茶馆式”教学的理想模型试图从过去一种方式、一种手段、一种方法的机械应用，变成在以“议”为核心的课堂中进行多种方式、多种手段、多种方法的恰当应用。

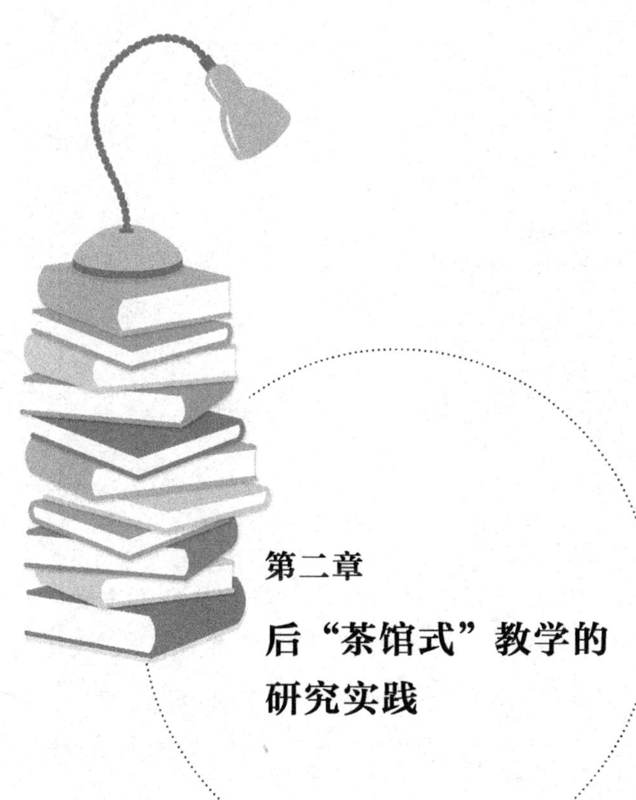

第二章

后“茶馆式”教学的研究实践

课题组花了大量的时间和精力，分析、归纳了日常课堂教学的主要弊端，提炼并聚焦了全国优秀教改成果的共同方向，继承了段力佩先生倡导的有领导的“茶馆式”教学，在此基础上提出了后“茶馆式”教学。那么，后“茶馆式”教学能自然而然地变成静教院附校教师们自觉的日常教学行为吗？答案显然是不可能的。任何优秀的教学都不可能立即被广大教师所接受，并且自觉改变自己的教学行为。后“茶馆式”教学同样需要教学实践来验证其优秀，需要改变的是日常的课堂教学，改革的是这么多年来教师习以为常的教学。后“茶馆式”教学的学校推进，不能靠行政的强制命令，而需要依靠教育科研，用一个个有力的证据让教师们心服、口服，从开始愿意尝试到文化认同，再逐步改变自身的教学行为。

第一节　一次探索奠定了实践基础

后“茶馆式”教学的实践研究是从当时的静教院附校副校长周骏开始的。其实周副校长在实施之前也只是半信半疑，是证据使他完全接受，从文化认同到文化自觉，到成为后“茶馆式”教学的领导之一。课题组也是从他的教学中获得了后“茶馆式”教学的第一个证据，并从中获得了启发，产生了“循环实证”的教育科研方法，从而在静教院附校全面推进后“茶馆式”教学，提高了学生的学业效能，并坚持以“循环实证”的教育科研方法推广到其他兄弟学校。

一、一次对话开启第一次后“茶馆式”教学实践研究

静教院附校经过十多年的课程与教学改革，教师们在教育教学各方面都取得了非常好的成绩，部分教师获得了上海市或全国的学科教学大奖，还有教师被评为区名师、学科带头人等，学生的学业成绩也已在全区领先。面对这样的成效，学校还将怎样发展呢？课题组组长张人利校长走进了各学科的课堂教学。一次听完物理课后，张校长与任教物理的

周骏副校长进行了一次交流。

张校长：你上课的讲解还是太多。

周副校长：我的话真的太多了吗？

张校长：按后“茶馆式”教学试试看，行吗？

周副校长：不试。（语气很干脆）

张校长：就试一堂课，行吗？一堂课就是出了问题，影响也不大。

（周副校长勉强同意了。）

张校长：为了控制变量，我们不上你教的九年级，而上八年级的物理。第一个班完全按你原来的教学设计上，你认为该讲的，尽管讲。第二个班就按后“茶馆式”教学施教。之后，由其他物理教师命题，检测这两个班级学生的掌握情况，你自己阅卷，可好？

周副校长：好！

…………

两节课之后，两个班各自进行了教学检测，由周副校长自己阅卷。阅卷后，周副校长感叹道：“难道我十几年在教室讲了许多不应该讲的话？”因为两个教学班的检测结果出乎所有物理教师的意料，第二个教学班成绩高于第一个教学班，而原来两个班的学生学业基础几乎没有差异。只是第二个教学班学生所经历的学习过程与方法不一样，学生经历了独立学习和合作学习，学习能力得到了提升，结果就明显优于第一个教学班。

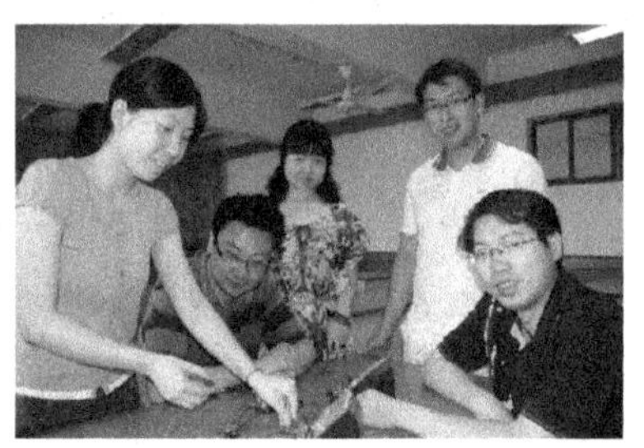

图 2-1　后“茶馆式”教学的第一个证据是周骏副校长(左 2)上课取得的，周骏为后“茶馆式”教学主要的策划者、实践者与推行者

然而，周副校长并没有“服气”，他认为这是偶然的现象，希望再上一个班试试。当周副校长上第三个教学班时，因为检测的题目他事先都已经知道了，教学过程中便对要检测的内容加强了语气，似乎在提醒学生。他太想证明，他讲的是有效的。课题组本来想改变检测题目，但是，即使检测题目相仿，周副校长和物理组的教师也不一定“服气”，那就不改变题目，就这样试试看吧！

检测结果是，第三个教学班的成绩还是没有第二个班级好。第三个教学班的学生学业基础和原来的两个班也没有什么差异。这时，周副校长有所震动，他同意并带领物理教研组的教师在八年级的物理课上开始后“茶馆式”教学的尝试。

…………

半年之后，全区测评。周副校长是静教院附校分管教学的，他更关注学生的学业成绩、教学质量。半年多来，在物理课堂上，教师少讲了这么多话，八年级学生的物理成绩究竟会怎样呢？他心中还是没底。

区里测评成绩公布的那晚，已是 8 点多了，周副校长看到成绩后，兴奋地第一时间给张校长发了个信息：“张校长：坚定不移走后‘茶馆式’教学！我校物理成绩不但第一，还遥遥领先……”

二、 一次实践引发对教育科学研究方法的探索

后“茶馆式”教学能在静教院附校推进，周副校长的这个“故事”似乎不可或缺。为什么这“故事”能给周副校长、物理教研组震撼？靠的是证据。静教院附校面对的是课堂教学的改革，期望改变的是教师的日常教学。这也许是学校最难也是最关键的事情。全校一百二十余名教师，每天上二百余节课，怎样驾驭每天的日常教学，真的很难。但是，如果没有驾驭日常教学，就改变不了“家常课”。后“茶馆式”教学的推进，光靠行政命令不行，要靠教师的文化认同和文化自觉，教师的文化认同需要证据支持，要让教师实实在在地看到变化。

教育科研从不同的维度划分，将有不同名称的教育研究。有量的研究、质的研究，有宏观研究、中观研究、微观研究，有基础性研究、应用性研究、开发性研究，有思辨研究、实证研究等。课堂教学改革需要中观的、微观的、应用性的教育实证研究。这个实证研究可以是量的研究，也可以是质的研究。这样，便遇到了一系列的问题：我们怎样才能获得证据？是否能找到获得证据的一般教育科研方法？有了证据，如何分析证据？即这个证据只能说明什么、不能说明什么。

周副校长的“故事”是一个证据，这个证据可以证明什么？周副校长自己上了三堂八年级的物理课，得出了后“茶馆式”教学是好的、有效的。然而，这样的结论太笼统。从论证的内部原因分析，静教院附校虽然是一所九年一贯制的公立学校，小学一年级学生对口入学，但由于对口地段家长的文化水平、经济条件好的占了大部分，家长一般比较重视孩子的教育问题。静教院附校虽然也有各种各样的特殊学生，但总体的学生学业基础比较好。因此，证据只能证明对学业基础比较好的学生有效，不能证明对所有学校、所有学生有效。从论证的外部原因分析，授课的周副校长是一位成熟教师，对学生的了解、对学科的把握都很到位。因此，证据只能证明后“茶馆式”教学对成熟教师有效，不能证明对职初教师，对学生了解不够、对学科把握欠缺的教师也会有效。从证据出现“概率”的角度分析，它只是证明了物理学科，在某一课型、某一内容的教学上后“茶馆式”教学是有效的，还不能证明在物理学科的其他课型、其他教学内容上有效，更不能证明对所有学科、所有年级、所有课型都有效。还可以看到，在“因”“果”关系上是对应的。因为已经基本控制了其他的“变量”，学业成绩的变化不是其他原因引起的，而是应用了后“茶馆式”的教学后得到的。之后，八年级实行后“茶馆式”教学之后的成绩变化又能证明什么呢？只是证明了扩大到在静教院附校的物理教学上是有效的，仍不能证明其他。特别要指出的是：这里只是证明了学业成绩变化，而不是“三维”目标上的全面变化。如何创造一种教育的研究方法，能获得更普遍的证据，使广大教师产生文化认同，从而改变教师日常的教学行为呢？在这样的背景下，静教院附校课题组提出了一种新的教育科学研究方法——循环实证。“循环实证”教育科研方法的产生主要依据以下背景。

（一）同课异构的兴起

有一位语文特级教师说：“同一篇文本，可能有多种不同上法，也不一定能判断哪个上法更好。”这话是很有道理的。同一文本，可能有不同的理解；就算有一种理解，也可能定出不同的教学目标；就是定了相同的教学目标，也可能有不同的教学过程。即使什么都相同，由于教师的特质不同，也会产生不同的“闪光点”。可能同课异构就是对课堂教学有这样的理解才产生的。因此，同课异构是一种对同一教学内容以不同理解、不同教学方法、不同教学风格进行授课的方式。虽然同课异构并不是后“茶馆式”教学推进所需要的教育科研方法，但是同课异构给了我们启示：同一教学内容的教学比较，可能使教师对所研讨的问题更加“聚焦”，不同教学设计的优势更容易“凸显”。

（二）“对照班”“实验班”教育研究方法的启示

“对照班”“实验班”的教育研究方法虽然有许多弊端，实验所取得的证据也很难让人们信服，但是，这种研究方法也给我们启示：以证据支持教育研究，研究的课堂教学问题集中。只研究什么、不研究什么，界限清楚，便于教师提炼、归纳。在这点上它又明显优于同课异构一类的教学研究。

（三）校本研修的发展

学校一般都把校本教研与校本培训合二为一，称校本研修。它使教研更加规范，使培训更能联系教学实践，进入教学核心环节——课堂。随着校本研修的发展，学校认识到把教育科研引入校本研修的重要性。

（四）“磨课”的启发

现在，一个教师上公开课之前常有“磨课”的过程。同一教师在不同的教学班上同一个教学内容，进行一次课堂教学实践，修改一次教学设计，再进行一次教学实践，再修改一次教学设计。教育界内有人反对这样的“磨课”，认为这些都是假课。其实，这在认识上还是片面的。同一个教学班，相同内容重复教授，那一定是假课。不同教学班的不断试教、不断“磨课”，不但不是假课，而且反映了我们对课堂教学的理解在深化，同时也促进了教师的专业发展。

鉴于以上的思考，我们产生了“循环实证”的教育科研方法——一种

新的、实证的、能较好控制变量的、能做课堂教学改革“动态”研究的、价值取向多元的教育科研方法。

三、“循环实证”教育科研方法的阐释

（一）一次“循环实证”的操作流程及解读

实施一次“循环实证”的教育研究，一般包括三个班级的课堂教学、三次校本研修、一次教学检测，用时一天。也可视研究情况不同做增减。一学期可以进行多次，这样就形成了“循环”。“循环”不等于重复，因为每次的“循环实证”，教学的内容是不同的；“循环”也不等于原地打转、故步不前，而是逐步向后“茶馆式”教学逼近。这种逼近包括课堂教学的改变，也包括教师的认识、教学行为的变化。

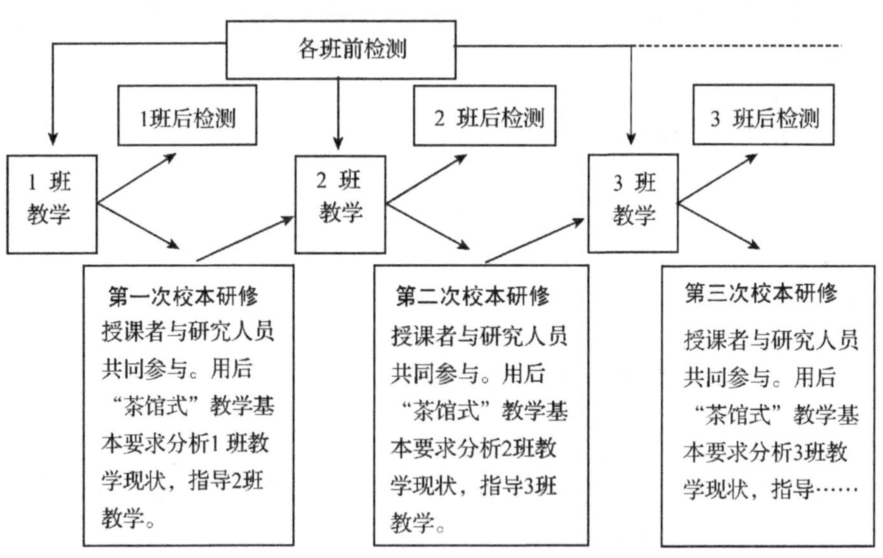

图 2-2 “循环实证”的操作流程图

以上是一次“循环实证”的操作流程，关于这一操作流程的解读如下。

1. 尽可能控制变量，聚焦所要研究的问题

授课教师不变，如由原任课教师上自己的班级，三个班的教师可以

是一位教师，也可以是二三位教师。如八年级物理，完全可能是一位教师上三个班，小学语文一位教师上一个班。教学内容相同，教学目标的侧重面也相同。教学目标一定是直接的、可操作、可观察的有限目标。这个有限取决于学生基础有限，教学时间有限。有限目标不仅是深度的有限，还有广度的有限，那么，教学目标就应该有它的侧重面。例如，语文教学中的同一篇课文，可以偏重于朗读，可以偏重于优美的词句，可以偏重于文本的写作手法，也可以偏重于揭示文本深刻的内涵。但什么都要偏重，既无必要，也无可能。教师要依据语文课程的总体要求、文本自身的特点、社会的发展、学生的需要等多方面因素，思考、定夺教学目标的侧重面。这里为什么要强调侧重面相同呢？这也是为了控制变量，在教学目标侧重面相同的情况下进行比较，聚焦所要研究的问题。

2. 一次“循环实证”的前准备

(1)由研究团队准备实验班级的基础成绩，作为各班的前检测。基础成绩可以是上学期期末考试成绩，并且把这成绩变换成标准分。

(2)由实验班级任课教师各自备课，做好各自的课堂教学设计。

(3)由研究团队设计好学生的后检测试题。

(4)组织好校本研修队伍。校本研修队伍可以是教研组教师，也可以是教研组教师之外的学科专家。

(5)必要时准备录音、录像等有关设备。

3. 校本研修，研修什么

每一次课堂教学后，都有一次校本研修。校本研修对第一次课堂教学中出现的问题或“闪光点”进行总结，对第二次课堂教学提出建议。这些问题、闪光点要聚焦于实证的方面。在后“茶馆式”教学刚推进时，实证的是在课堂教学设计的逻辑结构从以学科体系为线索，变成以学生的学习为线索之后的变化。当学校的教师基本认可后“茶馆式”教学后，实证的是学生先学、引导暴露、共同解疑等各个环节上的具体教学问题，如问题的设计、习题的编制、使用的时间等。实证点可以是整堂课的教学，也可以是某一实证点。例如，小学低年级的识字教学，比较在使用时间基本相同的情况下，怎样的教学使识字的效果更好。

4. 每班教学之后都进行后检测

这次后检测不是由任课教师命题，而是由教研组安排非任课教师命题。后检测的范围仅局限于这堂课的教学内容。比较前、后检测每班学生学业成绩的变化，反思每堂课的教学实际。

5. 一学期内这样的流程可以进行若干次

这样就形成了循环。但是如果第一次“循环实证”是从1班开始，然后2班、3班，那以后的循环一般可变换班级顺序，以示公平。

6. 需要综合后检测

“前检测”是一项基础性的综合检测，主要是两个方面：①以一次比较综合的学业测试(如期末考试)作为学业成绩基础，且变换成标准分；②用问卷、访谈等形式积累与取得学业成绩有关的其他方面的情况。一次“实证循环”的后检测内容是单一的，仅为这堂课的授课内容，而且就是这一内容，还强调“侧重面”，便于考量，且用试卷测试，分数也变换成标准分。一学期或一学年通过了若干次“循环实证”之后，再进行一次全面的、综合的后检测，这次后检测与前检测相似，也分两个方面，有可能的话，不但要与自身进行比较，还要放在一定的区域范围内加以横向比较。

为什么在一学期或一学年之后要通过学生问卷、访谈了解取得学业成绩有关的其他方面的情况呢？一节课后的书面测试往往局限于知识、技能的维度，问卷、访谈有助于更多地了解过程、方法，情感、态度与价值观维度上的变化。而且，对于数学、物理、化学等学科比较容易在一堂课后进行书面检测，而有的学科很难在一节课后马上进行测评，但一学期、一学年后的变化就会显现出来。后“茶馆式”教学调查问卷见附件2-1。

（二）“循环实证”的内涵分析

1. 迭代循环的数学模型

“迭代循环”是数学中逐步向真值逼近的过程。“循环实证”的教育科研方法正是采用了“迭代循环”的数学模型。“循环实证”是一个个教学设计的迭代。采用“迭代循环”的教学模式来进行课堂教学改革的探索，反映了我们对课堂教学探索本质的理解。课堂教学没有最好的，只有更好的，后"茶馆式"教学的探索开始只是教学设计逻辑结构改变带来的变化，随后是在"学生先学、引导暴露、共同解疑"的教学结构下探索教学的具体策略、方式、方法，探索更微观的问题设计、习题编制等，以及每次变化带来的变化。

然而，"循环实证"中的教学设计迭代又不完全与数学中的迭代循环相同。数学中的迭代循环一定是一次比一次更接近"真值"。"循环实证"的教学设计迭代，总体是让教学的效果更好，但也有可能每次教学设计的修改常常是教师在教学经验基础上的猜测。教学实践证明，有的是可以的，有的也不一定可行。我们用图 2-3 和图 2-4 来表示两者的异同点。

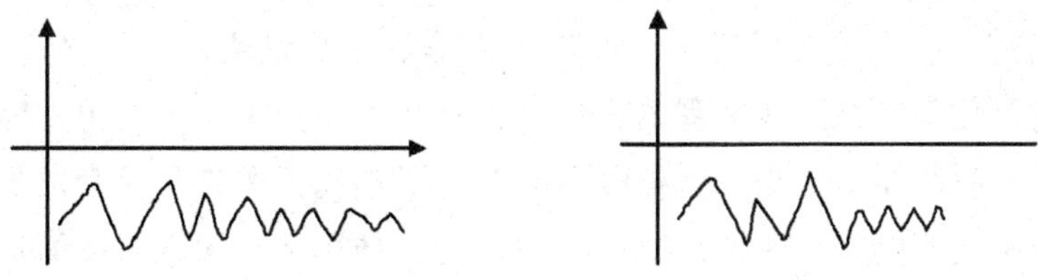

图 2-3 数学中的迭代循环　　　**图 2-4 "循环实证"中的教学设计迭代**

2."循环实证"的价值取向多元

"循环实证"是一种教育科研方法。这种教育科研方法的价值已大于一般意义上的教育科研方法的价值追求。

价值之一：用"循环实证"的教育科研方法可以用证据来证明课堂教学的改革哪些是可行的，哪些是不可行的。

价值之二："循环实证"是一种教育科研方法，也是一种教师校本研修的新模式、新方法。

价值之三：在教学设计不断迭代的过程中，得益的是所有学生，而不仅仅是个别的"实验班"学生。

价值之四：参与"循环实证"的是全体教研组教师，授课的教师也不局限于一两位教学实验的教师。多次的"循环实证"能惠及全体教师，促进教师的专业发展。

3."循环实证"是量的研究与质的研究的结合

与实证教育科研方法对举的是思辨的教育科研方法。实证的方法可以是量的研究，也可以是质的研究。

客观存在的一切事物都是质和量的统一体。作为事物的两种不同规定性，质和量构成了科学研究的两个取向、两个重点。在教育科研方法中，起初我国受苏联的影响，注重质的分析。同时，从我国的历史来看，我国也是一个思辨的国家，所以特别注重质的分析。后来，我国改革开放后受西方教育思潮的影响，大家纷纷学习量化，学习量的分析，认为量的分析更客观，有一段时间大家片面地强调量的分析。一直发展到现在，越来越多的人认为面对教育对象的特殊性，我们在分析时应该更加全面地看待问题，因此，现在在教育研究方法上，大家更注重的是量的分析与质的分析的综合。

在目前中小学教育科研中，大家大力提倡采用量化的方法来研究，普遍认为量化研究是比较客观的，这在自然科学研究中尤为突出。但是考虑到教育科研的对象是学生，因而教育科研单纯只用量化研究，只进行量的分析是不够的。比如：课程标准中的三维目标，知识与技能是可以用量化的方法来分析的，但是对于在学习知识与技能的过程中所产生的情感、态度、价值观是无法仅仅通过量化得以分析的，必须在量化的基础上加以质的分析，才可以得出最后的结论。即使知识与技能可以用量的方法来分析，也不一定能分析知识与技能的全部。教育的测量都是间接测量，一张试卷能表示所有知识与技能吗？总之，仅仅有量的分析是不够的。

所以，中小学教育科研更加应该考虑量的分析与质的分析两个方面，综合地分析问题。

在一次“循环实证”中常用量的分析方法，在一个学期、一个学年过后，用了问卷、访谈的形式，又突出了质的分析。因为后“茶馆式”教学推进的目的是提高学生的学习效能，而效能包括效率、效益和效果。效果的价值取向是新课程的“三维”目标，不但关注“现在”，还要关注将来。

4.“循环实证”的研究性质

静教院附校的“循环实证”还在雏形阶段时，就得到了华东师大赵健等教授的支持。赵教授看了我们的研究之后，肯定道：“可能这是前沿的研究!”赵教授告诉我们，目前已有这方面的探索，称它为“设计的研究”或“基于设计的研究”。之后，赵教授又给了我们很多资料。一个是偏于教育理论的探索，一个是偏于教育实践的探索，两者有很大的“交集”，不是完全相同的。至今，静教院附校还没有对这种产生于教育实践的教育方法做出确切的界定，可能它不仅是教育理论的实践检验，也不仅是拿某一教育理论作为支撑去从事某项教育的实践。此项研究使教育理论在真实的场景中不但要经受检验，可能还会接受挑战。

“循环实证”的教育科研方法是在后“茶馆式”教学的推进中产生的。但是，“循环实证”的教育科研方法的适用范围不仅仅是后“茶馆式”教学。这种研究方法应该适合于其他对课堂教学的研究。“循环实证”的方法只是比较好地控制了变量，突出了需要研究的方面，把教育研究、校本研究等比较好地结合了起来。

第二节　以“循环实证”推进研究发展

后“茶馆式”教学在物理组的探索过程中产生了用于课堂教学的研究方法——循环实证。从初中物理的一个教学内容到其他教学内容，从一种课型到其他课型，从八年级物理到九年级物理，以证据说明了后“茶馆式”教学的推进提高了学生的学业效能。后“茶馆式”教学不但在一堂课有效，在一个学期试行也有效；不仅表现在学生学业成绩提高了，而且学生在物理学科上的负担在减轻，学生学习物理的兴趣在增强。学校又向学生发放了问卷，学生反映“自己能发表意见的机会多了”“小组讨论有意义”“争论中搞明白的问题不少”“我们也不喜欢教师从头讲到底”，这也表明后“茶馆式”教学为学生所接受。

这时，学校的舆论是：“物理学科这样上课是行的，我们数学不同，我们语文更不同。”学校领导班子中也有各种不同的声音，学校在几次行政会上进行观点交锋，进一步统一思想。然后，在丁亿常务副校长的带领下，中学的数学组进行了两次应用“循环实证”的校本研修，比较了两个教学内容共 8 节课。数据证明，后“茶馆式”教学在中学数学中的实施也是有效的。数学组又提出在改变课堂教学设计的逻辑之后，如何依据学科特征和内容特征设计问题、安排练习，成为后“茶馆式”教学提高教学效能的关键。

语文组的问题比物理、数学组复杂。一方面，有些语文教师认为，目前语文课实在难上：“教的是不考的，考的是不教的，多教几篇、少教几篇是差不多的。”另一方面，有些语文教师不愿进行后“茶馆式”教学探索，普遍反映文科与理科是不同的，理科的许多教学内容可以立刻测试，文科就不一定，语文更困难。也有教师说，中学的语文教材让学生自己学是可以的，但是学不深。语文教师提出目前语文教学中的困惑，说明他们想改革，但是对后“茶馆式”教学还是不能接受。课题组请语文教研组组长、区语文学科带头人陈美老师先尝试着用后“茶馆式”教学上一堂课，并组织全校教师一起观课。观课之后，大家都觉得这似乎不像是心目中的后“茶馆式”教学。课题组仔细地分析了这堂课，发现问题在于教师没有放手让学生“读”“议”“讲”。当学生有一点困难时，教师不自觉地马上“出场”。找到问题后，课题组与陈美老师交换意见，直接参与中学语文教研组的活动，与语文教师一同备课，甚至为了一堂课的教学目标反复推敲许久。之后，陈美老师再上课，语文教研组其他老师也上课。曾有一个学期，中学语文教研组的 11 位教师全部上了公开课，语文教师看到了效果。当然，对于这种效果的分析不一定是量的分析，也可以是质的分析，质的分析也可以成为证据。许多语文教师说，让学生先学可以培养学生的阅读能力。我们不应该教教材，而应该用教材教。可喜的是，后“茶馆式”教学在语文教研组的推行不但使学生学习的过程、方法变了，而且使学生的学业成绩提高了。

中学的化学、地理等教研组的教师也逐步跟了上来。证据支持了教研，证据增加了教师的文化认同。特别值得提出的是，所有党政领导参加了各学科的校本研修，他们的作用绝对不能低估。

课题组应用“循环实证”方法，同时配以报告、座谈和研讨等其他途径，使后“茶馆式”教学研究“以点带面”“循序渐进”地发展着：从中学物理推进到中学数学，从中学理科推进到中学文科，从中学再推进到小学。在全面推进后“茶馆式”教学的同时，日常课堂教学的主要弊端在克服，学生的学习主体地位在确立。但在后“茶馆式”教学实践中，教师还时常会有认识的反复，更有教学行为的反复，因为教师太习惯于讲解了，课题组也只能“循序渐进”抓“反复”，让教师在对话、研究、实践中求得“差异发展”。这样，教师从观望到文化认同，直至文化自觉。在此过程中，教师产生了或多或少的感悟、体会，也积累了一定的“证据”。

下文将列举几个推进后“茶馆式”教学“循环实证”的典型案例，每一个“循环实证”所研究的侧重面是不同的，有的是以学科体系为线索的逻辑结构与以学生的学习为线索的逻辑结构做比较研究。这种研究主要存在于后“茶馆式”教学的研究之初。有的是以学生的学习为线索进行课堂教学设计，对不同的问题、不同的习题、不同的学习方式等具体教学细节的调整带来的变化进行研究。这主要是在教师已经接受或者初步认同的情况下所做的研究。这种研究将会长期进行下去，因为这正体现了我们对课堂教学改革的理解和坚持。

案例 2-1：

九年级数学《表示一组数据波动程度的量》

这是九年级数学《统计》部分的概念课，执教的李贞老师是一位优秀的数学教师，曾经获得全国数学大奖赛一等奖。“表示一组数据波动程度的量”的教学对她而言已不是第一次了，以前她都是这样设计的。

1. 给出问题，创设情境

由教师提出一个统计学中的问题，当同学尝试用学过的统计方法不能解决这个问题时，教师介绍今天所要学的新的统计学概念。

2. 给出概念，学习新知

“方差”和“标准差”是反映一组数据波动程度的量，而这两个概念是全新的，因此必须要由教师给出这两个统计量的定义及公式，并告诉学生如何记忆这两个较为复杂的公式。

3. 一组习题，巩固练习

对于“方差”和“标准差”这两个公式进行应用。

4. 厘清思路，自主小结

学生对本堂课进行小结。

5. 布置作业，巩固知识

分析：这是非常传统和经典的课堂教学，多年来，李老师就是这样踏踏实实地进行教学的，也取得了很好的成绩。但这样的教学设计显然不符合后“茶馆式”教学的特征。李老师所追求的是教师如何讲得完整，期望通过问题设置铺垫，降低学生学习的难度，力求使每一个学生都能够掌握这些学习内容。李老师的出发点非常好，但以教师的教代替了学生的学，也忽视了学生心底可能的疑问。学生真的学会了吗？带着这样的思考和挑战，李老师以后“茶馆式”教学的要求设计了新的教案，又在原有基础上进行了两次教学尝试。

“循环实证”研究开始的第一次教学设计改进了以往的环节，具体如下。

环节一

1. 读一读

看书第 55～57 页(例题 1 之前)。

2. 议一议

回答下列问题：

(1)什么是方差？什么是标准差？

(2)方差、标准差有什么用？

(3)要比较两组数据的波动程度，除了计算它们的方差、标准差之外，还有什么方法？

3. 练一练

分别计算以下两组数据的方差及标准差：

(1)－1，1，0，－2，2。

(2)2，4，3，1，5。

环节二

1. 读一读

看书第 57～58 页。

2. 议一议

从计算统计量的角度看，这两道例题有什么共同点和不同点？

环节三

练一练

某学校要从几名跳远运动员中挑选学生进行一项校际比赛，在最近的五次选拔赛中，他们成绩(单位：厘米)的有关信息如下：

甲、乙、丙的平均数分别是：$\overline{x}_{甲}=610$，$\overline{x}_{乙}=600$，$\overline{x}_{丙}=600$。

乙的五次数据：602、601、599、598、600。

丙的五次数据：603、599、602、600、596。

(1)如果选拔一个人参加比赛，应该选拔哪个运动员参加比赛？为什么？

(2)如果选拔两个人参加比赛，根据预测成绩达到 600 厘米就可以获奖，为了获奖，应该选拔哪两个运动员参加比赛？为什么？

(3)如果选拔两个人参加比赛，根据预测成绩达到 602 厘米就可以进入前三名，应该选拔哪两个运动员参加比赛？为什么？

环节四

学生小结。

李老师觉得这和自己过去的设计以及教学相比，已经有很大的改变：从教师自己讲清概念，到现在让学生自己阅读概念，很不容易。她很担心学生看不懂，所以马上带着学生一起回答问题，主要是概念、公式等，想帮助学生梳理概念和学会应用。

课后，教研组的老师把课堂观察的情况、学生的困惑等详细地告诉李老师，她有所触动。然后大家按照后“茶馆式”教学的核心、特征等要素，再次分析教学过程发现：李老师是按照后“茶馆式”教学让学生先学了，但没有给学生暴露的机会，因此，问题还在，没有解决。

这样，李老师又修改了教案，进行了第二次教学设计，具体如下。

环节一

1. 读一读

看书第55～57页(例题1之前)。

2. 练一练

分别计算以下两组数据的方差及标准差：(与第一次教学不同之处)

(1)－1，1，0，－2，2。

(2)2，4，3，1，5。

3. 议一议

谈谈你看书的疑问。

4. 练一练

某学校要从几名跳远运动员中挑选学生进行一项校际比赛，在最近的五次选拔赛中，他们成绩(单位：厘米)的有关信息如下：

甲的五次数据：602、601、599、598、600。

乙的五次数据：603、599、602、600、596。

请你计算这两组数据的方差和标准差。

环节二

1. 读一读

看书第57～58页。

2. 议一议

从计算统计量的角度看，这两道例题有什么共同点和不同点？

环节三

练一练

某学校要从几名跳远运动员中挑选学生进行一项校际比赛，在最近的五次选拔赛中，他们成绩(单位：厘米)的有关信息如下：

甲的五次数据：602、601、599、598、600。

乙的五次数据：603、599、602、600、596。

丙的五次成绩的平均数是610。

(1)如果选拔一人参加比赛，应该选拔哪个运动员参加比赛？为什么？

(2)如果选拔两个人参加比赛，根据预测成绩达到600厘米就可以获奖，为了获奖，应该选拔哪两个运动员参加比赛？为什么？

(3)如果选拔两个人参加比赛，根据预测成绩达到602厘米就可以进入前三名，应该选拔哪两个运动员参加比赛？为什么？

环节四

学生小结。

分析：比较两次设计，教师仅仅在环节一做了小小的改进：从“读一读、议一议、练一练”变为“读一读、练一练、议一议”。其实改变的不仅仅是顺序，而且体现了让学生先学，自己能够学会的，教师不讲。那么，如何判断学生是否学会了呢？教师通过设计一组练习，引导学生把课本上的概念、公式应用于计算。这样，那些没有看懂的、没有理解的都能通过练习暴露出来，学生也能够知道自己的疑问和想法是什么，这也成了“议”的基础。

当教师按照后“茶馆式”教学的理念让学生“先学”后，还是没有摆脱习以为常的观念，就是：我没讲学生怎么会懂呢？因此，尽管学生自己看了书，但教师还是要设计几个问题，通过让学生回答的方式来解决学生学不会的地方。在试图让学生彻底弄懂概念的情况下才进行练习，教师以为这样可以避免学生练习的错误。

说到底，教师还是没有突破“数学概念没有‘厘清’之前，学生不能做练习”的束缚。教师自己讲清楚了，不一定代表学生也“清楚”了，学生提不出问题，也不一定代表学生都会了、“清楚”了。教师需要通过教学的设计，想方设法暴露学生的各种“相异构想”。

在第二个班教学时，教师用练习的方法暴露学生的问题，把“学生学得会”的程度提升到最大值，其教学效果显著提高。两个教学班以九年级第一学期期末考试(满分为150分的试卷)成绩为基础，平均分的差距在1分之内，可以说两个班级基础相当。这次“循环实证”教学研究后的测试(测试内容由第三方提供)数据见图2-5。

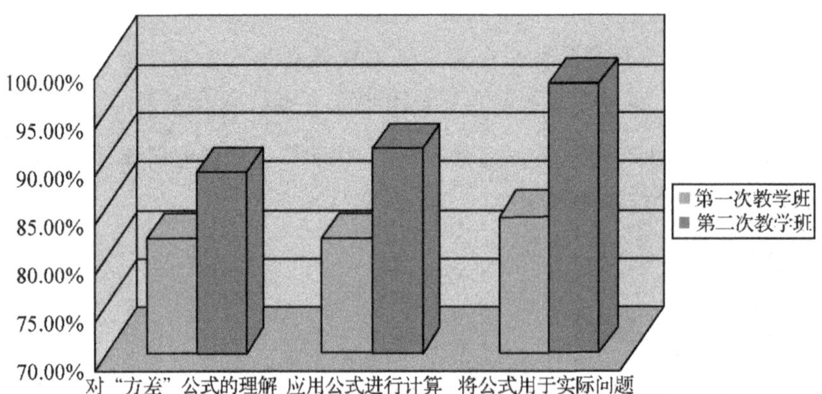

图 2-5　按后“茶馆式”进行教学后两班成绩

李老师以“先梳理还是先暴露”为题写出了教学案例，她深有感触地写道：课堂上什么是教师必须要讲的，什么是教师不必要讲的；教学是仅仅告诉学生什么是正确的，还是充分暴露学生的“潜意识”、关注对学生“相异构想”的发现与解决；要在课堂上体现先学后教的教学理念，其本质不但要关注教师的教，而且要关注学生的学。也许只有这样，才能使我们的教学迈向“教是为了不教”的境界。

案例 2-2：

八年级物理《机械功》

物理组的范佳薇老师是位教龄仅有几年的青年教师，她担任八年级物理的教学。她一直努力使自己的讲课有条理，语言生动，知识点讲清楚、讲明白，实验操作规范。但通过“循环实证”研究，她开始思考：自以为讲清楚的内容，学生是否都懂了呢？这缘于一节《机械功》的教学研究，让她的教学有了“重大突破”。

教学目标：理解功，理解做功的两个必要因素，能利用公式 $W=Fs$ 进行简单计算。

第一节课的教学环节设计如下。

环节一　新课引入

阅读小故事，思考怎样用一个新的物理量来衡量这两个和尚的贡献大小？引导学生考虑力的大小和力通过的距离两个因素，从而引出功的概念。

环节二　机械功

1. 功的概念

当一个力作用在物体上，物体在这个力的作用下通过一段距离，力学里就说这个力对物体做了功。

2. 做功的两个必要因素

思考一：人的压力将图钉压入木块，人做了功(见图 2-6)。

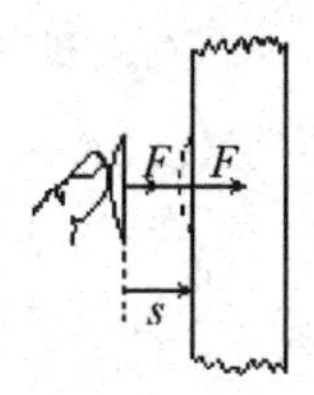

图 2-6　手压图钉

思考二：用细绳提升木块，力 F 作用在木块上，且物体在力 F 的作用下通过了一段距离 s，这个力 F 做了功(见图 2-7)。

教师总结：力学里的功包括两个必要因素：一是作用在物体上的力，二是物体在力的方向上通过的距离。

思考三：人推车但没有推动，推力是否对车做了功？

思考四：推出去的小铁球在木槽中滚动了一段距离。

思考五：手提物体在水平方向上匀速地移动了一段距离。

着重指出：“两个必要因素”的含义是指“缺一不可”。只有作用在物体上的力，而没有物体在力的方向上通过的距离，即如果物体仍静止不动，这个力就没有对物体做功，即“有劳无功”；如果物体靠惯性做匀速直线运动，虽然在水平方向上通过了距离，但并没有水平方向的力作用于它，所以没有什么力做功，即“无劳无功”。

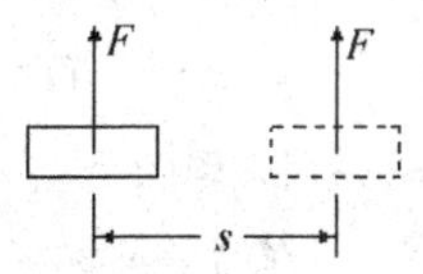

图 2-7　细绳提升木块

思考六：什么情况下力对物体不做功？

以下三种情况对物体做功为零。

(1)物体受力，但没有移动距离。

(2)物体移动了距离，但不受力。

(3)物体受力也移动了距离，但两者互相垂直。

3. 功的计算

如果我们用 W 表示功，用 F 表示力，s 表示物体在力的方向上通过的距离，功的大小如何计算？回到活动卡上的小故事。

(1)功的计算公式：功＝力×距离($W=Fs$)。

即功等于力与物体在力的方向上通过距离的乘积。

(2)功的单位是牛·米，它有一个专用名称叫焦耳，简称焦(J)。

焦的含义：物体在1牛力的作用下，沿这个力的方向通过1米的距离，该力所做的功为1焦。即1焦＝1牛·米

(3)几点说明。

①使用公式时要注意单位的统一。

②功的多少只由F和s决定，跟物体是匀速直线运动还是变速运动无关。

4. 解决前面提出的谁的贡献大的问题

环节三

小结。

经过课堂实施，范老师深刻反思了课堂的现实情况，教研组老师也共同讨论，出谋划策。然后范老师改进了设计，再次进入课堂进行教学。

环节一　阅读书本

1. 阅读课本

第13～14页(包括计算题)。

2. 要求

(1)将你认为重要的内容用笔画下。

(2)在阅读的过程中，思考还有什么疑问或还想知道些什么。

环节二　交流

交流自己归纳小结的课本内容。

环节三　思考提问

1. 思考一：下列各种情况中，哪些力对物体做了功？哪些力对物体没有做功？

(1)人推车但没有推动，推力对车做功了吗？

(2)人提着重物竖直向上移动一段距离，人的提力对重物做功了吗？

(3)推出去的小球在光滑的水平玻璃板上滚动，小球在从 A 到 C 的运动过程中，有没有力对它做功？(见图 2-8)

(4)举重比赛时，运动员在第一阶段把杠铃很快地举过头顶，在第二阶段使杠铃在空中稳稳地停留 3 秒，三名裁判都亮出了白灯，这次举重成功。在这两个阶段中，运动员有没有对杠铃做功？

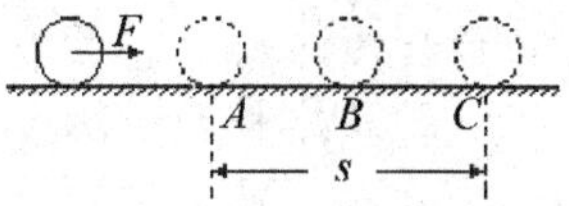

图 2-8 小球惯性移动

(5)体育课上，小王同学用 120 牛的力推一个重为 30 牛的铅球，他的成绩为 5 米，对他推铅球时做功的情况，下列说法正确的是(　　)。

A. 做功为 600 焦

B. 做功为 150 焦

C. 做功为 0

D. 做了功，但条件不够，无法计算做功的大小

(6)已知甲物体在光滑的水平面上运动，乙物体在粗糙的水平面上运动，现用相同的水平拉力分别使甲、乙两物体沿水平方向移动了相同的距离，两次拉力所做的功分别是 $W_{甲}$、$W_{乙}$，则(　　)。

A. $W_{甲}>W_{乙}$　　　　B. $W_{甲}=W_{乙}$

C. $W_{甲}<W_{乙}$　　　　D. 条件不足，不能比较

重点讨论：推铅球问题和两个物体在不同表面上拉力做功问题。

2. 思考二：下列各种情况中，小明的提力对包做功了吗？

(1)小明提包在水平地面上行走，他的提力对包做功了吗？

(2)小明提包上楼，他的提力对包做功了吗？

(3)如图 2-9 所示，小明手提重约为 40 牛的包沿水平路面走了 10 米，又沿着长 8 米的斜面登上约 6 米高的台阶，他在整个过程中对包所做的功约为多少？

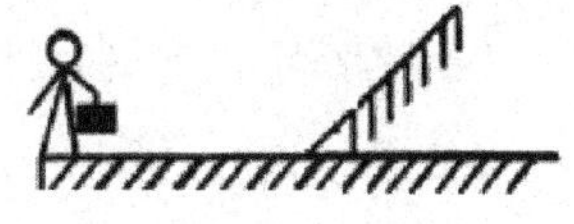
图 2-9 提力做功示意图

(4)小明提包乘升降电梯上楼，他的提力对包做功了吗？

(5)小明提包乘商场的自动扶梯上楼，他的提力对包做功了吗？

重点讨论：提包上楼问题、提包乘电梯问题和提包乘自动扶梯问题。

环节四　小结

总结力对物体不做功的三种情况。

(1)物体受力，但是没有移动距离。

(2)物体移动了距离，但不受力。

(3)物体受力也移动了距离，但两者互相垂直。

范老师自己对比这两节课发现：不同的教学设计，特别是问题的设计，使得“相异构想”的发现和解决发生了明显的变化。教学效果特别明显，学生有机会充分暴露“相异构想”，以前错误率非常高的家庭作业出乎意料地降低了错误率。原来不用后测，作业也是检验的重要途径。

范老师随即以“我讲了，学生就都懂了吗?”为题写了教学案例，她对教学设计改变带来的课堂结果的变化，进行了如下分析。

之所以改变后的教学设计能取得如此巨大的效果，原因在于以下三点。

1.“相异构想”的暴露

原先的设计其实也关注到了学生可能存在的不同想法，但并没有给学生机会暴露这些想法，而是在上课的过程中将这些要点着重指出，并反复强调。这些想法看似在教师的反复操练中解决了，但是遇到新的问题，原来的想法就会冒出来。原来学生只是在不完全理解的情况下，一知半解地接受了教师教授的知识。教师只是讲解正确是没有办法使学生都懂的。而改变后的教学设计，在阅读了课本相关知识后让学生交流归纳，是学生经验和文本的对话，此时，学生在建构自己的知识体系。他们有些想法会与原先的“常识”冲突，这便给了学生暴露的机会。

“相异构想”需要教师的慧眼去“发现”，不但教师要发现，而且学生自己也要发现。“相异构想”从产生的途径上可以分为两种形式：一种是在接受科学教育之前，学生根据日常生活经验，在与自然和社会环境相互作用的过程中形成的。例如，对力与运动的关系，学生在学习之前可能已经理解为力是维持物体运动的原因，作用力越大物体运动得越快等。而且，学生把这种看法视为“常识”，认为是千真万确的。另一种是学生在接受科学教育之后，在教学情境中形成的认识，主要表现在一些学生接受科学教育之前缺乏感知经验的概念。前者往往是学生中普遍存在的，而针对这个产生途径，教师要设计一些环节暴露“相异构想”。

(1)阅读书本相关知识后交流归纳。学生的经验与文本对话的同时，他们也在建构自己的知识体系。对于与原先“常识”相冲突的知识，是全盘接受还是持有怀疑，在这个环节，善于思考、善于提问的学生已经可以发现自己的“相异构想”，全班交流，就是给学生一个暴露想法的机会。

(2)创设情景。自认为读懂课本但实际上没有读懂的学生，在交流归纳环节是无法暴露出他们的想法的。接着就是教师创设情景。情景可以是实验，也可以是若干道小题目。可以看到在最后一节课中，教师创设了大量的情景供学生暴露“相异构想”。学生究竟是否真正理解“在力的方向上通过的距离”呢？在这些情景里就能见分晓了。

2.“相异构想”的解决

原先的设计使“相异构想”没有暴露的机会，回答问题的都是学习比较好的学生。即使偶尔有“相异构想”的暴露，也会被教师解决，正确的答案往往出自教师之口。这样的解决方式其实作用并不大，只不过是把正确的又复述了一遍，并不能引起所有学生的共鸣。在改进后的课堂上，教师采用了小组讨论、全班交流和教师答疑等方式共同解决学生的“相异构想”。

(1)小组讨论。将学生的差异看作一种“资源”，利用这种资源解决一些层次稍浅的“相异构想”，如这节课中的思考一和思考二的非重点讨论内容。

(2)全班交流。在小组内部不能达成共识的“相异构想”有一定的代表性，在全班交流时提出，使更多的学生意识到这一问题。如这节课中的思考一和思考二的重点讨论内容，一般都会在全班交流上提出。

(3)教师答疑。在全班都无法达成共识或全班同学在这一问题上都有疑惑时，教师才进行解答。如这节课中提包乘电梯问题。

3. 让谁暴露“相异构想”——理念的改变

“相异构想”的发现和解决固然有多种方法和手段，但是从只请举手的学生回答问题到请不举手的学生回答问题，从教师的解答到学生的讨论，这是教师理念的重大改变。真正使学习成为一个质疑的过程，教师要将课堂还给学生。可以看到，后一节课和前一节课相比，无论在课堂的容量还是学生的参与度上都有了很大的提高。

这是通过一节课对于“相异构想”进行发现和解决的尝试。“教无定法”，更多的方式方法有待于我们去尝试。

分析：从这个教学实践案例中，我们能够清晰地看到，一个青年教师，她的教育理念在不断改变，对学科内容的理解在不断加深，教学能力也在不断提高。

案例 2-3：

四年级语文《家乡的桥》

羌玉麒老师是小学部语文教研组高段组长，当学校推进后“茶馆式”教学研究时，她带领语文组的同伴一起思考。她在自己的教学案例中写道：在小学语文的课堂推行后“茶馆式”教学，我们始终在思考，在以“议”为核心的教学中，学生到底怎么学？怎样才算学会？在教师的引领下，学生学什么？学到什么程度？这就很清楚地指向我们的教学目标——有限、具体。在有限的一节课内，目标更要定得有限，不能一篇课文的所有问题都解决，只能选择解决 1～2 个问题。但是有限目标之后还要将其细化，具体到将这一语言目标特点分析清楚。

她以四年级语文课《家乡的桥》一文为例，带头开始了教学实践探索。

1. 对选题的思考

《家乡的桥》是篇老课文，很多专家都上过这篇课文。选择这篇课文，是一大挑战，也是要表达我们小学语文教学组对后“茶馆式”教学的理解。我们想通过对后“茶馆式”教学的探索和研究，缩小公开课与家常课之间的差异，最终达到公开课就是家常课，家常课就是公开课的教学境界。

2. 教学环节的思考

这堂课设计了学生当堂预习，完全零起点的教学，所以预计耗时 50 分钟，目的是给大家看一个教学的全过程：学生先自学，再在老师的带领下学习课文，完成教学任务。小学语文教学的后“茶馆式”教学比较关注的除了学科特征，还有学生的年龄特征。50 分钟的教学充分体现了“讲学生学不会的”。教学对象是四年级学生，因此“先学”更多地体现为教师怎么培养学生在有限的时间里达成最有效的先学，包括读书、议论以及怎么读出感情等。

3. 对“学生学情分析表”的思考

给观课老师人手一张“学生学情分析表”，这是源于两点需求：一是上课教师始终要有一根弦，即对于全班学生存在的差异，怎么处理？这就要求教师必须了解学生的学业基础，否则是上不好课的。二是观课教师的需求：我们要让听课的老师知道，教师为什么叫这位学生回答这个问题，又为什么叫那位学生默写这个词语，通过这张“学生学情分析表”，我们的教育意图才能真正得以表达。

后“茶馆式”教学非常明确地突出了我们的教师在上课中不仅仅是为了告诉学生什么是正确的，更重要的是要暴露问题、解决问题。公开课比较常见的是叫一些学习基础好的学生来读、来写，是为了表现好甚至是“作秀”而采取的方式。而我们小学语文教学的后“茶馆式”教学则更希望暴露学生在听、说、读、写等各方面存在的问题，而不是仅仅为了追求回答的正确。

“学生学情分析表”实际想反映的是针对学生的不同基础，教师是如何解决的。通过“学生学情分析表”，我们可以看到，学生自己的错自己纠。教师也不会再把学生中“有人学得会，有人学不会”看成一种教学的负担，而是积极运用学生之间的这种资源，让学生自己的错自己纠。

“学生学情分析之一”用三种颜色表示，其中红色表示学业基础较好的学生，黄色表示学业基础中等的学生，绿色表示学业基础较弱的学生。当然，由于学生的发展是呈动态分布的，不可能一成不变，所以这张学生学情分析只能说是“之一”。在这堂课上，共有几位学生被点到名，进行了发言，其中学业基础较弱的有几位、学业基础中等的有几位、学业基础较好的有几位都可以从表上看出。再有，这些各个层面的学生各被叫到几次，分别是哪些层面的理解或是问题也可以反映在学情表上。其实，在之前的研究课中，我们已经开始了这样的尝试，目的是帮助执教老师了解自己教学中对于各个层面学生的关注度，尤其是对那些学业基础较弱或中等的学生可能暴露的“相异构想”等一系列生成性的问题能做出及时的教学调整，以便更进一步提高课堂教学的效能。

表 2-1　教学目标的三次设计比较

第一次教学设计	第二次教学设计	第三次教学设计
1. 自主认识生字、新词，并在理解的基础上主动积累词语。 2. 有感情地朗读课文，背诵课文第五节。 3. 了解家乡小桥的特点，体会热爱家乡、怀念家乡的思想感情。	1. 自主认识生字、新词：“撷取、篆、楷、飘逸潇洒”，并在理解的基础上主动积累词语“雄赳赳、飘逸潇洒、刚劲雄健、相衬相映”。 2. 了解家乡小桥的特点，背诵课文第五节。 3. 有感情地朗读课文，体会热爱家乡、怀念家乡的思想感情。	1. 合作学习生字、新词：“撷取、篆、楷、飘逸潇洒”，并在理解的基础上主动积累词语“雄赳赳、飘逸潇洒、刚劲雄健、相衬相映”。 2. 了解江南小桥的特点，背诵课文第五节。 3. 有感情地朗读课文，体会热爱家乡、怀念家乡的思想感情。

表 2-2　教学过程的三次设计比较

第一次教学设计	第二次教学设计	第三次教学设计
一、学生当堂预习 (一)预习题 1. 默读课文，自学生字新词。 2. 用引号画出文章中心句，并说说课文从哪几个方面介绍了家乡的桥。 (二)反馈预习 1. 默写词语。 穿梭、撷取、篆、楷、飘逸潇洒、凿、摸螺蛳、捉毛蟹 2. 回答问题。 板书：数量多、造型奇、名称美、是乐园	一、学生预习 (一)预习题 (二)反馈预习 【同第一次教学设计】	一、初读课文，掌握新词 (一)预习要求 (二)反馈预习 1. 教学生易读错的词、句子。 出示：至于如意桥，……又平添了几分情趣。 (1)请学生读句子，正音。 (2)隐去 4 个词，让学生读读句子。 2. 默写词语。 撷取、篆、楷、飘逸潇洒 3. 评议。 (1)是否正确？(包括字形、笔顺) (2)字迹是否端正？ (3)每人自查，错误的订正一遍；字写得不端正的，也再写一遍。
二、抓住中心句，品读课文，领悟作者对家乡的热爱 1. 出示句子：长相忆，最忆家乡的桥。 2. 学习第三节。	二、抓住中心句，品读课文，领悟作者对家乡的热爱 1. 出示句子：长相忆，最忆家乡的桥。 2. 学习第三节。	二、再读课文，厘清文脉 1. 检测朗读。 2. 请五位学生读课文，边读边正音。其他学生思考：这篇文章从哪几个方面写了家乡的桥？请用直线画出文中有关的句子。

续表

第一次教学设计	第二次教学设计	第三次教学设计
(1)第三节介绍了两种桥，选择自己喜欢的桥读一读。 (2)结合图片理解“缀、大‘八’字、雄赳赳”，体会作者形象的描写、用词的精当。 (3)指导朗读，读出水乡宁静之美。 (4)第三节介绍了两种桥的姿态，却又说是“千姿百态”，如何理解？抓住三个“最”，体会课文抓典型的写法。 (5)播放多媒体，欣赏各种各样的桥，感受水乡之美。 3. 学习第四节。 (1)师生合作变换句式朗读课文。 (2)出示王维诗句，了解诗意并在语境中理解“撷取”。 (3)多媒体演示，欣赏桥名字体，了解各种字体。 4. 学习第五节。 (1)“乐”在哪里？读出快乐。 (2)个别朗读，点评指导。 (3)概括后指导背诵。 板书： 下棋猜谜讲故事、 比跳水本领练胆量、 钓鱼摸螺蛳捉毛蟹、 荡舟进桥洞。 背诵指导：第五节共3句话，第一句总起；第	(1)结合图片理解“缀、大‘八’字、雄赳赳”，体会作者形象的描写、用词的精当。 (2)指导朗读，读出水乡宁静之美。 (3)选2位同学读，如果读得不好老师范读。再请女生读。 (4)播放多媒体，欣赏各种各样的桥，感受水乡之美。 3. 学习第四节。 (1)师生合作变换句式朗读课文。 (2)出示王维诗句，了解诗意并在语境中理解“撷取”。 (3)多媒体演示，欣赏桥名字体，了解各种字体。 理解“飘逸潇洒、刚劲雄健、相衬相映”的意思，指导朗读。 4. 学习第五节。 (1)“乐”在哪里？读出快乐。 (2)个别朗读，点评指导。 (3)概括后指导背诵。 板书： 下棋猜谜讲故事、 比跳水本领练胆量、 钓鱼摸螺蛳捉毛蟹、 荡舟进桥洞。 背诵指导：说说你有什么背诵的好方法。 第五节共3句话，第一句总起；第二、三句话	三、精读课文，领悟情感 (一)学习第一、二节 作者难道仅仅写桥吗？请你听老师读第一、二节，你能感受到什么？用自己的话说说第一、二节的内容。 1. 老师范读。 2. 学生谈感受并用自己的话归纳。 板书：小桥多 3. 学生读。 (二)学习第三节 作者童年生活在江南，那里河长桥多，读第三节，请用你自己的话概括这节内容。 1. 请两位学生概括，随机板书：石桥姿态万千。 2. 结合图片，感知桥美，逐句指导朗读。 出示：最简单的过户桥和最漂亮、最有气派的单拱桥图片，让学生感受桥造型的美 (1)结合图片，理解“缀”，体会作者形象的描写、用词的精当。看了图片，感受更深，谁来读读这一句。 (2)指导朗读，读出水乡宁静之美。 (3)齐读第三节。 (三)学习第四节 1. 学习第一层。 (1)出示：千岁桥、如意桥、震龙桥、元宝桥、娘娘桥、骆驼桥……大人们告诉我，元宝桥、骆驼桥是人们根据它们不同的形状叫出来的；而震龙桥、娘娘桥，就跟民间传说有关系了；至于如意桥，是从唐朝诗人王维的诗句：“流水如有意，暮禽相与还”

续表

第一次教学设计	第二次教学设计	第三次教学设计
二、三句从四方面讲述了桥是孩子们的乐园。	从四方面讲述了桥是孩子们的乐园。	中撷取来的。 (2)第四节写家乡小桥的名称也美极了。读第一层，你有没有感觉到名称的美？ (3)生各抒己见：那么如果将这些桥名换成一号桥、二号桥、三号桥……你觉得有什么不一样？ (4)归纳板书：桥名充满情趣。 师：好，大家都觉得这个美其实是指情趣美，这一节是写桥名充满情趣，现在你们读第二、三层，能不能读出其中的情趣？(自由读1～2分钟) 2. 学习第二层。 (1)出示：有趣的是，在青石上凿就的桥名字体也各不相同，或篆或隶或楷或草，有的飘逸潇洒，有的刚劲雄健，跟桥相衬相映，又平添了几分情趣。 (2)多媒体演示两种桥，欣赏桥名字体，了解“飘逸潇洒、刚劲雄健”的意思。 理解“飘逸潇洒、刚劲雄健、相衬相映”的意思，指导朗读。 (3)感受相衬相映，平添情趣。 师：隐去桥名，单纯看桥，你觉得怎样？加上桥名，再看桥，你又觉得如何？ (4)朗读。 3. 学习第三层。 引读：记得有一年清明节……每过一桥……(出示桥名)……接着……几十里水路百座桥…… 4. 分角色朗读。 (四)学习第五节

续表

第一次教学设计	第二次教学设计	第三次教学设计
		出示第五节内容：看看作者童年时所玩的，我们觉得很陌生也很遥远，可是你看多有趣啊！谁能带着幸福、快乐的情感来读读第五节。 板书：是儿童的乐园 背诵：以小组为单位合作背诵第五节，你有什么办法能记得快又好？ 小结：熟读成诵、分层背诵。 (五)学习第六节 这样有趣、好玩的地方，怎么能让我忘怀？所以作者感叹：(生齐读)长相忆，最忆家乡的桥。 出示：故乡的小河像一条条血脉，网布在大地母亲的身上。为什么用“血脉”来比喻“小河”？
三、总结 总结全文，学以致用。师生合作，在对话中总结全文。	三、总结 总结全文，学以致用。师生合作，结合板书总结全文。	四、总结 总结全文，学以致用。师生合作，结合板书总结全文。
四、布置作业 1. 多媒体出示南浦大桥、豫园九曲桥、外白渡桥等图片。 2. 以“上海的桥，造型真是千姿百态”为总起写一段话。	四、布置作业 1. 多媒体出示南浦大桥、豫园九曲桥、外白渡桥等图片。 2. 查资料了解上海的桥的历史、名称、造型，以“上海的桥，(造型)真是(千姿百态)”为总起写一段话。	五、布置作业 1. 抄写词语两遍。 2. 背诵课文第五节。 3. 选择性作业。 (有兴趣的同学做) 仿照第五节的写法，以“学校是我的乐园”或“小区花园是我的乐园”或“……是我的乐园”为总起句，写一段话。

羌老师告诉我们三次课堂实践和二次修改设计的意义如下。

从三次教案，我们不难发现，教学目标一次比一次具体，尤其是基础知识的目标细化到要掌握哪些生词、词义，这符合我们研究的目

的——设定目标要有限、具体。

第二次教学设计从教学目标开始就具有直接、清晰的要求，将“自主认识生字新词，并在理解的基础上主动积累词语”改为“自主认识生字新词：撷取、篆、楷、飘逸潇洒，并在理解的基础上主动积累词语‘雄赳赳、飘逸潇洒、刚劲雄健、相衬相映’”。这样针对性更强，在上课时也着重这几个生词的反馈、检测。在第三次的教学设计中，第一，我们将涉及生词的句子先出示，让学生有目的地先记这些生词，并选择两三位学习中等的学生当堂读句子，加深印象，为接下来的默词做准备。第二，围绕几个议题如：“如果将这些桥名换成一号桥、二号桥、三号桥……你觉得有什么不一样?”“为什么用‘血脉’来比‘小河’?”让学生在读懂文章的基础上，学会思考，引发议论。教师也随即从学生的回答中，捕捉到学生的闪光点，或者发现问题，及时引导学生继续开展讨论，渐渐使学生明白作者想要告诉读者的到底是什么，课堂始终在学生思维的碰撞中进行着。

在课始预习环节，第二次教学设计也一改框定学生思考范围的模式，让学生说说读懂了什么，也会谈到课文从四个方面介绍了家乡的桥，只是随着学生学习的体会来说，而不是老师硬牵着他们。而后面的环节改动不是很大，只是发现课后作业“多媒体出示南浦大桥、豫园九曲桥、外白渡桥等图片。查资料，了解上海的桥的历史、名称、造型，以‘上海的桥，(造型)真是(千姿百态)’为总起写一段话”与学生的实际相去甚远，学生只有十岁，对于上海还没有一种家乡的归属感和思念感，所以让他们查资料写上海的桥也是不切实际的，而且课文不是写状物的文章，而是借景抒情的散文，课后习作的要求不清晰会给学生留下“写作畏难症”的阴影。所以在第三次教学设计中教师将其修改为选择性作业(有兴趣的同学做)：仿照第五节的写法，以“学校是我的乐园”或“小区花园是我的乐园”或“……是我的乐园”为总起句写一段话。

另外，在试教过程中发现，即使过于细致地进行的分析，学生对于家乡桥的重要性和对家乡的情感还是不能深入理解，学生们只是停留在字面上，爱家乡对于他们这些城市长大的、娇生惯养的孩子来说，是那么陌生与遥远。于是在第三次教学设计中我们制订了有限目标。学生的理解能力是随着年龄和阅历渐渐提高的，一个十岁的孩子很难理解一个饱经沧桑的老者对故乡的思念和情感，所以一定要让学生体会作者对家乡的热爱是困难的。于是我们制订的目标是以朗读为重点，读读、讲讲、议议，知道"家乡的桥数量多、姿态美、桥名美、故事多，是孩子们玩耍的乐园"就可以了。在此基础上学生们能有感情地朗读课文，并能在一定方法的指导下背诵课文第五节，这是在有限的时间内有效地完成了制订的教学目标。对于一个四年级的学生，我们的后"茶馆式"教学实事求是，决不做假，有限目标地执行也就产生了课堂的高效性。

这样修改以后，最后一次上课，杭州市拱墅区的小学语文骨干班的教师们也来观摩。观课教师在课堂上对照"学生学情分析表"，认真记录每次发言的学生，三种不同颜色表示的学生发言率也一一统计。课后，这些教师给出的反馈是：目标落实充分清晰，切合学生实际；如果每堂课都这样教学，那么班级中学习落后的学生也一定会慢慢赶上大家。因为学习落后的学生本来是被公开课所抛弃的学生。这些学生在家常课上同样被高度关注、受到悉心的帮助，那么他们每节课都会有真正的收获和进步。

第三节　源于实践研究的归纳提升

后"茶馆式"教学理念要得到教师的认同，从而变成一种自觉的行为，不但要有思辨，而且要有事实；不但要有演绎推理，而且要有实践操作。在推进后"茶馆式"教学的过程中，课题组采用了"循环实证"的教育科学研究方法，依靠了"以点带面""循序渐进""差异发展"的推进策略，在大量的实践案例中归纳，再把归纳提炼出的成果回归实践，在实践中得到检验和修正，最终提炼出后"茶馆式"教学的教学方式、教学策略、教学手段、教学方法等核心成果。这些经过实践研究归纳提升出来的教学方式、策略、手段和方法，为教师践行后“茶馆式”教学提供了帮助。

下面以教学策略为例阐述这个源于实践研究的归纳提炼过程。

课题组从大量的实践案例中归纳提炼出 18 个教学策略给教师，教师在实践探索中发现策略能指导具体操作，但是项数太多，不容易记忆，而且这些策略还有内在重复之处。经历几次研修后，课题组将教学策略修订为 12 个，最后简练为 8 个(见表 2-3)。教学策略不仅数量减少，内容也有变化。如“预设性解疑和生成性解疑相结合策略”，教师认为该策略正确，但指向不够明确，于是改成了“关注有价值的生成性问题策略”。

表 2-3　后“茶馆式”教学策略的研究过程

阶段	学生先学	引导暴露	共同解疑
第一阶段 18 个策略	①学生先学完整性策略。 ②学生先学最大化策略。 ③学生先学正确引导策略。 ④独立学习与合作学习相结合策略。 ⑤帮助学生先学策略。 ⑥学生先学的多形式策略。	⑦以重点、难点设计问题策略。 ⑧以教学目标为依据设计问题策略。 ⑨引导暴露最大化策略。 ⑩自我暴露与引导暴露相结合策略。 ⑪口头引导暴露与书面引导暴露相结合策略。 ⑫多种途径引导暴露策略。	⑬教师重点解疑策略。 ⑭预计性解疑与生成性解疑相结合策略。 ⑮学生、师生解疑相结合策略。 ⑯学生先解疑，教师后解疑策略。 ⑰个别解疑、小组解疑和整班解疑相结合策略。 ⑱多种途径共同解疑策略。
第二阶段 12 个策略	①学生先学引导性策略。 ②学生先学完整性策略。 ③学生先学最大化策略。 ④独立学习与合作学习相结合策略。	⑤以教学目标为依据设计问题策略。 ⑥引导暴露最大化策略。 ⑦书中学与做中学并举策略。 ⑧引导暴露与教学评价融为一体策略。	⑨学生先解疑，教师后解疑策略。 ⑩个别解疑、小组解疑和整班解疑相结合策略。 ⑪教师重点解疑策略。 ⑫预计性解疑与生成性解疑相结合策略。

续表

阶段	学生先学	引导暴露	共同解疑
第三阶段 8个策略	①独立学习与合作学习相结合策略。 ②“书中学”与“做中学”并举策略。		
	③学生先学引导性策略。 ④学生先学最大化策略。	⑤预设问题设计突出重点、难点策略。 ⑥课堂教学与教学评价融为一体策略。	⑦学生先解疑，教师后解疑策略。 ⑧关注有价值的生成性问题策略。

第四节　不同学校的实践验证成果

当后“茶馆式”教学在静教院附校通过“循环实证”顺利推进的时候，当大量的证据说明后“茶馆式”教学是可以提高教学效能的时候，不断出现一个声音：“这种教学是好的，但是生源学业基础比较弱的、教师也一般的学校能行吗？静教院附校不同年级、不同学科、不同课型能开展后‘茶馆式’教学，那么其他学校可以吗？”

后“茶馆式”教学有普适性吗？可以复制吗？在这样的质疑声中，课题组开始了在学生学业基础较弱的五四中学进行后“茶馆式”教学的“循环实证”研究，第一个学科仍是物理。然而，第一次“循环实证”就遇到了一个很难解释的问题。

这是八年级物理的“浮力”概念教学课。一次“循环实证”给四个班级上了相同内容的课，这四个班级的前、后检测的学业成绩(标准分)比较见表2-4。

表 2-4　前后测成绩

	第一次	第二次	第三次	第四次
	二班	一班	三班	四班
八年级期末考试（前检测）	−0.7	0.46	−0.46	0.3
试验数据（后检测）	−0.51	0.11	−0.07	0.32

第一次的教学完全由五四中学的原任课教师自己设计，第二、三、四次教学，静教院附校的研究团队也都参与了共同的研修。

课题组原以为第一次教学不如第二、三、四次教学，但结果却并非如此！当时带队去五四中学开展“循环实证”教学研究的是周副校长，这时的他已经深信后“茶馆式”教学的巨大作用。当这样的结果出现之后，周副校长感到非常疑惑，课题组则认为：不能更改任何教育实验的数据，这是应有的科学态度。课堂教学的效能提高，原因是很多的，需要深入调研。周副校长带领物理组经过深入了解后知道了其中的原因：五四中学第一次教学的这位物理教师自踏上教师岗位后从来没有被这么多同行听过课。为“迎接”这次“循环实证”，她先后四次修改教学设计，跨越两个星期，备课时间是日常教学的四到五倍。因此，这位教师这堂课的教学效果好于平时的教学是情理之中的结果。这样的分析也让所有静教院附校和五四中学的物理教师口服心服。特别是在第二、三、四次的课堂教学中，教师讲的明显减少，学生学习的积极性明显增强，成绩还在提高，这是大家有目共睹的，也让五四中学的物理教师有了感触。五四中学的物理教研组也开始了后“茶馆式”教学的研究。这所学校的物理学科成绩因此有了明显提高。

不仅五四中学开展了后“茶馆式”教学研究，区内的爱国学校和静安实验小学也加入了研究团队，这为后“茶馆式”教学的完善起了关键作用。

图 2-10 五四中学王颂华老师在上物理课

图 2-11 静安实验小学王冰馨老师在上语文课

静安实验小学是一所普通的小学，该校语文教研组组长的一堂公开课使静安区的小学语文教师明确了什么是后“茶馆式”教学以及后“茶馆式”教学的优势在哪里。该校的两位数学教师的课堂教学展示让上海市数学特级教师、上海市小学数学教学研究会会长曹培英称赞为“是在用后‘茶馆式’教学”。

“循环实证”为后“茶馆式”教学的普适研究起到了积极的、不可替代的作用。

后“茶馆式”教学的“循环实证”研究不仅在本校、本区，而且推广到了外区、外市。上海市杨浦区铁岭中学的校长张孝波是张人利校长主持的第二期上海市名校长培养基地的学员。在学习了静教院附校的后“茶馆式”教学后，张孝波校长感触很深。他期望在铁岭中学也推行后“茶馆式”教学。张孝波校长邀请张人利校长对他们学校全体教师做了后“茶馆式”教学的报告。然而，铁岭中学的教师们将信将疑。张孝波校长要求静教院附校的教师团队到铁岭中学去开展“循环实证”，任教班级用铁岭中学的，教学内容为物理的“欧姆定律”，所不同的是三位执教教师其中的两位是铁岭中学的，另一位是静教院附校的青年教师范佳薇。铁岭中学的两位教师中有一位还是教研组组长。第一次由铁岭中学的物理教师执教，第二次由静教院附校的范佳薇执教，第三次由铁岭中学的物理教研组组长执教。

经过“循环实证”的教学实践之后，三个教学班的前、后检测情况见表 2-5。

表 2-5 前后测成绩

成 绩	第一次	第二次	第三次
	九(6)班	九(7)班	九(5)班
期中考成绩(前检测)	82	80.5	73.2
试验数据(后检测)	83.1	89.5	85.6
优秀率(后检测)	45.7%	70%	61.5%

这一次后“茶馆式”教学的“循环实证”给铁岭中学物理教研组一定的震动。铁岭中学的张孝波校长处世比较低调，铁岭中学也不算名气很大的学校，但学校管理、教育质量属上乘，学校有一批比较优秀的教师。执教第二次教学的是静教院附校的青年教师，为什么会在这次“循环实证”中脱颖而出呢？这让铁岭中学物理教研组教师对后“茶馆式”教学产生了兴趣。之后，静教院附校的数学组、语文组教师在铁岭中学进行了后“茶馆式”教学的“循环实证”研究，同样取得了很好的效果。

这样的“循环实证”又从上海进入外省市。常务副校长丁亿带领静教院附校数学组走进了浙江湖州吴兴实验中学，效果同样很好。该校校长金凯说：“我们学校的学生学业成绩在当地已领先，再追求升学率多几个百分点已经没有多大意义。我们也要提高学生完成学业的效能，提高课堂教学的效能，让学生全面、幸福地成长。一次‘循环实证’对我校教师的触动太大了。”确实，过去中、小学的教学研究多的是教师的教学经验，但这还远远不够，需要证据来支持教研、科研。

上述这些实践案例是后“茶馆式”教学在不同类型学校开展的普适性验证。这些学校生源的学业基础、教师的教学能力与静教院附校有所不同(这里说的是不同，不是高低，特别是教师队伍，即使学生学业成绩低一些，教师教学能力不一定低)。而“循环实证”的教育科学研究方法使这些学校的教师也产生了对后“茶馆式”教学的认同，同时也扩大了后“茶馆式”教学的普适性和重复性研究(见表 2-6)。

表 2-6 不同学校的普适性验证课例

课题	学科	年级	执教	学校
测定物质的密度	物理	九	范佳薇	静教院附校
浮力(第一课时)	物理	九	周骏	静教院附校
表示一组数据波动程度的量	数学	九	李贞、逯怀海、江红	静教院附校
浮力(第一课时)	物理	九	王颂华	五四中学
浮力(第一课时)	物理	九	张鹤峰	爱国学校
春天的花	语文	三	王冰馨	静安实验小学
詹天佑	语文	五	丁炜	静教院附校
力	物理	八	胡圣浩、张鹤峰	五四中学、爱国学校
梯形	数学	八	蔡怡婷、施仲涛	静教院附校
分式加法	数学	七	厉斯亮	湖州吴兴实验中学
解直角三角形	数学	九	蔡怡婷、施仲涛、李贞	静教院附校
欧姆定律	物理	九	范佳薇、龚施柳、李淑香	静教院附校、铁岭中学
物质的量	化学	九	陆许红	静教院附校
戊戌变法与义和团运动	历史	七	朱幽梅	静教院附校
三角形中位线	数学	七	杨澄宇	铁岭中学
梯形	数学	八	丁俊、杨海燕	静教院附校、五四中学
实数的运算	数学	七	陈燕	静教院附校
……	……	……	……	……

附件 2-1:《后“茶馆式”教学》调查问卷

年级:________

(　　)1. 你有没有在课前看教科书自学的习惯?

A. 一直看　　B. 经常看

C. 有时候看　　D. 偶尔看

E. 上课前从来不看

(　　)2. 你上课时有没有主动发言的习惯？

A. 一直积极发言　　B. 经常发言

C. 有时会发言　　D. 偶尔会发言

E. 基本不发言

(　　)3. 你认为自己通过看书能否理解学习的内容？

A. 完全能够理解　　B. 能够理解一部分

C. 一般　　D. 不能理解

E. 说不清

(　　)4. 在课堂上，如果你不能回答问题(不理解题目、思路不清楚或者看法不正确)时，你更愿意谁帮助你解决困难？

A. 自己　　B. 同学

C. 老师

(　　)5. 你更愿意用什么形式解决自己的困难？

A. 老师讲解　　B. 全班讨论

C. 小组讨论　　D. 自己思考

E. 其他(请注明)________________

(　　)6. 上课讨论问题时你有无发表自己看法的机会？

A. 总是有　　B. 经常有

C. 有时有　　D. 偶尔有

E. 从来没有

(　　)7. 你认为通过同学的讨论，你对问题的理解是否会更清楚？

A. 每次都可以　　B. 常常可以

C. 有时可以　　D. 常常不清楚

E. 越说越不清楚

(　　)8. 你认为如果一直坚持这种上课方式，对提高你的自学能力是否有效？

A. 会非常有效　　B. 会比较有效

C. 效果应该很一般　　D. 效果不会明显

E. 不会有效

(　　)9. 你喜欢这种教学方式吗?

A. 非常喜欢　　B. 喜欢

C. 一般　　D. 不喜欢

E. 非常不喜欢

喜欢的原因是(第 9 题中选择 A 或 B 的同学请回答):

____

不喜欢的原因是(第 9 题中选择 D 或 E 的同学请回答):

____

(　　)10. 你能够适应这种上课的方式吗?

A. 非常适应　　B. 能够适应

C. 一般　　D. 不能适应

E. 非常不适应

不适应的原因是(第 10 题中选择 D 或 E 的同学请回答):

____

(　　)11. 你感受到哪些课变化最大?

____

第三章

后“茶馆式”教学的成果阐释

后“茶馆式”教学继承了有领导的“茶馆式”教学最核心、最本质的“内核”：课堂教学设计以学生的学习为线索的逻辑结构——学生应该怎样学；以“议”为核心，强调平等、和谐的对话——学生怎样才能学会；“有领导的”，不是漫无边际的议，突出教师的主导地位——学生需要学什么。而且，后“茶馆式”教学指出了有领导的“茶馆式”教学遇到的问题，并提出了三个新发展，即教学的方式更加多元、教学的方法更加灵活、教学的手段更加现代。后“茶馆式”教学在实践中产生了新的教育科学研究方法——循环实证，并在“以点带面”“循序渐进”“差异发展”的推进策略中逐步形成了核心概念和核心成果。

后“茶馆式”教学是遵循学生认知(或学习)规律，由教师帮助、学生自己学习的教学。后“茶馆式”教学有其基本特征、教学方式、教学策略、教学手段和方法。

第一节　后“茶馆式”教学的基本特征

后“茶馆式”教学有两个基本特征：学生自己能学会的，教师不讲；关注“相异构想”的发现与解决。

一、学生自己能学会的，教师不讲

(一)讲“重点”“难点”与讲学生自己不能学会的

上课教师要讲解，讲解一定要精讲，这大概已经无可非议。问题是我们的教师究竟精讲什么？以往，许多教师、校长都认为精讲就是精讲学科的重点和学生的难点，对吗？不对。难道应该讲非重点、非难点？更不对。上课教师应该讲学生自己学不会的。这难道有区别吗？有教师、校长就说：“重点、难点是学生自己学不会的，学生自己学不会的就是重点、难点。”可能不然。重点不一定是学生自己学不会的，非重点也可能

学生自己没法学会；教师认为的难点，不一定是学生的难点；教师认为不是难点的，也许是学生的难点。再说，我们认为的所谓重点、难点又往往局限于知识、技能一个维度的目标上，其实过程、方法和情感、态度与价值观上也有重点和难点。学生在后两个维度上的达成，常常要靠学生自己的经历、自己的感悟、自己的体验，即靠自己学习。

其实，教师讲自己认为的重点、难点与教师讲学生自己学不会的是有本质区别的。教师讲自己认为的重点、难点，本质上是突出了教师本位、学科本位；而教师讲学生自己学不会的，本质上是突出了学生本位。如果我们课堂教学改革的根本理念是以学生发展为本，那么教师讲自己认为的重点、难点是与这一课堂教学改革的根本理念完全相悖的。

有人说，如果是一个有教学经验的教师，不但能掌握重点，还能掌握学生的难点，两者不是统一起来了吗？应该说有教学经验与没有教学经验大不相同，但是应该认识到学生是在变化的，学生又是有差异的。过去的学生认为难的，现在的学生不一定认为难；过去的学生认为不难的，也许现在的学生就认为难了。更突出的问题是：即使教师掌握的重点、难点完全符合这个班级学生的学业情况，为什么学生自己能学会的，我们的教师还要讲呢？教师的讲解能解决学生所有的疑惑吗？

2010 年，全国开展科学发展观的学习活动。时任教育部副部长的王湛和教育部基础教育司的领导组成了科学发展观学习情况的调查组到上海市进行调研，在静教院附校整整听了半天的汇报。张人利校长把“学生自己能学会的，教师不讲”作为科学发展观进课堂的典型做了具体介绍，得到了王湛副部长的充分肯定，他认为这才是以学生发展为本。过去强调教师讲“重点”“难点”，后“茶馆式”教学强调教师讲学生自己不能学会的，两者是有区别的。“重点”不一定是学生自己不能学会的，教师认为的“难点”也不一定是学生的“难点”。其实，两者的出发点是不同的，一个突出的是学科本位、教师本位；另一个突出的是学生本位。教师应该自问：“难道学生自己能学会的，我还要讲吗？”这里阐述的不是“学生会的，教师不讲”，而是“学生自己能学会的，教师不讲”。

(二)让学生先学

要做到不是学生会的教师不讲，而是学生自己能学会的教师不讲，那只能让学生先学。不让学生先学，教师怎么知道学生究竟学会了什么呢？这么一提，生源、学业基础比较薄弱的班级的教师就会说："学生先学？教师全部讲解他们还不能全听懂，还能自己先学?"实践证明，不管什么样的学业基础，也不管什么学科，总有一部分内容学生是能自己学会的。问题是我们的教师要选择不同的方式、方法，如何使学生尽可能地自己学会得更多。20 世纪 80 年代，段力佩在上海市育才中学推行"茶馆式"教学，育才是上海市的重点学校，生源是一流的。静教院附校生源的学业基础也是比较好的，但毕竟是一个公办的九年一贯制学校，小学全部对口入学，小学毕业生全部进入中学，一个不能剔除，多招可以，少招不行。进了中学之后，静教院附校学生的考试成绩十几分、二十几分也是常有的。江苏省洋思中学、山东省杜郎口中学是农村学校，它们不是也让学生自己先学吗？需要研究的是如何让学生先学，如何针对不同的学生学业基础让学生先学。

后"茶馆式"教学是从有领导的"茶馆式"教学及全国一些优秀教学发展而来的，但又不同于"茶馆式"教学。提倡让学生先学，但没有把一种形式作为学生先学的全部。"茶馆式"教学规定从学生"读读"开始，杜郎口中学规定从学生课前预习开始(甚至规定，学生不预习不上课。杜郎口中学曾有五名教师到我校用我校学生上课，都要求一定要预习，而且预习的时间也几乎相同)。后"茶馆式"教学就没有这样的"严格"规定，而是出现了丰富多彩的先学时段、先学方法、先学用时、先学方式、先学辅助等。后"茶馆式"教学把学生先读、学生课前预习看成外在形式，而不是问题的本质，问题的本质是课堂教学设计的逻辑结构的发展变化。

1. 学生先学的要求

课堂教学是教师有意识的教学行为，有明确的教学目标，教师对学生先学应该有引导。例如，语文教学中对同一文本可以有不同的侧重面。叶圣陶老先生说过，每一篇文章只是语文教学中的一个"例子"，同一篇文章还可以成为不同的“例子”。这就是语文教学中常会研讨的“教什么内容”。教师要用教材教，而不是教教材。毫无要求或每次只是要求学生自己先读文本不可取。在其他学科的教学中，对学生先学也应该有要求。

2. 学生先学的时段

学生先学可以在课前，也可以在课上。课上还可以分段进行，既可以一次先学，也可以多次先学。如果课上多次先学，既可以是以内容划分，也可以是同一内容以不同层次的要求划分。课前先学，还是课上先学，后“茶馆式”教学不做划一规定。但是，明确要求，只要是课前先学，先学的时间一定要计入学生回家作业总量。华东师范大学崔允漷教授曾经讲过一个生动的故事：有一位教师告诉崔老师，他最近做了一个教学实验，效果很好。这个实验说来也简单，教师要求全班学生做课前的充分预习，教师对预习的要求很高，学生每节课前要完成充分预习往往需要30～60 分钟的时间。这个教师上课时的讲解在减少，学生的学业成绩在提高。崔老师说，这个实验不做我也能知道结果，因为这位教师大量地侵占了其他学科的时间，侵占了学生自己支配的时间。所以，后“茶馆式”教学提倡课前先学，更提倡在课上先学。这种先学的时段划分在语文教学中经常采用，如语文中的阅读课可以是分段先学，也可以是整篇先学，但整篇先学要求递进。

3. 学生先学的方法

学生先学的方法可以是先看，也可以是先读、先练、先议，也可以是先做。就是同一年级、同一学科，由于课型不同也可以采用不同的学生先学方法。例如，数学课有概念课、练习课、复习课，复习课中的先学就可以是先练，可以是一次先练，也可以是两次先练。又如，英语课中的学生先学可以是先听，也可以是先读。根据不同课型与内容，教师可灵活运用不同的先学方法。

4. 学生先学的用时

后“茶馆式”教学不做学生先学的用时规定，完全由教师依据不同的内容、不同的学生基础加以确定。从目前实施的情况看，少则 5～7 分钟，多则 10～20 分钟。

5. 学生先学的形式

学生先学可以是学生个体独立地完成，也可以是学生群体通过讨论之后完成，也可以是先个体、后群体综合地完成。因此，学生自己能学会的，可以是学生个体学会的，也可以是个体没有学会，然后到学生小组合作群体学习学会的。只要是学生自己学会的，不管通过什么形式，都属于教师不讲的范畴。

6. 学生先学的方式

学生先学可以是“书中学”的方式，即有意义的接受性学习，也可以是“做中学”的方式，即研究性、实践性学习。例如，小学五年级数学课教循环小数，循环小数是小学数学中的核心概念之一，但是学生缺乏这种循环的经历。因此，这节课的开始教师就设计了若干道题目，直接让学生自己做，增加学生的经历。这样，学生先学的学习方式已经变了，它不属于接受性学习，而是研究性学习，效果不错。目前，有的学校要求把课堂教学目标在上课之初就告诉学生，甚至在学生课前先学时就告诉学生。后“茶馆式”教学认为：可以，但不一定。例如，是“做中学”的学习方式用于学生先学，学生就不是先看书、不是先知道结论，而是自己探究，得出结论。如果是这样的学生学习方式，课堂教学目标在上课之前就告诉学生，能使探究具有推动意义。另外，教学目标是三维的，教师告诉学生的往往是知识、技能这个维度上的目标，但如果把情感、态度与价值观维度上的目标也告诉学生，有时效果可能适得其反。

7. 学生先学的辅助

先学的辅助又是多方面的，小学低年级阶段学生识字不多，怎么“先学”？所以，一开始主要是教师教学生怎么先学，如如何识字、如何记字、如何写字、如何查词典等。同时，教师应该逐步培养学生如何开展讨论、学会倾听、学会发言、学会归纳等。教我们的学生怎么先学可能出现在其他年级的一些起始学科上，如初学物理应该让学生学会如何进行物理实验设计，然后才有可能让学生自己设计。有的虽然不是起始学科，但是会遇到新的问题，也应该教学生怎么先学。如小学四年级的学生第一次学习文言文，文言文与现代文的显著差别之一是读法不一样，那么怎么可能让学生先读呢？当然应该由教师先读，教师先读的目的还是以后让学生先读。

目前，有的学校在搞所谓"学材"。他们把教科书都称作教材，但为了突出学生的学，为了让学生先学减少困难，学校自己编写"学材"。其实，教科书既是教材，更是学材，主要是为学生编写的。但是学生的学习有差异，有的学校学生直接读教材有困难是可能的。其实，静教院附校整体生源条件是不错的，但是也有可能在某节课上遇到困难，我们的教师只是加了适当的辅助，很少再去编所谓"学材"。另外，还有"导学案""学习设计""任务单""工作纸"等。称什么名字其实也无所谓，其本质就是辅助学生学习。因为教学内容不同，这种辅助可多可少，有或无可能都是正确的。

（三）需要评价哪些是学生已经学会的

有人说，学生自己能学会的知识都是"浅层次"的，只有教师讲解的知识才是"深层次"的。因此，不提倡"学生自己能学会的，教师不讲"。是这样吗？持这一观点的教师与我们提倡的"学生自己能学会的，教师不讲"似乎并不矛盾。如果学生真的只能学会"浅层次"的，那么教师"浅层次"的就不需要讲，教师完全可以在学生自己学会了"浅层次"的基础上进行"深层次"的教学。即使对某个年级、某门学科中的某一教学内容，教师基本估计是学生自己绝对学不会，教师教、教师讲，也不能说与"学生自己能学会的教师不讲"有什么矛盾。不能说不管什么内容、不管什么学生，都只能学会"浅层次"的。在中小学的教学实践中，反映出的往往是有的学生学会了，有的学生没有学会；有的学生学深了，有的学生没有学深；有的学生学会了这些，有的学生学会了那些，这才是学生先学之后的现状。后"茶馆式"教学的课堂教学基本特征之一是学生自己能学会的，教师不讲。学生自己能学会的，不但包括学生个体学会的，也包括学生群体学会的。个体学习的就是独立学习，群体学习的就是合作学习。如果让学生自己独立学习，产生"你会，他不会；你深，他不深；你这个会，他那个会"的差异是必然的。也正因为有这样的差异，因此，合作学习往往要与独立学习相结合，把学生各种各样的差异视作教学资源。这时，解决学生疑惑的就不但有教师，还有广大的学生。自然，学生合作学习中学会的、学深的内容就不属于教师要讲的范围。

值得说明的是：“浅”与“深”、“会”与“不会”，依据的是什么？其实，学生的会与不会，不是不同人的不同理解，而是有一定标准的，这个标准就是课堂教学的目标。教学目标是授课教师依据学科的课程目标，依据具体的文本，依学生的学业基础而制订出来的。达到教学目标的就认为学生学会了，反之，就认为学生没有学会。有人说，现在有的教师对文本的理解有问题，对学情分析不够，教学目标制订有问题。这就是另外的话题了，只说明对这些教师应做这方面的培训，而不是说以教学目标来判断学生是否学会的问题。

课堂教学目标与课程目标一脉相承，但课堂教学目标又不同于课程目标。课堂教学目标是一节课要完成的目标，因此，课堂教学目标一定是直接的、可操作的、可观察的有限目标。课堂教学目标一定确定了只学什么，不学什么，只到什么程度，不要求到什么程度。例如，同样是一篇语文的阅读课，就应该有明确的偏重与达成度的要求，可以偏重读，可以偏重复述，可以偏重写作手法，也可以偏重词汇、句式的应用。一节课什么都要学，那是不可能的，这就是偏重面。偏重面与达成度的制订既要关注语文学科的总体要求、这篇文章更适合教授什么，更要关注学生缺什么、需要什么。只有授课教师对自己的学生最了解，因此，教学目标一定是由授课教师制订的。

一次静教院附校的初中历史公开课主题为“中世纪的宗教”，观课的有两位教委的领导，他们对这堂课产生了不同的评价。一位领导认为，自己虽然不是学历史的，但对中世纪的宗教很有研究，中世纪的宗教内涵十分丰富、意义十分深刻，这节课显得太简单了；另一位领导认为，中世纪的宗教在初中历史、高中历史、大学历史中都会出现，但是要求是不一样的，深、浅要依据课程标准。特别是一节课，能达到的目标一定是有限的，所以更要关注教师制订的教学目标达成的程序。静教院附校的教师都赞同后者的观点。

三维目标，不是三类目标，三维目标的达成一定是在教学过程中同时增长的，而不是先增长第一维，然后再增长第二维、第三维。所以，即使同样达成了知识和技能的目标，但是达成的过程与方法的目标还是有显著差异的。学生的自学能力、学生的交流能力、学生的知识自我建构能力都由掌握知识的过程不同而相异。特别是情感、态度与价值观目标的达成，与学生学习的经历密切相关，没有自己的感悟，没有生生、师生交流，没有一定的经历，在有些问题上是很难达成的。学生自己能学会的不仅是知识与技能目标，还有过程与方法和情感、态度与价值观目标的达成。因此，独立学习、合作学习更重要。

课堂教学目标与课堂教学实际达成的目标可能一致、可能相近，也可能有一定落差。这个落差可能是实际目标高于预定目标，也可能是预定目标高于实际目标。但是，这些都不会影响对学生自己能学会的界定。

课堂教学中要做到学生自己能学会的教师不讲，不但要想方设法尽可能让学生自己学会，更重要的是学生怎么知道自己哪些学会了、哪些没有学会，教师又怎样才能知道学生哪些学会了、哪些没有学会。毫无疑问，这个知道需要学生对自己的评价、学生对学生的评价、教师对学生的分析与评价。因此，后“茶馆式”教学已经不是把上课与评价视为前、后两个环节，而让课堂教学与教学评价融为一体，即在课堂教学的同时不断地对学生进行评价。这个评价的形式是多样的，可以是学生自己提出问题，也可以是教师提出问题，可以是口头的评价，也可以是书面的评价。应用后“茶馆式”教学，教师最紧张的时刻往往是学生在小组讨论时，教师需要及时掌握学生哪些问题不但没有解决，而且不是教师在备课中预设的。其实，在让学生独立学习时，教师往往已设计了问题，要学生带着问题进行学习。带着问题的目的不但是暴露问题、解决问题，其功能还在于教学评价，了解学生哪些学会了、哪些没有学会。独立学习是学生对自己的评价，合作学习是既有学生对自己的评价，也有学生对学生、教师对学生的评价。自然，问题的设计要充分关注教学目标，充分关注学科的重点，充分关注学生可能出现的难点。后“茶馆式”教学仍有对学科重点、学生可能出现的难点的预设，所不同的是，教师不是把重点用于讲解，而是用于对问题、习题的设计。

上海市育才初级中学的副校长曾是张人利校长主持的上海市德育骨干教师实训基地的学员，她学了静教院附校的后“茶馆式”教学很有感悟，她指导的信息科技的教师代表上海市参加全国中学信息科技教学大奖赛。赛后，这位教师说：“今天我上课引用的就是后‘茶馆式’教学。”可喜的是这位教师在应用后“茶馆式”教学中，更加关注教学评价。她在学生小组讨论时还拿了笔记本，紧张地记下自己没有预设的问题。她一直在关注学生哪些已经学会，哪些还没学会。最后，这位教师获得了全国教学大奖赛的一等奖。后“茶馆式”教学不是一种固定的教学模式、固定的方法，该教师在课堂教学中做记录就是在灵活应用后“茶馆式”教学。

（四）教师讲得不完整的课也许是好课

后“茶馆式”教学推行之初，有人说，后“茶馆式”教学不就是先学后教吗？是，但不够。因为，仅提出先学后教是远远不够的。“预习”这一说法，在我国至少有几十年的历史。有多少教师曾要求我们的学生预习，而且还在研究如何培养学生的预习习惯。预习，就是学生先学，往往是学生的独立学习。预习之后再教，难道不是先学后教吗？多年来，要求学生预习的教师不因为学生有预习而改变自己的教学，还是从头开始讲，把学生预习的目的定位在学生能方便听教师讲，这样的先学后教是我们期望的吗？后“茶馆式”教学提出学生自己能学会的教师不讲，不仅强调了“只能让学生先学”，而且强调了学生先学之后如何教。通过与课堂教学同行的教学评价，学生自己学会的教师就不教、不讲了。因此，实施后“茶馆式”教学后，教师的讲解大大减少，学生习得的在增加，学生不但经历了独立学习、合作学习，而且学业成绩也在提高。

也有人提出疑问：“课堂上让学生先学，时间不够用；要学生课前先学，学校又要求把课前先学的时间计入学生回家作业的总量，回家作业不布置或大幅度减少似乎也不现实，怎么办？”一些学生学业基础比较差的学校还说：“本来上课的时间就不够用，让学生占据了一定的先学的时间，这课怎么上？”其实，这些问题的解决仍在于学生先学之后，我们的教师究竟怎么教，教师教的、教师讲的是否为学生自己学不会的。静教院附校在大量的后“茶馆式”教学实践之后，越来越认同：“教师讲得不完整的课也许是好课。”

图 3-1　李贞老师，静教院附校青年教师，全国、上海市教学大赛一等奖获得者。曾受新加坡教育部邀请对新加坡中学数学教师进行后“茶馆式”教学培训

静教院附校的李贞老师要代表静安区参加上海市中学数学教学大奖赛，赛前，李老师担心如果用后“茶馆式”教学，评委会认同吗？张人利校长的回答很肯定：按后“茶馆式”教学要求上。这堂课的主题是九年级数学新课“数的波动”。上课了，李老师说了几句话之后就要求学生在课堂里先学，学生独立阅读教材，时间大约是七分钟。五个评委均为上海市的特级教师，他们也“陪着”学生一起看书，之后是小组、大组讨论。在这节课上，教师讲解的时间总和仅有十几分钟。结果评委们一致评李老师的课堂教学为上海市中学数学教学大赛一等奖。事后，张人利校长与市教研室主任徐淀芳有这么一段对话：“徐主任，我口是硬的，其实内心是不踏实的，真的不知道你们会怎么评。”徐主任答道：“张校长，你太小看我们上海市的教研员了。但是，我要说的是不要把这样的上课就作为上海市中学数学唯一的模式，似乎都应该看七分钟书，那就有问题了……更重要的是让学生先学之后教师怎么教，如果还是完全重复地讲解，别说一等奖，三等奖也不可能。”这正是后“茶馆式”教学的关键之所在：学生先学之后，教师判断学生教学目标的达成度，然后决定究竟该讲什么。

如果真正做到了学生自己能学会的教师不讲，那么，课堂教学的用时才有可能充分。教师讲的内容又必然是传统授课方式中不完整的内容了。

后“茶馆式”教学的基本特征之一：学生自己能学会的教师不讲，这充分体现了对有领导的“茶馆式”教学等一系列优秀教学的传承与发展。

但它传承的不是“读读、议议、练练、讲讲”一次教学模式、方法，也不是以另一种教学模式、教学方法来取代有领导的“茶馆式”教学，而是透过这些教学的表象，抓住了最本质的内涵，颠覆了课堂教学设计的逻辑结构，从以学科体系为线索变成以学生的学习为线索。没有划一的学生先学的时段、方法、方式、用时等，教师可以视不同的学科、不同的学段、不同的课型做出合理的选择。“学生自己能学会的，教师不讲”似乎为一句口语化的表述，但它却能告诉我们教师应该怎样教、学生应该怎样学的大问题，它涉及的是教学的方法论问题。

案例 3-1 是一堂九年级的化学课，执教者是静教院附校的化学教研组组长、中学化学高级教师陆许红，她曾多次上各级公开课，其中“物质的鉴别”是她自认为很成功的公开课之一。她认为公开课的成功之处在于讲得正确、全面、生动，而且条理清晰，教学效果不错，也获得观课者的一致好评。但这样的复习课好吗？经过学情分析和学科研究，她改变了原有的教学设计。过去通常把物质的鉴别分为气体的鉴别、液体的鉴别和固体的鉴别，这位化学教师在以往的公开课上也把教学分成这三个环节。其实，学生在三种物态的鉴别和掌握上相差甚远：气体的物质鉴别学生完全没有困难；固体的物质鉴别初中阶段又要求把固体溶于水，自己制成溶液才能鉴别，本质还是液体的物质鉴别。因此，需要复习、需要讨论、需要教学的应该就是液体的物质鉴别。这样，教学设计就完全变了，集中于液体鉴别。这节课教师讲得不完整，效果却很好。

案例 3-1：

为什么要从“物质的鉴别”到“溶液的鉴别”？

静教院附校　陆许红

我在奉贤区实验中学上过一节比较成功的区级展示课“物质的鉴别”，也曾经为这节课的教学设计沾沾自喜，同时也得到了同行老师、教研员等的好评，具体反映为教学内容完整、教学思路清晰、实验安排充实、逻辑结构合理。来到静教院附校这几年，在张人利校长的后“茶馆式”教学理论的熏陶下，在学校不断推进后“茶馆式”教学的过程中，我不仅对日常的教学进行了反思，还对过去所谓优质课也进行了反思，觉得还有很多问题急需解决，以求取得更好的教学效果。在静教院附校浓厚的教学研修氛围中，我以“物质的鉴别”为例，大胆尝试教与学的改革，实践表明，这样的改革使学生的学业效能有了一定的“增值”。

【案例描述】

“物质的鉴别”复习是初中化学复习的一个重点，也是一个难点，这是我们九年级化学教师的共识。“物质”通常又分为三种状态：气体、液体、固体，而根据化学学科的基本要求，“物质的鉴别”通常也分为气体的鉴别、溶液的鉴别和固体的鉴别，所以我在当时的教学设计中安排了三个环节：气体的鉴别、溶液的鉴别、固体的鉴别。对于这三种状态的物质的鉴别我现在的思考是：经过这节课学生是不是能把所有的问题都解决呢？是不是学生认为能解决的问题，其实真的能解决呢？经过一阶段对学生的分析，我发现：气体物质的鉴别，由于内容比较简单，到了复习阶段学生早就可以自己学会；而对于固体物质的鉴别，大都需要看是否溶于水、配制成溶液后再做鉴别，其实大部分都转变为对溶液的鉴别。根据以上的分析和反思，我对以前的教学进行了修改，从“物质的鉴别”转变为“溶液的鉴别”，教学设计如下。

【教学目标】

1. 知识与技能

(1)能运用常见酸、碱、盐的知识，鉴别常见的酸、碱、盐溶液。

(2)巩固常见酸、碱、盐的性质和反应现象。

2. 过程与方法

(1)通过对一些未知溶液的鉴别，初步掌握鉴别物质的原则。

(2)通过对初中常见酸、碱、盐的水溶液的鉴别，初步掌握鉴别物质的一般方法。

3. 情感、态度与价值观

(1)感悟酸、碱、盐的水溶液的鉴别过程，进一步激发学生的学习兴趣，使学生逐步养成严谨的科学态度。

(2)通过对常见酸、碱、盐溶液的鉴别，使学生初步养成分析问题和解决问题的能力。

【教学重点】

鉴别溶液的一般方法。

【教学难点】

盐酸盐、硫酸盐、碳酸盐混合溶液的鉴别。

【教学过程】

环节一：课题导入(火眼金睛)

同学们，我们目前市场上还存有个别不法分子，把工业用盐亚硝酸盐冒充食盐出售，可恨不可恨？我们一起来揪出不法分子，可以用什么方法区别亚硝酸盐与食盐？

学生：根据它们的性质不同，找特征去区别它们。

教师：在化学学习中，经常会根据物质的不同性质和特征来区分各种物质，今天我们就一起来探讨“溶液的鉴别”的有关内容。

教学意图：激发学生的学习兴趣，活跃课堂气氛，并将学生思维引向本课题，找到溶液鉴别的一般方法。体现学生先学，使学生逐步进入角色。

环节二：给未知溶液贴标签

1. 帮帮忙

实验室老师现已配制了8种溶液，留了一项工作还未完成，请同学帮帮忙，一起帮他完成标签的粘贴工作。

呈现8种未知试剂：氯化铁溶液、硫酸铜溶液、浓盐酸、氯化钡溶液、氢氧化钠溶液、稀盐酸、碳酸钠溶液、硝酸银溶液。

2. 动动手

各小组同学为试剂瓶贴标签。

教师：同学们贴标签的依据是什么？

学生：物质的特征、性质……

同学们利用的看颜色、闻气味、保存方法等这些都属于物理方法，有的时候可能还会用到测密度法、溶解性法、焰色法等。

PPT展示。物理方法：观察颜色、观察状态、闻气味、测密度、测溶解性……

3. 动动脑

同学们根据物理方法已经给5瓶试剂贴上了标签，剩下的3瓶试剂分别是什么呢?

教师：请同学们开动脑筋，分小组讨论，在没有任何限制条件下，最多能设计几种实验方案。

PPT展示。议一议：怎样鉴别氯化钡溶液、稀盐酸、碳酸钠溶液?

学生讨论、设计实验方案。

投影：交流实验方案。

(1)
$$\left.\begin{array}{l}BaCl_2\\ HCl\\ Na_2CO_3\end{array}\right\}\xrightarrow{\text{石蕊}}\left\{\begin{array}{ll}\text{石蕊变红} & HCl\\ \text{紫色不变} & BaCl_2\\ \text{石蕊变蓝} & Na_2CO_3\end{array}\right.$$

(2)
$$\left.\begin{array}{l}BaCl_2\\ HCl\\ Na_2CO_3\end{array}\right\}\xrightarrow{\text{酚酞}}\left\{\begin{array}{l}\text{酚酞变红色}\quad Na_2CO_3\\ \text{酚酞不变色}\left\{\begin{array}{l}BaCl_2\\ HCl\end{array}\right.\xrightarrow{H_2SO_4}\left\{\begin{array}{ll}\text{产生白色} & BaCl_2\\ \text{无现象} & HCl\end{array}\right.\end{array}\right.$$

…………

学生选择其中一个方案简述实验步骤。

教师强调表述步骤：取样——操作——现象——结论。

教师：同学们从交流中发现在设计实验方案的时候首先要注意什么?

学生：原理正确，没有科学性错误。

4. 试试看

同学们根据自己的设计方案，结合老师提供的试剂，小组成员达成共识，选择其中的一个或几个方案进行实验。

学生动手实验并为三种溶液贴上标签。

教师：同学们根据多种实验方案都可以达到鉴别目的，但若请同学们选择其中一种方案进行实验，你会选择哪一个呢?

学生：最简单、最明显的一个。

教师：所以我们在鉴别酸、碱、盐的时候，要考虑到选用的原理是否正确、方法是否简单、操作是否方便、现象是否明显。

PPT展示。基本原则：原理正确、方法简单、操作方便、现象明显。

教师：同学们在鉴别酸、碱、盐时，一般首先考虑物理方法，再考虑化学方法。在化学方法中，我们一般先考虑溶液的酸碱性，再考虑物质的特征反应。常见的离子有哪些特征的化学反应呢？（复习常见离子的检验方法：H＋酸性溶液、OH－碱性溶液、Cl－盐酸或可溶性盐酸盐、SO_4－硫酸或可溶性硫酸盐、CO_3－碳酸盐。）

教学意图：通过“贴标签”活动，充分暴露学生的“相异构想”，引导学生发现酸、碱、盐溶液鉴别的一般方法。先考虑物理方法，再考虑化学方法。学生在使用化学方法鉴别的过程中，体会物质鉴别的原则，让学生在“做”中学到知识。

环节三：确定未知液的成分

PPT 展示：尽其所能、大显身手

实验桌上有一瓶溶液，溶质可能是 Na_2CO_3、Na_2SO_4、NaCl 中的一种或几种，请同学们分组讨论，设计方案，并根据实验确定其成分。

学生讨论、设计方案、动手实验。

投影：展示学生 R 实验方案和结论。

PPT 展示：交流经验

检验未知液的注意点：确定检验顺序、防止产生干扰。

教学意图：如何根据常见离子的特征反应，鉴别盐酸盐、硫酸盐、碳酸盐的混合溶液，是对学生思维深度的考查。学生尝试根据正确或错误的方案进行实验，从实践中提高认识。在设计实验方案和动手实验的过程中，学生慢慢领悟到混合物鉴别的一般顺序和注意事项，再一次充分暴露学生的“相异构想”，希望再一次对学生的思维进行撞击。

环节四：比一比、赛一赛

1. 实验室有失落标签的 4 瓶无色溶液：$MgCl_2$、NaCl、HCl、NaOH，现实验桌上有一瓶酚酞试液，请设计只用酚酞鉴别上述溶液的实验方案。

2. 自编一道溶液的鉴别题，考考你的组员，看谁编得最好。

教学意图：通过这一环节，建立“脚手架”，让学生“跳一跳而摘到果子”。

环节五：归纳小结

谈谈本节课学到了什么，还想知道什么。

【案例反思】

图 3-2　化学教研组组长、区学科带头人陆许红老师实施后“茶馆式”教学后反思自己过去的公开课，出现了重大的变化

就这一节课，陆老师曾经开过很多公开课，当时也取得了比较好的效果，但是现在看来也有很多值得改进的地方，其反映了教师对课堂教学的本质理解：教学永远只有更好，没有最好；教学永远没有一蹴而就，实质还是在不断地改进与发展的，从而找到更适合学生的教学。

过去的公开课教师更多思考的是：教师怎么教、怎么教效果更好、怎么教学生更容易理解、怎样讲学生更容易听懂。尽管思考了那么多，但教师忽略了一个很重要的问题：哪些讲的内容学生自己能学得会？哪些知识最符合学生的最近发展区？实际上教师的教是为了不教，教师的讲是为了少讲甚至不讲。

所以，在以后的教学中更值得考虑的是：哪些内容是学生自己学得会的，哪些内容是更符合学生的认知规律而且教学效果会更好些的。初中化学教科书上已经对物质的鉴别进行了有关的描述，而对于这些描述，教师认为学生似乎能够看懂的，但事实上学生并没有看懂；学生认为自己能看懂的，但事实上他们也没有看懂，所以需要教师设计问题、设计题目，引导学生通过个人思考、集体讨论等多种形式来解决这些教师认为学生能看懂其实没有看懂的问题，以及学生认为自己看懂但其实并没有看懂的问题。事实证明，物质鉴别中的气体鉴别，大多数学生已经学会；而固体的鉴别都要变成溶液后才能进行鉴别，实际上主要就是溶液的鉴别，所以从“物质的鉴别”到“溶液的鉴别”这节课很大的改变就是：教师的教学行为因为研究学生的学而改变了，导致学生学得更有效了。

虽然“物质的鉴别”与“溶液的鉴别”是分别在两届学生身上发生的两次教学，我们也不可能对这些学生进行统一的检测，但是我们可以明显地发现：“溶液的鉴别”中多了一些学生自己学习的过程，多了一些教科书上并没有出现过的问题讨论的过程，多了一些学生自己建构知识框架的过程，学生学习化学的兴趣更浓了，学生更会解决一些生活中的实际问题等。正是因为在日常教学中不断实践后“茶馆式”教学，优化教与学的方式方法，所以我校九年级学生的化学学业成绩近年来始终保持全区领先的位置，其标准分在逐年提高。

二、 关注“相异构想”的发现与解决

后“茶馆式”教学的第二个基本特征：关注“相异构想”的发现与解决。

（一）老师的讲解不是学生习得的唯一途径

目前，课堂教学的突出问题之一是教师总体讲得太多，但是教师并没有认识到自己讲得太多。为什么会有这样的现象呢？关键的问题在于：要充分认识到教师的讲解并不是学生习得的唯一途径。不仅如此，教师的讲解并不能完全让学生真正掌握这些知识，因为学习掌握知识往往需要对话、需要学生自己的建构。以下几个真实的故事，正说明了教师的讲解不是学生习得的唯一途径，学生需要自己建构自己的知识，教师的讲解有时会失灵。

曾有许多教师在某小学二年级观课，教师教的是“年、月、日”，学生的难点可能是“平年、平月；闰年、闰月；28 天、29 天”。课上，这位教师问了一个问题：“平年 2 月最后一天的后一天是几号?”(问题设计得不好)最后一排有位男同学把手举得很高，几乎要站起来了，他表示的是“我很想回答”。这位教师开始似乎并不想请他回答，见到他这样就请了他。这学生回答道：“3 月 3 日。”教师的脸马上拉长了，观课教师马上请了另一位学生，学生回答正确，教师很想马上就过去。然而，这位学生一点也不理会，坐在自己的座位上嘀咕：“是 3 月 3 日嘛，是 3 月 3 日嘛。”他讲得很响，观课教师都能听见，只是这位上课教师视而不见、听

而不闻，只是脸越拉越长，心里可能在犯愁：这个学生怎么这么不懂事！今天是公开课，公开课都是要让观课者多看“好”的一面，你回答得这么傻，快点过不就行了，干吗还抓住不放？课后，观课者问这位学生：“你怎么会得出 3 月 3 日的?”这位学生没有正面回答，却反问观课教师：“老师，究竟什么叫后一天?”这位也许是好学生，一般好学生常常会自己反思、自己提出问题。这时有观课教师意会了这位学生为什么会得出 3 月 3 日的结论，他是把“后一天”理解为“后天的下一天”。教师一数，正是 3 月 3 日！

有一年高考，静安区两所学校各有一门学科考试成绩特别好，一门化学，一门生物。有人分别到这两所学校做了调研，发现原因不是选这门学科的学生特别好，不是这一年换了一个更好的教师，不是加了很多课，也不是题目给老师猜到了，而是两所学校的化学、生物教师异曲同工，多了一个教学环节——面批。即常常由授课教师与学生“一对一”对话，学生讲出自己的想法，教师指出这些想法错误在哪里。“面批”的作用真的有这么大吗？

有人曾在三位教师(一位语文教师 A、一位历史教师 B、一位物理教师 C)面前做了一个物理小实验：他用手推放在桌子上的杯子，杯子在移动；手不推了，杯子又静止了；再推杯子，杯子又动了。他问道：“是否可以得出一个结论：一切物体不受力都不会动，受了力才会动?”教师 A 回答：“对的，物体不受力是不会动的，受了力才会动。”推杯者不回答。教师 B 接着说：“教师 A 说得对，物体不受力是不会动的。”这时教师 C 说了：“错的！”这里教师 A、B 几乎同时说：“我们又不是教物理的，过去学的也忘了，你们能把学过的都记住吗?”这时推杯者说：“可悲的是你们把正确的都忘记了，把错误的都记住了。但是，你们不要自责，这是人的认识规律：要么全部忘记，要么全部记住，如果部分忘记，忘记的往往是正确的，记住的往往是错误的。”为什么回答出“3 月 3 日”答案的学生让这位教师恼火？如果没有对话，授课教师完全可能认为这位学生在“平年、平月；闰年、闰月；28 天，29 天”这一知识点上还没学会，怎么办？对他再讲一遍。教师再讲一遍有效吗？能知道这位学生的问题是出在“后一天”上吗？“面批”的作用不仅在个别化，它的作用更在于交流、对话，而不是教师一味地讲解。

（二）教学需要对话的教育认识论解读

有一位学者问大师：“我有位关系很好的朋友，可为什么我讲的话，他就是听不进去?”大师没有回答，但做了个动作。一个杯里的水已经满了，但这位大师却视而不见，仍把手中壶里的水向杯子灌去，水在溢出，大师还是在灌……虽然大师似乎没有做任何回答，但这位学者却说：“我懂了。”这里没有否定情感的重要之意，只是强调对话的重要。

学生在学习某一项知识之前，通过日常生活的各种经历，形成了对事物的各种看法，养成了一套独有的思维方式。他们的这种看法及思维方式，有时可以帮助他们正确地掌握概念，但有时却与要掌握的知识、概念相悖，甚至大相径庭。理论与实践都证明：如果仅仅告诉学生什么是正确的，而学生的“相异构想”未得到纠正，结果必然是经过一段时间，学生把教师教的正确的认识忘掉了，留下的还是学生原来的认识。当然，这样的教学就是灌输。如果能把学生原来的“相异构想”显现出来，并与正确的认识“碰撞”，再放入学生的脑中，这样的教学才是启发。建构主义教育理论强调学生自己建构的知识一定是成“网状”的。为什么一定是“网状”的？因为学生要真正学会某一项知识一定有各项原有的基础知识的支撑，一定有各种自身经历的支撑。只有把通往要学会的某项知识的“通道”打通，这项知识才算真正学会、真正建构。因此，学生自己建构的知识一定是成“网状”的。而且，各人原有的知识、原有的经历也不尽相同，所以，学生各自建构的“网状”也不一样。

以上是对教育故事的教育认识论解读。学生所说的“后一天”认识就是“相异构想”。“面批”的作用在于对话，在于解决学生各种不同的“相异构想”。“相异构想”的产生并不由聪明与否决定。目前，大量的课堂教学还没有给学生更多的对话机会，往往是在学生各种“相异构想”上加上正确的。因为错误的在下，正确的在上，所以遗忘的往往是上面的正确的。怎么办？补课。补课中仍没有对话，仍是在错误的概念之上再一次加上正确的。过后，正确的又忘掉了，怎么办？再补课，教师再讲一遍。教师还说：“这些学生真笨，我一模一样讲了三遍了，他们还是不懂！”这样的教学还少吗？我们的教师要认识到，这些学生不是听不清，而是听不懂。听不清，再讲一遍是有效的；听不懂，再讲一遍是无效的。以学定教，是以产生在学生身上的效果来判断教师的教育，而不是教师讲了就叫教育教学了。

如何产生与学生更多的对话机会呢？一个教师如果以教师讲解为主设计自己所有的课堂教学，对话机会就很难给学生。即使有一些教师的提问、学生的回答，涉及的只能是少数学生。后“茶馆式”教学的课堂教学的基本特征之一是学生自己能学会的教师不讲。学生自己学会的可以是通过独立学习的方式，也可以通过合作学习的方式。虽然独立学习、合作学习可能在同一时间内，但独立学习、合作学习都不是同步学习，解决的是不同学生不同的问题。独立学习、合作学习为学生与自己的对话、学生与学生的对话、学生与教师的对话创造了广大的“平台”。因此，可以认为后“茶馆式”教学的两个课堂教学基本特征是完全关联的。如果说“学生自己能学会的，教师不讲”，阐述的就是教育的方法论层面，告诉教师应该怎样教、学生应该怎样学。那么“关注学生‘相异构想’的暴露与解决”阐述的就是教育的认识论层面，告诉教师、学生怎样算真正学会。

初步接触后“茶馆式”教学的教师，几乎很少有人能马上接受，包括静教院附校的教师，也包括外校到附校学习、轮岗的校长和教师。杭州市拱墅区教育局与静教院附校有长期的联系，每学期有两位校长或教师到静教院附校轮岗。有一年，附校有一位小学低年级的数学教师生病请假了，一时也找不到合适的教师可以替代，张校长便与杭州来校轮岗的胡老师商量，看是否能帮忙代一段时间的数学课，她同意了。张校长又要求她能否用后“茶馆式”教学进行教学，她为难了，可能是没把握，也可能对后“茶馆式”教学还有怀疑，但最终她还是尝试了。也正是这个尝试，产生了以下的案例，以证据支持了她对后“茶馆式”教学的推进。

这是小学二年级的两节数学课，第一节课是三位数加法(竖式计算)，第二节课是三位数减法(竖式计算)。两节课教师都让学生先学，自己读文本，然后教师立刻让学生自己解题。

在第一节课的教学过程中，教师请举手的同学(会做的)讲出正确的方法，更正班上学生做错的题目，而且教师还强调了正确的方法，如“相同数位对齐，从个位加起……”等。令教师费解的是，仍有5位学生没有理解算理，还是做错了。于是，在第二节课的教学时，教师特别关注这些没有学会的学生，请他们讲出自己的想法，而且不但让举手学生纠错，也让这些学生自己纠错。同样是一节课，这些学生都学会了。这个案例告诉我们：即使在小学的低年级，学科中的许多内容学生也是可以自己学会的。教学中不让学生先学，不但不能提高教学效能，而且学生的阅读能力、自学能力、问题意识等都很难培养。另外，要让学生建构起自己的知识，如果只有别人的讲解，没有学生自己的暴露是不够的。教师上课不是追求讲得正确，而是在于暴露问题、解决问题。

案例3-2：

珍视“相异构想”，提高计算教学效能

——对后“茶馆式”教学之关键因素的两次干预与反思

【教材简析】

《教学参考资料》对“三位数加减法”单元内容做了如下描述：通过让学生选用算线、数图，板、条、块模型，千数图简图等来建构三位数加减法过程，引导学生将自己的思维形式化，将已学的知识迁移，通过探究得出自己的计算方法，并使用算式描述自己的思维和计算过程。这些对培养学生的数学思维是非常重要的。在三位数加减法教学的初期，学生通过对各种方法进行比较，了解使用不同方法进行加减法计算和表达的好处，体验算法的多样性，并能够正确进行三位数加减法的计算和表达。本单元共安排13课时，分别为：整百数、整十数的加减法(1课时)，三位数加减一位数(2课时)，三位数的加法(3课时)，三位数的减法(3课时)，估算与精确计算(2课时)，应用题(2课时)。

本案例内容分别来自“三位数加法”和“三位数减法”的竖式计算教学。

【教学回顾】

1.“三位数加法(竖式计算)”教学遭遇“尴尬”

片断一:“做一做”,确定学习重难点

发现:6位学生不会计算、不理解算理。

(1)揭示课题:三位数加法。

(2)请学生独立试做5道加法竖式计算题,教师巡视收集错例。

248	537	458	393	86
+136	+367	+ 46	+ 9	+67

学生完成后集体校对答案后得出:全班36人,全对23人,错1题6人,错2题1人,错3题及以上者6人。

片断二:“议一议”,说说算法,理解算理

(1)交流计算方法:请举手学生说537+367和458+46的计算方法,然后同桌互相说一说。

(2)请举手学生说说393+9的计算过程。

(3)课件动态演示393+9的计算算理。(见图3-3)

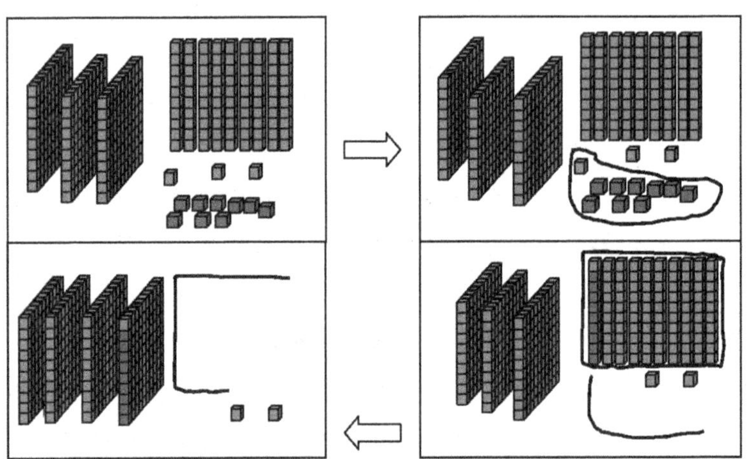

图3-3 “393+9”的动态演示图

片断三：展示“相异构想”，分析原因，提炼计算方法

(1)出示学生错例，请学生分析错误原因以及如何改正。

$$\begin{array}{r}537\\+367\\\hline 804\end{array}\qquad\begin{array}{r}458\\+\ 46\\\hline 604\end{array}\qquad\begin{array}{r}391\\+\quad 9\\\hline 3100\end{array}\qquad\begin{array}{r}86\\+67\\\hline 53\end{array}$$

(2)小结“三位数加法的计算方法”：相同数位对齐，从个位加起，哪一位上的数相加满十，要向前一位进1。

片断四：独立练习，教师面批

发现：仍有5位学生没有理解算理，计算错误率高。

(1)学生独立完成作业，教师巡视指导。

(2)教师面批，进行个别指导。令人十分不解的是：仍有5位学生没有理解算理，计算错误率高。

2.“三位数减法(竖式计算)”教学邂逅“成功”

片断一：学前测试，了解学习起点，确定学习重难点

(1)在前一节课的最后五分钟，请学生独立试做6道减法竖式计算题。

$$\begin{array}{r}179\\-\ 65\\\hline\end{array}\qquad\begin{array}{r}436\\-272\\\hline\end{array}\qquad\begin{array}{r}156\\-\ 85\\\hline\end{array}\qquad\begin{array}{r}116\\-\ 98\\\hline\end{array}\qquad\begin{array}{r}105\\-\ 78\\\hline\end{array}\qquad\begin{array}{r}631\\-527\\\hline\end{array}$$

(2)教师课余批改，记录各题的错误人数及原因，记录见表3-1。

表3-1　三位数减法错误数据原因

道次	第1题	第2题	第3题	第4题	第5题	第6题
错误人数	0	2	2	7	17	2
错例摘录	$\begin{array}{r}116\\-\ 98\\\hline 108\end{array}$	$\begin{array}{r}116\\-\ 98\\\hline 98\end{array}$	$\begin{array}{r}116\\-\ 98\\\hline 28\end{array}$	$\begin{array}{r}105\\-\ 78\\\hline 37\end{array}$	$\begin{array}{r}105\\-\ 78\\\hline 7\end{array}$	$\begin{array}{r}105\\-\ 78\\\hline 127\end{array}$
学生情况	全班37人，全对15人，15人错1题，错两题及以上者7人，需重点关注对象：刘某、林某、吴某、陈某、郑某、包某、万某七位学生					
学习重难点	重点：连续两次退位减法(第4题) 难点：“十位上的数借不到再从百位上借”的减法(第5题)					

片断二：先“做”后“议”，掌握算法

(1)揭示课题：三位数减法(竖式计算)。

(2)请学生尝试计算：115－78，教师巡视收集错例。

(3)交流算法，请举手学生说竖式计算方法，教师强调不够减的数位要点上退位点。

(4)比比谁的眼睛亮。

$$\begin{array}{r}115\\-\ 78\\\hline 138\end{array}\qquad\begin{array}{r}115\\-\ 78\\\hline 77\end{array}\qquad\begin{array}{r}115\\-\ 78\\\hline 47\end{array}$$

教师出示学生错例，请重点关注对象(没有举手的学生)陈某、包某、郑某这三位学生分别说说以上3题错误的原因及如何改正。

(5)练一练：120－61，117－99。

学生独立完成，请两位学生上黑板板演，请错误学生说原因并改正。

(6)小结算法：相同数位对齐，从个位减起，哪一位数不够减就要从它的前一位退1作为10和本位上的数加起来再减。

片断三：理解算理，攻克难点

(1)教师把“115－78”改成“105－78”，请学生独立尝试计算。

(2)交流算法，教师用课件动态演示计算过程(见图3-4)，帮助学生理解算理。

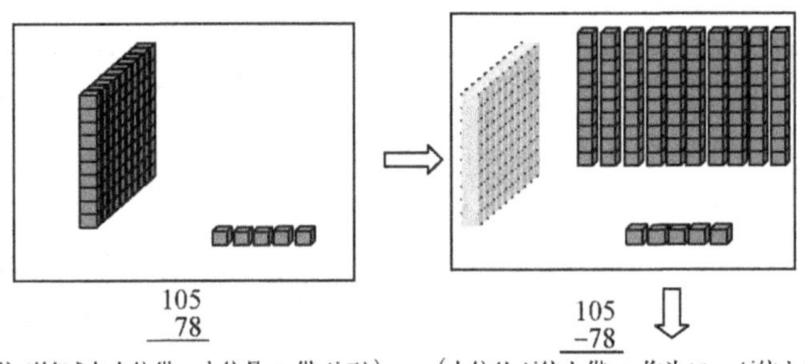

(个位不够减向十位借，十位是0借不到)　(十位从百位上借1作为10，百位上1借走1剩下0)

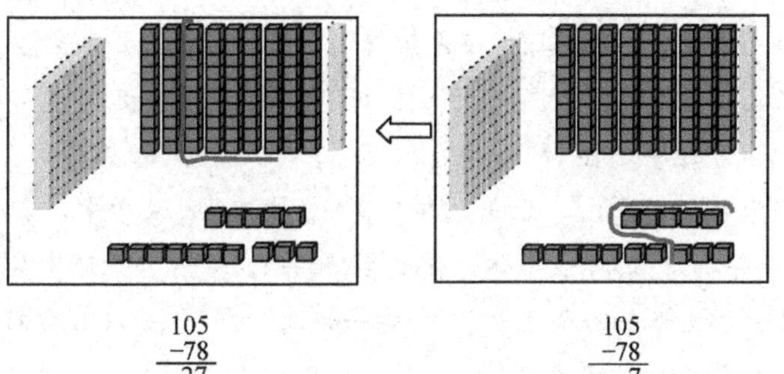

$$\begin{array}{r}105\\-78\\\hline 27\end{array}\qquad\qquad\begin{array}{r}105\\-78\\\hline 7\end{array}$$

（个位再向十位借 1 作为 10，15 减 8 等于 7；十位上剩下 9，9 减 7 等于 2，105 减 78 等于 27）

图 3-4 “105－78”的动态演式图

(3)比一比谁的眼睛亮。

$$\begin{array}{r}105\\-\ 78\\\hline 37\end{array}\qquad\begin{array}{r}105\\-\ 78\\\hline 7\end{array}\qquad\begin{array}{r}105\\-\ 78\\\hline 127\end{array}$$

分别请三位学生说说以上各题错在哪里，并根据图示说明理由，最后请全班同学给予掌声鼓励。

(4)比较：计算“115－78”和“105－78”有什么相同的地方？有什么不同的地方？要注意什么？最后强调指出：十位上的“0”代表 9。

片断四：巩固练习，查漏补缺

(1)学生独立完成书上练习。

(2)教师巡视指导，全班学生基本过关，重点需要关注的 7 位学生中有 6 位学生均理解算理，并掌握了计算方法，剩下 1 位学生没有理解算理，错例如下：

$$\begin{array}{r}503\\-\ 97\\\hline 316\end{array}$$

错误原因：学生理解成百位上既借给十位 1，又借给个位 1，5－1－1 等于 3；十位上 10－9 等于 1；个位上 13－7 等于 6。

教师根据错误原因对该生进行个别指导，帮助她理解算理并掌握了算法。

对比分析：

当第一个案例产生时，我委实吃了一惊，也十分不解：在教学中我引导学生自主学习，也暴露了“相异构想”，但为什么5个学生学了还是不会？反思之后，我认定问题在于：呈现“相异构想”是远远不够的，更重要的在于如何解决这些“相异构想”、如何帮助拥有“相异构想”的学生个体获得正确概念或方法。于是，在“三位数减法”的教学中，我特别关注了拥有“相异构想”的学生个体，让这些“相异构想”既作为课堂教学的重要资源，同时也成为个体学生学习的“脚手架”。细细分析以上案例，两者有着“同工异曲”之处。（见表 3-2）

表 3-2　三位数加法与三位数减法教学对比分析

<table>
<tr><th></th><th colspan="4">“同工”之处</th><th colspan="3">“异曲”之处</th></tr>
<tr><th></th><th>学生</th><th>时间</th><th>关键因素</th><th>教学环节</th><th>教师关注对象</th><th>关键因素干预</th><th>教学效果</th></tr>
<tr><td>三位数加法</td><td rowspan="2">二(2)班</td><td rowspan="2">35分钟</td><td rowspan="2">•学生自主迁移学会的不讲；以“议”为核心得出算理与方法。
•呈现了学生的“相异构想”。</td><td rowspan="2">揭示课题
↓
“做做”
“说说”
（尝试计算，交流方法，用数形结合帮助学生理解算理，得出算法）
↓
“议”
（错例分析，解决“相异构想”）
↓
“练”
（巩固练习）</td><td>面向大多数学生，忽视了对个别学生的引导与帮助。</td><td>“相异构想”的呈现为大多数学生提供了学习资源；产生“相异构想”的个体学生没有得到帮助，在本节课中没有实现“数学建构”。</td><td>不会做的学生“学了还是不会做”。</td></tr>
<tr><td>三位数减法</td><td>面向大多数学生，关注个别学生“相异构想”的形成原因与解决方法。</td><td>“相异构想”的呈现既是大多数学生的学习资源，也是个别学生建构数学的“脚手架”。</td><td>不会做的学生也“学会”了。</td></tr>
</table>

【案例反思】

后“茶馆式”教学的“两个关键干预因素”看似简单，实则不简单。对于一线教师来说它既“有迹可循”，又无固定模式可仿。通过对以上两个案例的对比分析，我们也不难发现：在计算教学中，学生的“相异构想”既有相似性又有特殊性。如果教师重视挖掘、发现，特别是重视解决学生的“相异构想”，确实可以进一步提高其教学效能。

1. 计算教学中学生“相异构想”成因浅析

教育理论把学生由感性认识得出的偏离科学现象本质和科学概念的理解与想法称为“相异构想”。对于儿童来说，这些“相异构想”指的是一些非科学的概念、经验和儿童阶段特有的思维方式等，它与儿童头脑中旧知识图式进行了自然整合，构成了儿童学习新知的基础。在计算教学中，学生“相异构想”产生的途径有以下两种。

一种是在计算教学之前，学生根据已有知识经验自主迁移形成的，或者是提前介入学习(自学、家教、同伴学习等)而又“未通”形成的。如“三位数减法”教学中教师呈现“105－78”的三种不同“相异构想”。

另一种是学生在接受计算教学之后在教学情境中形成的“相异构想”，主要表现为一些学生没有真正理解算理而产生的错误。如“三位数减法”教学中新产生的错例：

$$\begin{array}{r} 503 \\ -\ 97 \\ \hline 316 \end{array}$$

2. 计算教学中学生“相异构想”的价值诉求

学生的“相异构想”具有多样性、自发性、肤浅性、模糊性、顽固性等特征，伴随着教学的始终，是一线教师无法回避的现实问题。因此，教师要重视并用好学生的“相异构想”，使之为教学服务。在计算教学中，学生的“相异构想”具有以下几种教学价值。

(1)“相异构想”是学习新知的“生长点”

在学习新知时，儿童并没有直接接收新信息本身的含义，而是倾向于将它们与头脑中原始认知图式和思维方式联系起来，建构对新知的意义理解。学生的“相异构想”对新知学习虽具有负面影响，但它却是新知识的生长点。如在“三位数减法”的教学中，教师可以出示学前测试中出现的“116－98”的三种“相异构想”：

$$\begin{array}{r} 116 \\ -\ 98 \\ \hline 108 \end{array} \qquad \begin{array}{r} 116 \\ -\ 98 \\ \hline 28 \end{array} \qquad \begin{array}{r} 116 \\ -\ 98 \\ \hline 98 \end{array}$$

这三个算式会造成学生的认知冲突：“一个减法算式有三个答案是不可能的，究竟谁是对的呢?”进而激发学生投入学习的兴趣。

(2)“相异构想”是学生自主学习的“探点”

学习新知时，当新知与原有构想相容时，他们就会很容易理解，并主动利用原始认知图式接纳新知，顺利完成对新知的同化。新知与原始认知图式矛盾时，则产生了认知冲突，他们将自觉地或被迫地改造原始认知图式，使其顺应新知识。如“三位数减法”学前测试中“105－78”的三种“相异构想”就可以作为学生自主学习的“探点”。在教学中，教师可以呈现这三个算式，然后启发学生思考：这三种算法对吗？如果不对，理由是什么？这样就为学生创设了一个自主探究的问题情境，为学生提供充分的“自觉地或被迫地改造原始认知图式”的机会，让学生带着思考参与到讨论、解决问题的过程之中，从而深化学生对知识技能的理解和掌握。

(3)“相异构想”能引发学生的创造性思维

数学学习是学生“再创造”的过程，在尝试与创新的过程中，某个学生的“相异构想”虽然有不完善或构想矛盾的地方，但往往能启发学生从多角度来思考问题，或者引导其余学生全方位审视自己在学习活动中出现的错误。教师的宽容及因势利导对培养学生的创造性思维是大有裨益的。

(4)“相异构想”是个别学生学习的“脚手架”

当新知与原始认知图式发生矛盾时，就会产生认知冲突或一种困难处境，如果教师不能觉察学生的这种困难处境，并采取有效方法促成其认知图式的顺应，而只是把学生当作一张白纸，按既定思路或知识逻辑进行教学，往往会事倍功半。在“三位数加法”教学中，正是因为教师仅仅把“相异构想”当作了学习资源加以处理，而忽视了帮助这些学生“顺应”新知识，让学生“自觉地或被迫地改造原始认知图式”的机会不够充分，从而导致学生“学不会”。第二个案例则恰恰处理好了这一点，使课堂教学取得了较好的效能。

3. 计算教学中学生“相异构想”的解决策略

学习是观念(概念)的发展或改变，而不是新信息的简单积累。当新知与原有构想相容时，学生就会很容易理解，并主动利用原始认知图式接纳新知，顺利完成对新知的同化。而新知与原始认知图式矛盾时，则产生认知冲突，他们将自觉地或被迫地改造原始认知图式，使其顺应新知识。在教学中，教师应采取有效措施帮助学生消除相异构想对科学知识的负面影响，充分利用其积极的一面，促进学生对科学知识的学习。具体地说，可从以下几个方面着手。

(1)寻根溯源，充分了解“相异构想”

由于每个学生背景不同、经历有异，他们头脑中的“相异构想”必然是多样的、隐蔽的，并且由于成人思维与儿童思维不同，成人所设想的“相异构想”并不等同于学生的“相异构想”。因此，教师有必要采取措施揭示学生原有的观念和思维方式，弄清它们对理解新知会造成何种障碍和影响。了解的方法除了平时教学经验的积累之外，教师还可以通过学前测试或者座谈的方式来了解，以便教学时有的放矢、对症下药。

有些“相异构想”是随着教学过程的展开而生成的，教师在教学中要精心设计有针对性的问题，让学生有机会表述自己的思想和见解，诱导学生暴露“相异构想”。在教学中，教师还要特别注意班级中后进生的“相异构想”，做到不轻易否定学生的“相异构想”，而是积极鼓励学生暴露自己的“相异构想”。

(2)搭建平台，积极剖析“相异构想”

学习过程是学生主动建构知识的过程，这种建构是他人无法代替的。暴露学生“相异构想”的目的主要是解决“相异构想”，让学生知道错在哪里、如何改正，从而形成科学的思维方法。前面提及“相异构想”可以作为新知的生长点，也可以作为学生自主学习的探点，还能引发学生的创造性思维，同时也是个别学生建构数学的“脚手架”。但“相异构想”要真正实现以上目的，需要教师为学生搭建平台，让学生通过说说、议议、辨析等活动来剖析“相异构想”，而且特别要注意让拥有“相异构想”的学生进行自我剖析，为其搭建学习的“脚手架”。

(3)理好关系，促使改造"相异构想"

这里的关系主要指教师在计算教学中要处理好展开与简缩、思维与操作的关系。运算法则以及简便方法的掌握是从展开的、详尽的思维活动过渡到压缩的、省略的思维活动的过程。① 展开是为了理解算理，简缩是为了提炼思维方法。针对低年级儿童的心理特点，在教学中教师要积极采用数形结合的教学形式帮助学生理解算理，如用算线、数图，板、条、块模型，千数图简图等多种模型来建构数学，引导学生将自己的思维形式化。这些对培养学生的数学思维是非常重要的。如案例"三位数减法"的教学，学习之前学生计算"105－78"的错误人数高达 17 人，是学生学习的难点。为了突破难点，教师制作了课件，以动态直观的形式展示了"105－78"的算理，并注重引导学生结合图示来改造"相异构想"，让不同层次的学生都准确理解算理。展开的过程是为了更好的提炼，在随后的教学中，教师又积极引导学生归纳计算方法，帮助学生逐渐形成科学的思维方法，取得了较好的效果。

(4)及时反馈，强化科学思维方法

心理学的有关研究指出，反馈对于技能的获得具有强化效应，反馈越及时，效果越显著。有些"相异构想"是随着教学过程的展开而生成的，这就更需要及时反馈，并给予学生积极的帮助。"三位数加法"案例中的"学生学不会"的尴尬、"三位数减法"案例中的"如愿以偿"深深地启示着我：让学生自己剖析和改造"相异构想"是最有效的学习方式，也是最有效的反馈强化方式，因为它能促使学生自觉地或被迫地改造自己的"相异构想"，进而完成对新知的"顺应"，逐步形成科学的思维方法。

后"茶馆式"教学内涵丰富，以"两个基本特征"为核心的后"茶馆式"教学实践及其科学研究势必会对当前的课堂产生"颠覆性"的影响。以上仅为粗浅尝试的所思所得，虽肤浅却是真实感受。在今后教学中，我会继续学习、研究与实践。

---

① 曹培英．小学数学教学改革探析——在规矩方圆中求索[M]．北京：人民教育出版社，2006：170.

以上两个基本特征是后“茶馆式”教学的核心成果：“学生自己能学会的，教师不讲”，是教学论阐释；“关注‘相异构想’的发现与解决”，是认识论阐释。凸显基本特征，能保障学生的主体地位，有效克服课堂教学的弊端。同时，基本特征反映了对有领导的“茶馆式”教学的传承、发展和创新，也是形成后“茶馆式”教学策略、方式、手段和方法的依据。

第二节　后“茶馆式”教学的教学方式

教学方式是不同层次课堂教学研究中的关键。有关中央文件早就指出：“中小学课堂教学的改革应以教学方式的转变为突破口……”①

后“茶馆式”教学方式的依据源于基本假设。可以说，有怎样的假设，就有怎样的教学方式。有人说：“我从来不考虑什么基本假设，不是也在用某种方式进行教学吗?”那么，这样的教学往往是盲目的，而且，即使你没有有意识的假设，也有无意识的假设。例如，当教师选择用自己讲解的方式始终贯穿于课堂教学全过程，其基本的假设是：“学生是划一的，只要教师讲得正确、清楚，只要学生认真听，学生都应该学会，而且，学生所建立起的学科与学科的逻辑结构与教师相同。”其基本假设应该还有：“教者，就是教师。”“学生自己是不可能学会的，即使能学会的，也是浅层次的。”由此，我们以后“茶馆式”教学的基本假设为依据，从两个维度归纳教学方式。

一、 学生自己学习的组织方式

后“茶馆式”教学认为：学科与学科体系是要靠学生自己建构的，每位学生建构出来的也不会完全相同，而且，不相同的不一定是错误的，

① 教育部．关于深化基础教育课程改革进一步推进素质教育的意见[Z]．教基二[2010]3号．

教师的作用在于对学生自己学习的帮助。学生自己学习的组织方式主要有两个，即独立学习和合作学习。独立学习指在教师的帮助下，学生个体完成教师规定的学习任务；合作学习指在教师的帮助下，学生群体完成教师规定的学习任务。这群体可以是2～5人的小组，也可以是全班的大组。

（一）“独立学习”“合作学习”的本质

1. 班级授课制下，走向个别化教学的组织方式

独立学习是一种“非同步”教学。即使学生独立学习的时间相同、教师下达的学习任务也相同，每位学生所关注的、认识的、疑惑的、学会的都不会相同。自然，独立学习的结果，一定是有学生学会，有学生没有学会；有学生这方面学会，有学生那方面学会；有学生自己认为学会，实际上没有学会。小组合作学习也是一种“非同步”教学。这个小组质疑的、解决的问题不一定是其他小组讨论的。合作学习的教学资源往往来源于学生在独立学习中所产生的在知识与技能、过程与方法和情感态度与价值观上的差异。独立学习和合作学习是班级授课制下走向个别化教学的主要组织方式。

2. 具有跨学科、跨年段、跨课型的普适意义

对课堂教学有不同层面的研究，例如，有倡导××教育、××课堂等比较宏观的，也有“先练后讲，当堂训练”“三读三议”等比较微观的。而教学方式的研究是教育的中观研究，是课堂教学中极其重要的研究，它上接教学理念，下联教学方法。教学方式是许多教学方法的归纳与提炼，教学方式又指导教师产生多变的教学方法。因此，教学方式有一定的操作性，而且又有一定的普适意义。上海市教委在“学业质量，绿色指标”综合评价中，对于课堂教学评价设了唯一一个“教学方式指数”，这正说明教学方式在课堂教学转型中的关键作用。

3. 与“最近发展区”教育理论的渊源

苏联教育学、心理学家维果茨基创立的“最近发展区”理论为教育同人普遍认同。“最近发展区”清楚地阐述了学生要在“教师的帮助”“集体活

动中”“通过自身的努力”才能从现有的发展水平到达更高一级的发展水平。毫无疑问，“最近发展区”阐述了教学需要独立学习和合作学习这两种组织方式。

（二）与“基本特征”“基本假设”的关联

1. 教学方式凸显后“茶馆式”教学的基本特征

后“茶馆式”教学的基本特征之一：“学生自己能学会的，教师不讲”。它是后“茶馆式”教学的教学论阐释，叙述的是教师应该怎样教、学生应该怎样学。由于是教学论的阐释，操作性不强，它需要教学方式、方法、手段、策略的支撑，同时，方式、方法、手段、策略等也凸显了教学的基本特征。学生自己能学会的，既包括学生个体学会的，也包括学生群体学会的。因此，在课堂教学中，学生的独立学习和合作学习成为后“茶馆式”教学很自然的选择。后“茶馆式”教学的基本特征之二：“关注学生‘相异构想’的发现与解决”。它是后“茶馆式”教学认识论阐释，叙述了学生怎样学才能真正学会。划一的教师讲解不能使有差异的学生真正学会。让更多学生学会需要学生与自己对话、与他人对话、与客观世界对话。当学生独立学习时，学生与自己对话、与客观世界对话；当学生合作学习时，学生与学生对话、与教师对话、与客观世界对话。

2. 依据后“茶馆式”教学基本假设

教师以自己认为的学科逻辑结构进行讲解，那么，课堂教学的组织方式一定是以“教师讲，学生听”为主。如果以学生独立学习、合作学习为主要的组织方式，那么，教师已经在探索学生认知的逻辑结构，即由教师帮助，让学生自己建构学科和学科逻辑结构。在独立学习中，学生的学习资源是教师提供的，学习要求是教师制订的，但是教师已经不是直接的“教者”，“教者”成了文本、实验，以及电脑开发的教学资源。在合作学习中，“教者”不仅有教师，更多的是学生。后“茶馆式”教学认为：在合作学习的过程中，被教者有收获，教者也有收获。独立学习、合作学习都是“非同步学习”，学生在独立学习、合作学习的过程中，总有一部分内容是能够自己学会的，但学生之间是存在差异的，教师采用这两

种组织方式时要关注学生间的差异。

我校很多教师都会在教学中采用合作学习的方式，让学生在小组分工合作学习的过程中得到锻炼，让教学取得事半功倍的效果。例如，初中英语教研组组长高赟老师的课堂上经常需要学生对某一事物谈谈自己的观点或给出解决的办法，她在布置任务时通常会选择小组合作这样的形式，这可以让所有的学生都有机会表达。为了让组内的每位学生都有发言的机会，她会细化组内每位学生的具体职责：group leader，notes-taker，reporter，time-keeper。group leader 是小组的负责人，职责是协调全组成员进行讨论，监督每个成员发言；notes-taker 的任务是记笔记；reporter 负责在全班面前进行小组汇报；而 time-keeper 需要提醒大家讨论进度，控制好时间。每个成员可根据自己的特长选择角色，以共同完成小组合作的任务。每一次的合作学习还会适当进行角色轮换，以利于大家在课堂中都有发言机会。

逯怀海老师在组织学生开展合作学习的过程中对于如何分组罗列出以下五条原则。

(1)均分接近，这是为了竞争的合理公平。

(2)学业水平层次合理，因此需要定时进行调整。

(3)好友尽量不在一组，目的是不同类的学生有所互补。

(4)位置与视力匹配，由学生自己进行选择。

(5)学生自主分组，老师不能干涉。

图 3-5　逯怀海老师的后“茶馆式”课堂教学

分组操作步骤如下。

(1)在分组之前做好充足的准备。哪些同学的学业水平比较接近可分成一组(每组 7 人)。如果优等生和后进生进行结对，奖励该小组可以先挑选。根据学生学业水平的高低，选出 5 名管理委员，再选出 7 名组长。

(2)现场分组，班级分为 7 大块位置安排。

(3)组长站在自己选定的位置上。

(4)每一学业层次的学生逐层进行双向选择，直至全部选完为止。

完成分组之后便是合作学习了，他又对学生提出了如下具体要求。

(1)人人参与。

(2)数据评价。每一次的学习活动都以合作学习为基础，即使是独立学习，学习效果的评价也是小组合作评价。

(3)及时反馈。每天对于每节课做一个简单的评价，每周计算一次本周的总评。

(4)高度自主。所有的活动都是学生进行组织，但是必须按照原则进行，保障公平合理。当学生对规则提出疑问，教师可以进行解释或更改。如果学生没有违反规则，而老师认为分组不够合理，教师只有建议权，而没有更改的权利。

(5)适时奖励。以最高分为基准分，也就是最高分算作满分，有利于学生的竞争，还可以促进其他学生对于自己与最高分的差距的理解，提高自己的进步意识。

每次小组的整体进步，都进行奖励，每人奖励分值 5 分，这有利于强化合作的意识，促进不断进步。

这样的合作学习分组方式及合作学习的具体要求，不仅适用于学科教学，也适用于班级管理。

二、 学生自己学习的认知方式

以不同维度进行分类将会产生不同的教学方式。独立学习和合作学习基于组织方式维度，从认知方式维度看，教学方式又可以分为“书中学”和“做中学”。“书中学”的方式是让学生通过读文本、看视频获得前人已经总结出的知识，即间接知识。如“读读、议议、练练、讲讲”的“茶馆式”教学，学生的学习从“读读”开始获得间接知识。“读读”是一个方法，从“读读”的方法可以提炼出方式。从组织维度看，“读读”是学生的独立学习；从认知维度看，“读读”是学生的“书中学”。新课程推进后，研究

性、实践性学习成为课堂教学中的亮点。研究性、实践性学习是学生通过自己探究得到知识，它称直接知识。学生自己直接获得知识的方式为“做中学”。从“书中学”一种方式，到“书中学”“做中学”两种方式并举，是后“茶馆式”教学对有领导的“茶馆式”教学的三个发展之一。

（一）“书中学”“做中学”的本质

1. 对“知识”的再认识

为什么要提倡研究性、实践性学习呢？归因于对知识解释的变化。过去把知识解释为掌握了多少，即学科的结论。现在把掌握知识的过程也作为一种知识。结论称显性知识，获得结论的过程称隐性知识，或称默会知识。在现代的教育中，人们越来越重视学生隐性知识的获得。有人做了生动的比喻：把一个人的知识比作浮在水面的冰，冰大部分体积在水面之下，显露在水面之上的比喻为显性知识，隐藏在水面之下的比喻为隐性知识。隐性知识大于显性知识，隐性知识支撑着显性知识，隐性知识影响着人创新能力的提升。

2. 学生探究的重要作用

许多教师有这样的体会，让学生听一遍、读一遍、讲一遍，和做一遍的效果是不同的。这正说明“做中学”方式的重要作用。它不仅让学生增加了探究的经历，获得了隐性知识，而且对显性知识、对结论理解的深刻程度也是不一样的。例如，数学中“循环小数”“单项式乘单项式”的教学，一个是数学概念，一个是数学的运算法则。学生的独立学习，在几乎相同的时间内，用“做中学”方式效果更好。教师没有要求学生先看书，而是让学生自己独立尝试做若干题目，学生在“做”中得出概念和运算法则。而且学生不但得到了结论，同时还经历了探究的过程。当然，这样的“做”题目与课后学生做练习的目的与性质已经不同，课后做练习是为了巩固、应用概念与运算法则。我们还应该认识到，有的概念、有的内容，如果没有“做中学”的方式，学生很难真正学会。我校曾以“$\sqrt{2}$——无限不循环小数”为题，用“做中学”的方式上了一节公开课，中国工程院院士、教育部原副部长韦钰观课后大加赞赏，还在她的演讲中多次提及了这节课。

案例3-3：

$\sqrt{2}$——无限不循环小数

1. 概述

学习内容主要取自《九年义务教育课本·数学》第十一章实数的概念及该章阅读材料“无理数”的由来。

本节课采用以“议”为中心的“做中学”方式，从“有限出发”认识“无限”，体会“逐步逼近”的思想，正确领会“无限循环小数是有理数”“无限不循环小数是无理数”等含义，通过“做中学”突破本章学习的上述难点。

图3-6 厉斯亮老师教“$\sqrt{2}$——无限不循环小数”

2. 无限循环小数

过去我们学过的整数、分数都是有理数。如果把整数看作分母为1的分数，那么有理数就是用两个整数之比表示的分数：$\frac{a}{b}$(其中$b\neq0$)。

从古埃及到古代中国的数学都认为任何一个量总可以用有理数来表示。事情是否果真这样？让我们一起来做两个作业，然后大家讨论。

(1)作业一

画一条长为$\frac{1003}{99}$的线段，原线段长1003(厘米)，把它99等分，得到：

$$x=\frac{1003}{99}=10.131313\cdots(\text{厘米})$$

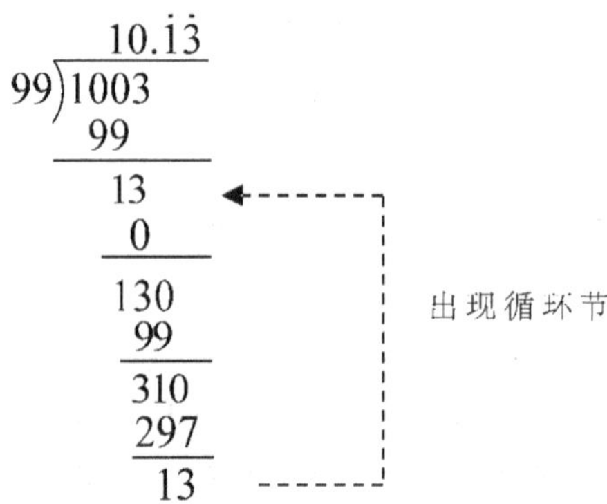

请你画出一条线段，并注明精确到厘米还是毫米，然后填表3-3。

表3-3　精确程度

x的范围	精确程度
$10<x<11$	1
$10.1<x<10.2$	0.1
$<x<$	0.01
$<x<$	0.001
$<x<$	0.0001
…	…

(2)讨论

看来x是个无限小数，可以无限细分。那么它还会像7、10、$\frac{1}{2}$那样是一个精确的量吗？简单说说理由。

仔细看看前面所做的除法，你能体会任何分数除了可以表示为有限小数(包括整数)之外，还可以表示为无限循环小数吗？说说循环的原因。

无限循环小数化为分数可以试试这样的方法，如$0.\dot{1}\dot{3}=\frac{13}{99}$等。

(3)交流小结

用无限小数可以表示一个确定的量，这是一种“无限逼近”的表示方法。

有理数(也就是分数)化为小数，要么是有限小数(包括整数)，要么是无限循环小数。

3. 无理数

到了公元前400多年，相当于我国战国时期，古希腊毕达哥拉斯学派发现了一类新数，它可以用无限小数来表示，但却不是一个循环小数，它不属于有理数。

(1)作业二

做一个面积为2的正方形。把边长为1(厘米)的两个正方形分别沿对角线剪开，得到四个形状相同、面积都是$\frac{1}{2}$(平方厘米)的直角三角形，再把它们拼成一个新的边长为x(厘米)的正方形$ABCD$，它的面积$x^2=2$(平方厘米)，如图3-7所示。

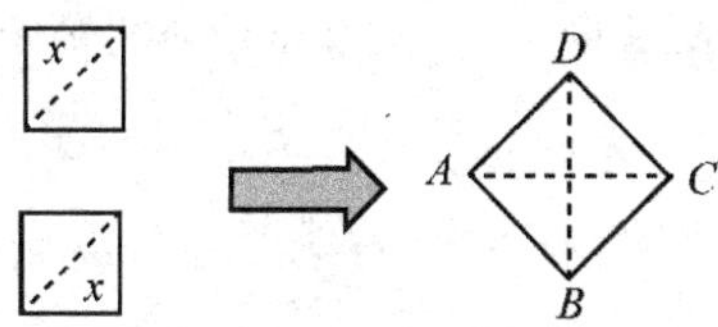

图3-7 面积为2的正方形

请你试着用计算器算算并填表3-4。

表3-4 精确程度

x的范围	x^2的范围	x的精确程度
$1<x<2$	$1<x^2<4$	1
$<x<$	$<x^2<$	0.1
$<x<$	$<x^2<$	0.01
$<x<$	$<x^2<$	0.001
$<x<$	$<x^2<$	0.0001
…	…	…

(2)讨论

看来这里的 x 也是一个无限小数，也可以无限细分，$x=1.414213562\cdots$那么它是否也是一个确定的量呢？简单说明理由。

这个量和 2 有关，我们现在用$\sqrt{2}$来表示，读作“根号 2”，而且$(\sqrt{2})^2=2$。

$\sqrt{2}$是有理数吗？当年毕达哥拉斯学派的希帕斯(Hippasus)惊人地做出否定的回答，这是一个伟大的发现，是人类理性智慧的胜利。你在完成了前面两个作业之后，请想象一下，采用什么方法或者说$\sqrt{2}$有不同于有理数的什么特点就能回答这里的问题？

(3)交流小结

$\sqrt{2}$是一个可以用“无限逼近”方式表示的确定的数。

只要$\sqrt{2}$不能表示为分数，那它就不是过去学过的有理数。

阅读第 36 页“‘无理数’的由来”后半节，然后通过师生问答形式完成下列说明：假设$\sqrt{2}$是个有理数，那么可以得到$\sqrt{2}=\frac{a}{b}$，其中，a、b 是整数，a 和 b 互质，且 $b\neq 0$，这时有 $2=\left(\frac{a}{b}\right)^2$，于是 $a^2=2b^2$，a 一定是 2 的倍数，设 $a=2m$，有$(2m)^2=2b^2$，也就是 $b^2=2m^2$，所以 b 也是 2 的倍数，可见 a 与 b 不是互质的，与前面假设 a 与 b 互质矛盾，所以$\sqrt{2}$不可能用分数表达，也就是不可能是有理数。

点评：如果询问老师：“$0.\dot{9}$的循环大，还是 1 大？”许多老师回答：“1 大。”也有老师犹豫了一下：“为什么会问？难道不是 $0.\dot{9}<1$ 吗？”教师心里仍旧相信 $0.\dot{9}<1$。问题虽然简单，但是十分深刻：无限的概念不符合一般人的生活经历。怎么会有无限呢？成年人有如此疑问，七年级学生更是如此。但是无限、有限又是数学学科中的核心知识。如果不增加学生的实践经历，仅仅告诉他们最后的结果，那么过一段时间之后，正确的忘掉了，留下的还是错误的认识。这个主题还有第二个核心概念——不循环。它又不符合学生的一般经历：怎么会不循环呢，往下算可能就循环呢？自然，如果仅讨论“无限”与“有限”、“循环”与“不循环”，

对学生来说意义不大，学生只是背出了老师要他们记住的结论。这节课设计了一个与学生生活实际有密切联系的载体：“$\sqrt{2}$”，学生通过自己“做中学”主动地开展不同看法、想法之间的议论，如无限小数是不是一个确定的量？分数化小数为什么会出现循环节？推出矛盾否定假说可靠吗？通过议论，进一步加深学生的理解，逐步构建起了学生对无限、不循环概念的理解，效果很好。

（二）与“基本特征”“基本假设”的关联

1. 后“茶馆式”教学基本特征的内涵

后“茶馆式”教学的基本特征之一是“学生自己能学会的教师不讲”。何为“学会”？应该依据课堂教学目标来判断。过去称教学大纲，现在称课程标准，课程标准与教学大纲的区别之一是行为主体发生了变化。过去强调教师教什么、教到什么程度，现在强调学生学会什么、学会到什么程度。学生学会的有知识、技能，还有过程、方法，以及情感、态度与价值观，课程标准不仅强调知识的结论，还强调获得知识的过程、方法。后“茶馆式”教学的基本特征之一是“关注‘相异构想’的发现与解决”。那么，这个“相异构想”的暴露，不仅是在结论上的不同认识，还可能在认知的过程之中。

2. 后“茶馆式”教学基本假设新解释

“教者，可以是教师，也可以是学生”。过去总把其中的“学生”解释为教师教学生。“做中学”的方式实践后，认为这个“学生”可以解释为学生教学生，也可解释为学生教自己。例如，在初三的化学课教学上，学生提出了一个问题：“薯片袋”中的气体是空气，还是其他气体？这个问题，教师也不知道结论。学生自己提出问题、自己设计实验、自己得出结论，整个探究过程中的“教者”正是学生自己。“学生之间有差异”，“做中学”运用在小组合作学习上，不但反映学生在认识上有差异，而且每位学生所起的作用也不相同。

三、学生自己学习中的教师帮助

独立学习、合作学习、“书中学”“做中学”都是学生的自主学习。自主学习不是自由学习，应该有教师的指导和帮助，教师的主导作用加强。

（一）制订学习任务

课堂教学中学生的学习任务由教师制订。

1. 确定学习目标

过去称教学目标，现在称学习目标。教与学本来就是分不开的，称什么名字都可以。但是教师必须明确，这个目标的行为主体是学生，强调学生学会什么。“教师的讲堂”，教学目标只要教师明白就行，“学生的学堂”，教学目标应该以不同形式让学生知道。教师可以把教学目标直接告诉学生，也可以提供给学生几个问题，让学生明白学习的侧重面。如果采用“做中学”的方式，那么，教师需要不告诉学生结论，只告诉学生探究的方向。

2. 提供学习资源

学生的学习资源形式多样，至今，教科书是主要的资源。有人把教科书称为教材，其实教科书也是学材，教科书为教师、学生共同使用。但是，教科书的每一章节是否都适合本校、本班学生自己学习？不一定。所以需要教师对教科书做校本化的处理。静教院附校的语文老师王晓燕对教科书进行增、减的尝试。如八年级(下)第三单元“慎思明辨”包括《不求甚解》《对人类社会公理的敬畏》《事物的正确答案不止一个》《卖柑者言》四篇文章，每一篇都在“思辨”一个道理，的确符合单元主题，可是从“议论文训练”的角度来看，《对人类社会公理的敬畏》并不是特别适合作为范本的，因此，她在教学时就将其去掉，而选择了议论文的典范之作——吴晗的《谈骨气》，这样更有利于教学目标的达成。

教科书的某些章节，学生自己学习有些困难，教师可以做些辅助，如读前放一段录像，给学生一个图表、问题、习题等，有人把它们称作“任务单”“导学案”等，主要用于对学生自己学习的帮助。学生的学习资源不应局限于教科书，实验器材以及习题、问题都是资源。特别是当信息技术被引入课堂教学后，学生的学习资源更加丰富、更加个性化。

图 3-8 区教育明星教师王晓燕的语文课堂

3. 明确学习要求

教师应该把学习目标分解为学生独立学习、合作学习时的具体要求。例如，在语文教学中，教师会让学生多次阅读文章，但是每次阅读文章的要求一定不同，教师必须明确告诉学生。在外语教学中，教师会让学生先听，“听”之前，教师应该明确“听”后要做什么事。教师的要求越明确、导向性越强、研究越聚焦，教学目标越容易达成。

4. 选择学习途径

学生学习的方法、手段等也是教师确定的。例如，学生独立学习可以在课前，也可以在课上(课前学习的时间计入课外作业总量)；可以一次先学，也可以多次先学；可以先读，也可以先练(如数学、物理、化学等学科的练习课)、先听(如外语课)；可以使用文本，也可以选用信息技术开发的视频资源。学习途径高度灵活，完全因不同学科、学段、课型、内容而定。

（二）教学评价与解决生成问题

1. 编制学习评价

后“茶馆式”教学的基本特征之一：“学生自己能学会的，教师不讲”。怎么知道学生哪些学会了，哪些没有学会呢？教学评价一定要进入课堂教学。评价的形式多样，可以是口头的，也可以是书面的；可以是习题，也可以是问题。评价的主体多样，可以是学生对自己的评价、学生对学生的评价，也可以是教师对学生的评价。

2. 解决生成问题

“教师的讲堂”，学生少有生成性问题，即使有生成性问题，往往也不能得到解决。“学生的学堂”，学生的生成性问题不但大大增多，而且期望尽可能解决。后“茶馆式”教学的基本特征之二：“关注学生‘相异构想’的发现与解决”，该特征认为学生在学习的过程中必然会产生生成性问题，学生真正学会需要对话。生成性问题的引导、暴露和解决需要依靠学生，还需要教师。因此，教师的学情分析，不仅要分析“学生先学”之前，还要分析“学生先学”之后；不但有备课时的静态分析，还有教学过程中的动态分析。

后“茶馆式”教学的教学方式是后“茶馆式”教学在具体操作系统中的主要组成部分。

第三节　后“茶馆式”教学的教学策略

教学策略是为实现某一教学目标而制订的、付诸教学过程实施的整体方案，它包括合理组织教学过程、选择具体的教学方法和材料、制订教师与学生所遵守的教学行为程序。

后“茶馆式”教学从大量实践案例中提炼出八个教学策略。

一、“学生先学引导性”策略

学生的学习无处不在，在课堂教学中的学习只是学生学习的一部分。课堂教学有学习目标，因此，常常把它们称作学业。因为是有明确目标的教学活动，在让学生先学的同时，教师应该以教学目标为依据对学生进行必要的引导。

相同的教学资源有不同的侧重面，所以相同的教学资源可以达成不同的目标。例如，语文教学就十分强调用教材教，而不是教教材。同一篇文章，可以偏重朗读，偏重词句，也可偏重写作手法。侧重面的确定依据文章和学生的需求。语文教学中的每一篇文章只是一个例子。所谓侧重面，也就是这篇文章适合做什么例子，学生需要什么例子。相同的教学资源，还可以确定不同的深度、广度。例如，精读与泛读的要求是不同的。教学目标是教师确定的，学生自己学习自然需要教师在学生先学之前做适当的引导。

不同的学习方式，教师应该有不同的引导。如果是“书中学”的方式，学生获得别人总结出的间接知识，那么，把教学目标直接告诉学生也未尝不可。然而，如果是“做中学”的方式，需要学生自己去探究，在探究中自己得出结论，那么，把结论先告诉学生，探究的意义不大。教师可以提出需要研究的方向及可供学生选择的方法。例如，物理学中学习“密度”概念，教师提供给学生不同体积、质量的同一物体，要求学生自己探究，最后“密度”结论是学生自己得出的。

学生先学，教师引导的形式又是多样的，可以口头，也可以书面；可以是问题、习题，也可以提出某个学习任务；可以只是给出要求，也可以直接告诉学生教学目标。在语文课上，先出示文章的题目，让学生去猜想文章可能是怎么写的、写些什么内容，然后再让学生开始“读读”。这种情境的创造也是引导。引导必须有，但引导可以不拘形式。

二、“学生先学最大化”策略

“教是为了不教，讲是为了不讲”。其中，“不教”“不讲”是远期目标，但是这个远期目标的达成一定是在中小学的教学中逐步培养的。后“茶馆式”教学的基本特征之一：“学生自己能学会的，教师不讲”，不但让学生先学，而且期望学生自己学会的达到最大化。要达成学生先学的最大化，应该关注以下三个方面。

（一）学生先学的完整性

任何一个教学内容，不让学生自己尝试着先学，教师怎么知道学生究竟哪些自己能学会呢？不让学生先学，教师是没有理由认为学生自己不能学会的。即使有学生自己不能学会，也不等于全部学生中没有人能自己学会；这个班级的学生自己不能学会，不等于别的班级的学生自己不能学会；过去的教学中学生自己不能学会，不等于现在的教学中学生不能学会。完整地让学生先学，不一定一次就要求学完整，可以是分次达到先学的完整。完整，既包括内容的广度，也包括内容的深度。因此，多次先学，可以从内容来分，也可以从层次来分。例如，一篇语文教学中的文章，第一次学生先学，要求掌握生词，读通文章；第二次学生先学，可以提出更高的要求。完整地让学生自学，不等同于学生能全部学会，更不等同于每个学生都能学会。在不同学科、不同课型的课堂教学中，完整性策略的应用会有不同，可以以文本为依据，也可以以练习为依据。如果以练习为依据，那么练习设计必须考虑其完整性，包括内容维度的完整，也包括能力维度的完整。

（二）学生先学的灵活性

为了学生先学的最大化，教师必须合理地选择时间、时段、方式、方法和手段。学生先学时间可长、可短；可以课前先学，也可以课上先学；可以一次先学，也可以多次先学；可以采用“书中学”，也可以采用“做中学”；可以“独立学习”，也可以“合作学习”；可以先读，也可以先练、先听、先议。不同的选择，体现出在同样的教学目标要求下，让学生自己能学会的达到最大化。

（三）学生先学应该得到教师帮助

中小学生处在学会学习的阶段，学生的学会不是先天就有的，需要教师的培育。学生在先学阶段应该得到教师的帮助，而且这种帮助在不同的学段、不同的学科、不同的课型、不同的教学内容上，也应是不同的。例如，一堂初中的历史课教授中世纪的宗教，教师把教材内容分成三块，安排学生在课堂上先学。学生先学第一块内容时，教师提出了几个问题；学生先学第二块内容时，教师提供给学生一个图表，实质为内容的“脉络”；在学生先学第三块内容前，教师放了一段录像。录像内容描述的是中世纪的教堂，学生可能没有直接的认识，而录像能帮助学生自己学会。无论是图表，还是录像，都属于一种教学手段，目的在于帮助学生自己先学。

学生先学最大化指学生自己能学会的最大化。其中“化”表示过程和程度。学生学会学习绝对不是一蹴而就的，是在教师的培育下，长期逐步形成的，需要各学科、全学段教师通力合作。在最大化的进程中，逐步做到“教是为了不教，讲是为了不讲”。

三、“预设问题设计突出‘重点’‘难点’”策略

学生在自己学习的时候能提出问题，反映出自己的疑惑，但是，在许多场景下，学生自己认为学会了，而实际并没有学会。因此，不要期望学生能把自己没有学会的全部提出来，教师应该设计预设问题。另外，让学生带着教师预设的问题进行独立学习、合作学习，也是对学生自己学习的帮助。这些教师设计的问题、习题往往是学生自己学习的“脚手架”。应用后“茶馆式”教学进行教学，预设问题往往是教学效果优劣的关键，它是后“茶馆式”教学的核心技术。

有人说：“学生自己能学会的都是浅层次的，只有教师讲解才是深层次的。”深与浅是相对的，而学生自己是否学会应该有客观标准，这个标准就是教师制定的课堂教学目标。因此，教师预设的问题应该紧扣教学目标。

教学目标往往反映了教师对教学重点的理解，也反映了教师对学生可能遇到的难点的假设。课堂教学时间有限，教师预设问题不可能面面俱到，预设问题的设计更应该突出“重点”“难点”。过去也曾强调教师精讲，讲什么？讲“重点”“难点”，后“茶馆式”教学强调讲学生自己不能学会的。教师在备课中分析出的“重点”“难点”，不是用于教师的讲解，而是用于问题的设计。

后“茶馆式”教学改变了课堂教学的逻辑结构。有人说，后“茶馆式”教学是否不要学科和学科的逻辑结构了？非也。后“茶馆式”教学强调的是在教师的帮助下，让学生自己建构学科和学科的逻

图 3-9　语文教研组组长、特级教师陈美

辑结构。突出“重点”“难点”预设问题是学生自己建构不可或缺的重要教师帮助。

静教院附校推进后“茶馆式”教学已经多年，我校中学语文教研组组长、上海市语文特级教师、静安区名师陈美老师说，她目前备课花时间最多的是问题的设计。这不但说明了设计问题的难度，也反映了设计问题的重要程度。

四、“教学评价与课堂教学融为一体”策略

如果以教师的讲解作为课堂教学的唯一形式，那么，教学的评价往往在课堂教学之后。即使在课堂教学中教师也会提出些问题，但常常是教师自问自答、自娱自乐、自说自话。偶然有学生回答，也只是个别的，而且集中在几个学业基础比较好的学生身上，其作用常常是代替教师讲话，意义不大。后“茶馆式”教学提倡“学生自己能学会的，教师不讲”，许多教师听后的疑惑是：“如何知道学生哪些学会了，哪些没有学会?”因此，后“茶馆式”教学一定是把教学评价引入课堂教学的。

学生自己独立学习时，往往让他们带着教师预设的问题和习题等，这些问题和习题用于每个学生对自己的评价。产生的结果往往是有人能回答，有人难以回答；有人自己认为能回答了，但回答是错的。学生对教师预设问题、习题的评价，让教师及时地调整教学，也让教师了解学生究竟哪些还没有学会。而在合作学习中，有学生对学生的评价，还有学生对自己的评价。如果教师参与了某些小组的合作学习，那么还有教师对学生的评价。教师对学生的评价可以是书面的，也可以是口头的。如果是口头的评价，只能由一位同学回答，这位学生需要教师做选择，而这会反映教师不同的价值取向，如有的教师为了进一步暴露学生的问题；有的教师可以通过这位学生的回答判断全班学生的掌握情况(例如，学业中偏下的学生)；也有的教师是为了对某些同学进行鼓励。所有这些评价，其作用在于帮助学生自己建构起知识与知识体系。由此看来，后“茶馆式”教学不仅把教学评价引入课堂教学，而且已经把教学评价与课堂教学融为一体了。

常说教学有五环节：备课、上课、作业、辅导、检测。在以教师讲、学生听为唯一组织方式的课堂教学中，这些教学环节是“串联”的。在后“茶馆式”教学中，教学的五环节就成了“并联”“混联”的。备课中有学情分析，这是静态的分析，不但要分解学生先学之前的基础，还要分析学生先学之后的可能状况。教学过程中也有学情分析，这是动态的分析，不仅需要判断备课时的学情分析是否恰当，还要判断那些备课时没有预设到的学情。上课时有教师的讲解，更多的是学生自己独立学习和合作学习，把评价，也把作业、辅导融入课堂教学。新的教学五环节的解释正反映了课堂教学方式的改革、课堂教学的转型。

五、“学生先解疑，教师后解疑”策略

“学生先解疑，教师后解疑”策略与“学生自己能学会的，教师不讲”的基本特征是一脉相承的。学生自己能学会，不仅包括学生个体学会的，也包括学生群体学会的。只要学生自己能学会的，教师都不需要讲，不需要解疑。

这个策略看似简单、操作性强，教师容易接受，然而，在实际的课堂教学中很难从“应然”到“实然”，变成教师的教学行为。

原因之一，教师太习惯于自己讲解，也太习惯于自己对学生解疑。在静教院附校推进后“茶馆式”教学的过程中，许多教师虽然有改革的认同，但进了教室，明明可以让学生解疑的，自己“一不小心”又冲到了学生解疑的前列。

原因之二，有的教师认同了后“茶馆式”教学的基本教育理念，但在学生对学生的解疑上存在疑虑：学生解疑如果回答错了怎么办？这是事实，有解疑出错的可能。其实，有谁能保证教师的解疑就完全没有出错的可能呢？问题是他们出现的可能性有多大。我们认为，不管是教师还是学生，出错都是小概率事件，小到可以忽略不计的程度。另外，静教院附校做过长期统计，问学生：你遇到学习上的问题时，最想请教的是谁？无一例外，在教师、家长和学生三者中，选择最多的都是学生。这可能与学生对学生更了解有关。更重要的问题是，学生在对别的学生解

疑时，自己还在提高。

六、“关注有价值的生成性问题”策略

在以教师讲解为唯一教学方式的课堂教学中是不会产生生成性问题的，即使学生有生成性问题，也被忽略和扼杀了。在后“茶馆式”教学中，学生的生成性问题不但会产生，还可能充分暴露。但是，教师应该关注有价值的生成性问题。

静教院附校的后“茶馆式”教学对外有许多开放活动。有人听了课后反映道：“班中肯定还有两位学生的疑惑没有解决。”他们对充分暴露、解决“相异构想”的基本特征表示不解。其实，我们对“没有教不好的学生，只有不会教的教师”的观点不敢恭维。可能没有人走进医院对着医生说：“没有治不好的病，只有不会医治的医生！”教育可能比医学复杂，医生的开刀完全由医生做主，但是教育好学生一定有学校、家庭和社会三个方面的作用。课堂教学是一个十分复杂的活动，后“茶馆式”教学要达成的效果是：同样的教师教同样的学生，在原有基础上提高更快，学会的学生更多。这里，我们并不反对关注每一位学生，只是认为很难在一堂课内解决所有的问题，也不认为后“茶馆式”教学能解决所有的教学问题。因此，在后“茶馆式”教学的课堂中，学生的生成性问题是要解决的，但是往往只能解决有价值的生成性问题。

何谓有价值的生成性问题呢？它主要包括三个方面：其一，学生的典型错误。它可以涉及核心知识、核心概念，也可以是错误比例较高的问题。其二，学生的不同思维。一种思维是概括不了全部的，文科如此，理科也是如此。不同思维，不一定是正确与错误之分，也可能都是正确的，但思考的角度、方法、途径是不同的。其三，尤为重视有创意的“闪光点”。“相异构想”不但有错误的，也有正确的，甚至也可能是“闪光点”。学生创新素养的培育与不断暴露和解决“相异构想”有关。

七、“独立学习与合作学习相结合”策略

独立学习与合作学习是在教师的帮助下，学生自己学习、自己建构

学科和学科体系的两个最主要的教学组织方式。它反映了对教学本质的理解，体现了课堂教学的根本转型。两者在培养学生学习能力上的作用是不同的，但两者又是相互联系的。

学会独立学习是学会学习的基础。今天，信息技术日新月异，学生的独立学习不仅可以通过文本，通过实验、实践，还可以通过互联网，通过生动、形象的视频。独立学习是学生自己建构知识体系的基础，是培育兴趣、好奇心的重要途径，也是学生终身学习、持续发展的基石。

合作学习往往是独立学习之后很自然的选择。人是有差异的，独立学习之后这种差异更大，而且是方方面面的。小组合作学习把这些差异视作教学资源。其实，如果不进行学生间的小组合作学习，一个教师是根本无法解决这么多学生中的各种“相异构想”的。一个人无法独立生活在世上，而且，目前绝大部分成果也不是一个人能独立完成的。生活需要合作分享，学习也需要合作分享。合作学习能培养学生的倾听能力、表达能力和与人沟通的能力。

后“茶馆式”教学把独立学习和合作学习相结合作为教学组织方式转变的策略，但是一堂课的时间是有限的，有时表现出两种组织方式的结合应用，有时仅为独立学习，有时仅为合作学习，应该视不同教学内容而定。

八、“‘做中学’与‘书中学’并举”策略

独立学习、合作学习与“做中学”“书中学”阐述的都是教学方式。前者是学习的组织方式，后者是学习的认知方式。独立学习、合作学习强调的是结合，“做中学”“书中学”强调的是并举。所谓并举，就是在学习同一学习内容上教师应该做恰当的选择，是用“做中学”的方式，还是用“书中学”的方式。并举不是取代，不是用“做中学”的方式取代“书中学”的方式，更不是用“书中学”的方式取代“做中学”的方式。一般来说，目前中小学生的学习认知方式还是以“书中学”为主，即让学生学习前人已经总结出的知识。但是“做中学”的学习认知方式不可或缺，原因在于知识不仅在于最后的结论，掌握知识的过程也是一种知识，是一种默会知

识，默会知识支撑着创新能力的提升。然而，“做中学”所要求的时间往往大于“书中学”。静教院附校在“做中学”与“书中学”两种学习认知方式的取舍时往往考虑两个条件：其一，学生在学习这一内容上缺乏经历，或经历不全面，学生很难用“书中学”的方式掌握。其二，涉及的核心知识和核心概念。

虽然教学策略在课堂教学研究中尚属中观层面的问题，但其在课堂教学中的具体操作意义已经凸显。

第四节　后“茶馆式”教学的教学手段

对于教学手段，教育专家有不同的界定，一般可以理解为教学过程中运用的工具、媒体和设备等。同时，常常把一本教科书、一支粉笔、一块黑板、一幅挂图等视为传统教学手段；把投影仪、录音机、录像机、电视机等视为现代教学手段。社会在发展，目前教学手段的现代化往往以信息技术为标志。后“茶馆式”教学的教学手段没有以时间维度进行划分，分为“传统”和“现代”，而是将“讲台”之上应用和“讲台”上、下同时应用进行区别。后“茶馆式”教学主张教学手段的应用应该从“讲台”之上延伸到“讲台”之下，这种延伸体现出教学手段在应用上的现代。只有当课堂教学从“教师的讲堂”变成“学生的学堂”，才会有这种应用上的现代。

一、具有后“茶馆式”教学基本特征的特定手段

后“茶馆式”教学改变了教学的逻辑结构，从以教师认为的学科逻辑结构为线索进行讲解，变成由教师帮助、以学生的认知(或学习)为线索，让学生自己建构。后“茶馆式”教学是由教师帮助、学生自己学习的教学，凸显了两个基本特征：其一，学生自己能学会的，教师不讲；其二，关注学生“相异构想”的发现与解决。后“茶馆式”教学建立“脚手架”，以此作为教学手段，用于暴露、解决学生的“相异构想”，帮助学生自己学习。

（一）“脚手架”的特征

苏联教育学家、心理学家维果茨基倡导“最近发展区”理论。常常有人简单地把它归纳成一句话：“最近发展区”就是跳一跳能摘到的果子。这样的归纳不全面，但是“跳一跳能摘到的果子”确实是“最近发展区”的核心概念之一。在“最近发展区”教育理论的指导下，产生了“支架式”教学。之后，有人又把“支架”称作“脚手架”。譬如教育部原副部长韦珏院士组织的“做中学”项目就把“支架”称作“脚手架”。“最近发展区”是后“茶馆式”教学的教育理论支撑之一，后“茶馆式”教学把“支架”也称为“脚手架”，很形象地将其归类为工具，作为教学手段。

1.“脚手架”有别于“坡度”“铺垫”

有教师说搭建“脚手架”不就是我们教学中常说的“坡度”“铺垫”吗?它们是有区别的。“坡度”指斜面的底角，“斜面”不像“脚手架”，它没有空隙，不用“跳”，比较安全，而且“坡度”越小越安全。“铺垫”帮助攀登，不一定需要跳跃。“脚手架”与“坡度”“铺垫”更大的区别在于：“坡度”“铺垫”往往是教师讲解时的需要。教师期望在自己的讲解中减少“坡度”，放上“铺垫”，使更多的学生能够听懂。“脚手架”是教师设置的，用于学生自己学习的。因此，更确切地说，“脚手架”是一种供学生学习的“学具”。

2.“脚手架”又是一种特定的教学手段

一般的教学工具虽然在掌握上有难易之分，但是只要掌握了就能反复地、划一地应用，教学中“脚手架”则不然。后“茶馆式”教学产生后，试图进行不同类型学校的普适性验证。本校一位数学教师到“验证校”上课，教授同一教学内容应用同样的教学方式、方法，但是效果并不理想，为什么呢?经过分析，研究聚焦到教师设计的问题、练习上，也就是帮助学生自己“跳跃”的“脚手架”没有设计好。了解这个班的学情之后，这位教师对问题和习题做了适当调整，再进行实践，效果完全凸显。“脚手架”的创设不但依据学科、依据教学目标、依据教师认为的重点预判学生可能出现的难点，“脚手架”的创设更要关注学生，关注不同班级学生的差异，关注学生的起点，而且要正确地把握学生“跳一跳”能够达到的高

度。也就是说，同一教学内容，这个班级适合的“脚手架”，另一个班级不一定适合，它是一种特定的教学手段。

3.“脚手架”既可以供学生独立学习，又可以供学生合作学习

“脚手架”既可以是学生个体“攀登”“跳跃”，也可以是学生群体“攀登”“跳跃”，成为师生、生生相互帮助下的一种学习工具。

（二）“脚手架”的功能

“脚手架”的功能是多方面的，主要表现为以下三个方面。

1. 用于帮助暴露、解决学生的“相异构想”

后“茶馆式”教学认为，“教师讲，学生听”绝对不是学生学习的唯一方式。任何学生在学习新知识之前，都有他们不同的知识与经历。这种知识与经历有的能帮助学生掌握新知识，甚至会出现“闪光点”，有的却与新知识相悖。学生真正学会需要对话，与自己对话、与他人对话、与客观世界对话，需要暴露、解决学生的“相异构想”。学生攀登“脚手架”的过程，正是对话的过程。我们期望学生边攀登边暴露“相异构想”，边解决“相异构想”。

2. 用于教学评价

后“茶馆式”教学的基本特征之一：“学生自己能学会的，教师不讲”。怎么能知道学生哪些学会了，哪些没有学会？哪些自己认为能学会，实际上并没有学会？因此，在后“茶馆式”教学中，作为教学手段的“脚手架”，就要发挥评价的功能，不但评价结果，而且评价过程，评价学生在攀登过程中产生的种种问题。正如前文阐述过的教学五环节，它已不是简单的“串联”，而是“并联”的，课堂教学中有辅导、有检测、有评价，且评价一定是融入教学的。

3. 用于增加学生的学习经历

攀登“脚手架”的过程是学生认知的过程、学习的过程。这个过程可以是“书中学”，学生获得他人已经总结出的知识；也可以是“做中学”，学生通过实践性、研究性学习获得直接知识。后“茶馆式”教学把学生获得知识的过程也看作知识，称默会知识，默会知识支撑着创新能力的提升。例如，

初中物理中密度的教学，教师完全可以提出任务——设置“脚手架”，让学生自己去探究相同物质质量与体积的关系，得出物理量密度。

（三）“脚手架”的地位

当课堂教学转型、教学方式发生根本转变之后，一堂课的效能高低、成功与否，往往取决于“脚手架”的设计。

图 3-10 日本教育学会原会长佐藤学(左)和上海市有关市区教研员到静教院附校观课、评课。佐藤学对后“茶馆式”教学给予充分肯定

图 3-11 静教院附校数学教师陈燕的课被上海市教委教研室徐淀芳主任评为最能反映后“茶馆式”教学的课堂教学之一

2010 年 6 月，日本教育学会原会长佐藤学访华，与上海市、区中学数学教研员到静教院附校听课。任教七年级的数学教师陈燕执教了一课《实数运算的复习》。

这节课的设计结构并不复杂，教师为学生设计了两部分练习，第一部分六道题，第二部分两道题。

第一部分练习题如下：

一、填空

①$\sqrt{8}\div\sqrt{2}\times\frac{1}{\sqrt{2}}=$________；　② $\sqrt{24}\div\sqrt{6}\div\sqrt{2}=$________；

③$(\sqrt{8}-\sqrt{2})\div\sqrt{2}=$________；　④$\sqrt{8}\div(\sqrt{8}-\sqrt{2})=$________；

⑤$-2^{-2}\div4^{-\frac{1}{2}}=$________；　⑥$(2\times2^{\frac{1}{2}})^{\frac{2}{3}}=$________。

教师要求学生独立做第一部分练习，之后小组讨论交流计算过程和结果以及计算依据，再大组交流，由各小组代表汇报这些计算中遇到什么困难，如何解决的，同伴给你什么启发，有没有好的想法与大家分享。接着，教师做简单小结，提醒学生运算顺序、运算律、运算性质。

而后，教师再要求学生独立做第二部分练习，练习题如下：

二、计算	
① $\sqrt{-(2-\sqrt{2})(\sqrt{2}-2)}=$________；	② $[(-2)^{-2}]^{\frac{3}{2}}=$________。

之后，又是小组讨论和大组讨论(包括教师讲解)。

就这样，一堂课结束了，这堂课获得观课者的好评。上海市教委教研室徐淀芳主任评价说这是他听到的最能体现后“茶馆式”教学基本特征的课。佐藤学说：“想不到中国还会有这样的课！”他不但充分肯定了这堂课，而且还向学校索取了这堂课的教学设计，要写入他的书中。

课堂教学之后，学校对这个班的 41 名学生做了课后测评，竟然有 30 名学生获得 100 分。这堂课成功的关键是什么？是这两部分练习题目的设计，可以说这些题目汇聚了静教院附校中学数学教研组教师的教学经验与智慧！这两部分练习可以称“任务单”“学案”等，称什么名字无关紧要，其本质就是帮助学生自己学习的“脚手架”。优秀的“脚手架”达到了暴露学生问题充分、解决学生问题全面、评价学生学业精准的目的。后“茶馆式”教学把“脚手架”的设计作为教学的核心技术，它往往决定了教学效能的高低。

（四）“脚手架”的应用

“脚手架”形式多样，可以是书面的，也可以是口头的；可以是问题、习题，也可以是某一项“任务”。

静教院附校在对“脚手架”的研究上，聚焦了课堂教学中的问题设计。这里的问题不是教师自问自答的问题，而是由教师设计、学生回答、帮助学生学习的问题。教师设问的目的不仅在于暴露学生的“相异构想”，解决学生问题，而且在于让学生自己提出问题。学生会学习的重要标志就是能够提出有意义的问题。为此，学校组织开展了“课堂教学中问题组合的研究”，以在研修中提高教师形成“问题群”“问题链”“问题矩阵”等问题组合的结构意识。

案例 3-4 和案例 3-5 中问题组合设计案例来自教师们的智慧分享。

案例 3-4：

角的度量

静教院附校　朱晓晨

1. 问题设计的依据

(1)课的介绍

本节课是沪教版《数学》四年级上册中的一个内容，主要学习角的度量单位，并解决使用量角器量角的问题。本节内容在学生初步认识角的基础上进一步学习角的度量，说明角的计量单位及其规定，介绍了几个常见的角及其大小关系，呈现了角的度量工具——量角器，并说明了量角器的使用方法。本节课注重学生使用工具的能力，为后续学生使用量角器画角做准备。

图 3-12　朱晓晨老师执教《角的度量》一课

(2)教学资源和学情分析

教学资源：沪教版《数学》四年级上册数字教材、平板电脑、圆形教具、几何画板演示及 PPT。

学情分析：先学之前，学生已经掌握测量线段的方法，知道角的概念及其表示方法，认识锐角、直角和钝角，但不知道如何表示它们的大小；先学之后，学生知道角的计量单位，但对其规定可能存在困惑，学生认识了几个常见的角，对它们之间的大小关系有初步的了解，认识量角器，但在具体测量时使用方法和读数可能出现错误。

(3)教学目标

知道角的计量单位“度”及其规定，知道直角、平角、周角的度数，掌握锐角、钝角的范围，以及锐角、直角、钝角、平角、周角之间的大小关系。

认识量角器，初步会用量角器测量角的大小。

(4)重点难点

重点：知道角的计量单位“度”及其规定，知道直角、平角、周角的度数，会正确使用量角器测量角的大小。

难点：会正确使用量角器测量角的大小。

2. 问题组合的呈现

本节课呈现的问题按顺序分为四个环节：①回顾线段和角的相关知识；②角的计量单位及其规定和常见角及其大小关系；③量角的工具及量角的方法；④课后自主研究。第一环节帮助学生建立本节课的框架；第二环节的问题设计主要针对第一个教学目标；第三环节的问题设计主要针对第二个教学目标；第四环节的问题设计将课堂上的学习延伸至课下，进一步研究。通过这四个环节帮助学生达成本堂课的学习目标。(见表 3-5)

表 3-5　问题组合呈现——角的度量

问题链	问题群	设计意图
回顾线段和角的相关知识。	1. 测量线段长度的单位有哪些？ 2. 这些单位的图形都是什么？ 3. 使用什么工具？怎样测量？ 4. 角是怎么形成的？	复习线段的度量单位和方法，由线段的度量引发学生对角的度量的思考，使学生形成类比思维，并引出课题。
角的计量单位及其规定是什么？ 常见的角及其大小关系是怎样的？	1. 角的计量单位是什么？它是怎样规定的？ 2. 你认识了哪些角？它们之间有怎样的大小关系？ 3. 练一练 (1)钟面上，几时，时针和分针成直角？ A. 3:00　B. 12:00　C. 4:00　D. 9:30 (2)钟面上，几时，时针和分针成平角？ A. 9:00　B. 12:00　C. 6:00　D. 7:30 (3)钟面上，几时，时针和分针成钝角？ A. 1:00　B. 10:00　C. 6:10　D. 7:30	这一组问题针对第一个教学目标，帮助学生解决角的度量单位及其规定这一问题，并认识几个常见的角。用一组问题引导学生学会阅读教材进行自学，注重知识之间的关联性，指出学生学习的重点。 通过想象生活中的角，并通过一组练习帮助学生建立角的表象，在知道这些常见的角的基础上加以应用。

续表

问题链	问题群	设计意图
用什么工具量角？怎样量角？	1. 量角的工具是什么？它由哪些部分构成？ 2. 怎样量角？ 3. 做一做：量出下图中各个角的度数。 1　2　3	1. 这一组问题针对第二个教学目标。学习了角的度量单位后，指导学生阅读教材解决如何量角的问题。通过学生量角的示范，对应教材中的操作说明，进一步指导学生学会阅读教材。 2. 在操作中学习使用量角器的方法。本组练习设计了三个不同的角，充分暴露学生的“相异构想”。∠1 和∠2 暴露学生读度数时读内圈还是外圈的问题，∠3 暴露学生是否能旋转量角器进行测量。这一环节发挥互动优势，学生教学生，相互启发解答疑问，初步解决测量过程中的一些常见问题，获得使用量角器的方法。
课后自主研究。	大于 180°小于 360°的角叫作什么角？想一想∠4 怎么测量？ 4 ∠4=________	分层练习，巩固提升：(1)学生可以通过网络搜索知道大于 180°小于 360°的角叫作优角；(2)测量∠4 的方法有两种，可以是 360°－100°＝260°，也可以是 180°＋80°＝260°，学生可以用不同方法完成这一练习。

后“茶馆式”教学是遵循学生认知规律，由教师帮助、学生自己学习的教学。学生自己能学会的教师不讲，但在学生需要之处教师应给予帮助。在这个环节，教师给予学生的帮助是通过回顾已有知识和板书设计帮助学生建立本堂课的基本框架，从一般知识的学习，上升至一般方法

的领悟。帮助学生感知无论是度量线段还是度量角，它们的一般方法都是一致的。

在学生阅读课本学习并尝试解决这些问题的过程中，教师适时地指导学生如何阅读课本，通过动画帮助学生更好地理解怎样规定角的单位，使学生建立几个常见角的概念。为了即时检测学生的学习情况，在这个环节设计了一组练习，使评价与课堂教学融为一体。

借助信息技术教师可以迅速知道学生的答题情况，通过交流讨论并在平板电脑内设置答题帮助，使学生可以独立纠错，提高课堂效能。

知易行难，学生通过自学课本知道量角的方法，但将知道的方法运用到实际操作中是存在困难的。因此，本环节先由学生上台演示量角的方法，然后设计一组练习帮助学生在操作中学习。

3. 问题效果的反思

(1)问题的设计基于教学目标、紧扣教学目标

第一组问题帮助学生复习线段的度量方法后自然引出角的度量；第二组问题的设计基于第一个教学目标，解决了角的单位及其规定、几个常见角的大小这些问题；第三组问题的设计基于第二个教学目标，主要解决用什么工具怎样量角；最后一个问题是对本节课内容的延伸，为学生进一步自主学习提供资源。最终将这节课要回答的关键问题在板书中加以体现，通过这样的设计能够帮助学生把握整节课的脉络。

(2)问题的设计能够实时评价学生的掌握情况

在第一组练习中设计了三道选择题，这组问题要求学生先在脑海中形成各个时刻时针与分针所夹的角的表象，然后判断出是什么角，这组问题既有一定的综合性，与实际生活相联系，又能够检测学生是否掌握了这几个常见角的大小和形态。本环节借助计算机练习统计批阅和答题帮助功能，学生提交后自动统计正确率，教师选择错误较多的题进行全班交流，并将批阅结果和钟面图片作为答题帮助发送给学生，帮助学生自主纠错，力求做到课堂教学与评价融为一体，提升课堂效率，培养学生的自主学习能力。

(3)问题的设计能够充分暴露学生的“相异构想”

在第二组练习题的设计中，虽然只采用了三个角，但这三个角所承载的功能各不相同，在测量这三个角的过程中能够充分暴露学生的“相异构想”。∠1是锐角，∠2是钝角，∠1和∠2互补，在读数时学生容易将∠1错读成120°，将∠2错读成60°，教师要引导学生先观察再读度数。∠3的位置发生变化，角开口向下，学生需要旋转量角器，并同时做到点重合和边重合。∠3的度数是45°，这个角也让学生学会读出度数非整十数的角的度数，有一定的难度，但又是学生能够通过合作学习加以解决的。因此，设计问题不在于题目的多少，更重要的是能够选择出恰当的、具有代表性的问题。

(4)将问题组合起来呈现有利于提升学生的思维质量

如果将问题一个一个地抛给学生，无形中教师就把教学内容分割成了碎片，不利于学生对学习内容的整体把握。本节课将每一个教学环节中的问题整体呈现给学生，学生就更容易把握这些问题的内在联系，对学习内容便有了整体的把握。在此基础上，学生有了自我反思的空间，感知到对哪些问题我能够快速地理解和掌握，对哪些问题我可能存在困惑，从而更有针对性地学习。

案例3-5：

扬州茶馆

静教院附校　陈岑

1. 问题设计的依据

教学目标的确定基于文本和学情。

(1)基于文本

《扬州茶馆》是小学语文四年级第一学期第五单元第五篇课文。这篇是朱自清的散文《说扬州》的节选。课文展现了20世纪二三十年代的历史文化和人文景观，作者如一位老茶客，带着读者到扬州茶馆饮茶、吃点心。在不紧不慢中，作者娓娓道来饮茶的先后顺序、烫干丝的具体步骤，以及扬州小吃的特色等。

①关于内容

图 3-13　陈岑老师执教《扬州茶馆》一课

本文层次清晰，围绕全文的中心句“扬州茶馆吃的花样最多”展开说去。学生在阅读文本时很容易认为吃的花样也就是吃的种类，实则不然。这里的花样除了指茶点的种类外，还指吃法、制作方法、口味等，“花样”的内涵极为丰富。因此，教学就以理解中心句为教学重点。

②关于语言

其次，根据课标，语文的学习应着重培养学生的语文实践能力。本篇课文中可以提炼的语言训练点是“……且不用说，最……还有……”的并列表述的句式。这是对过去学过的“有……有……还有……”这种表达方式的提升。但对于学生来说，这又是一个难点，需要通过合作来学习。

③关于文化

课文字里行间中都透着茶馆的一种闲适、随性的氛围，结合一些历史背景，教师要让学生感受这种氛围，继而体会扬州独特的文化，甚至感受中国文化的多样性。

(2)基于学情

①学生“先学”前的学情分析

四年级学生已掌握了多种学习字词的方法，并能根据老师的要求独立预习课文，解决字词的认读。在阅读理解上，学生具备一定的阅读能力，能读懂课文的主要内容。在第五和第六单元中，学生学习了复述的方法，但不是很熟练，需要在教师的提示下进行复述。

②学生“先学”后的学情分析

通过独立学习和四人小组的合作学习，学生能读懂“花样”体现在茶点的种类繁多和制作独特精致上。可吃法不同一般、味道不同寻常这两点较难概括和体会，需要教师通过搭设脚手架，帮助学生逐步学习。在复述上，通过同桌间合作，学生仍存在一定的困难，因此，需要通过多次合作学习、反馈评价来突破难点。

(3)基于文本体式、学生实际确定教学目标

①自主识字，读准“沏、滗、兜、揽、蒲”及多音字“嚼”的字音，理解“花样、兜揽、沏、滗”等词语的意思。理解“扬州茶馆吃的花样最多”这句中心句的含义。

②能运用“……且不用说，最……还有……”的并列表达方式来介绍扬州茶馆的茶点。

③通过品读课文，感受扬州文化，进而体会中国多样化的地域文化特色。

2. 问题组合的呈现

表 3-6 问题组合呈现——扬州茶馆

问题链	问题群	设计意图
扬州茶馆吃的花样多体现在哪里？	1. 我们已经预习过课文了，扬州茶馆给你留下什么印象？	对学生预习的反馈，引出学生最容易感受到的扬州茶馆吃的花样。
	2. 快速浏览课文，文中最能概括扬州茶馆特点的句子是哪一句？	整体感知课文，抓住全文的中心句，厘清文章行文思路。
	3. 除了茶点种类繁多外，你还觉得扬州茶馆吃的花样多体现在哪里？ (1)吃法不同一般 (2)制作独特精致	与之前的预习反馈相衔接，提出引导学生思考的核心问题。由一个问题引导学生展开合作学习，在讨论中暴露问题，共同解疑。 给予学生自主学习的选择空间。

续表

问题链	问题群	设计意图
学习句式“……且不用说，最……还有……”	1. 比较“有……有……还有……”和“……且不用说，最……还有……”哪一句好？为什么？	从学生已知的入手，将旧知与新知进行比较，体会新学习的并列表述的作用和表达效果。
	2. 最可口的小笼点心是什么滋味？课文是如何描写的？	学习第三小节的语言表述，体会句式作为总起句在第三小节的段落结构中所起的作用。 为之后复述搭设脚手架。
	3. 你能用上个句式介绍扬州茶馆的茶点吗？	从学习到应用，在实践运用中掌握新知。
介绍作家作品，感受扬州独特的茶馆文化。	1. 学了这节课，你知道为什么说“扬州茶馆吃的花样最多”了吗？	发挥学生自主性，回顾学习内容。
	2. 扬州茶馆给你一种怎样的感觉？	感受扬州独特的茶馆文化。
	3. 课外延伸：介绍作家作品。	从文化、作家的角度更深入地理解作家想要表达的情感。
	4. 除了扬州茶馆，你还知道中国的哪些独特地域文化？	拓展延伸，不仅局限于扬州文化，而是体会中国多样化的文化特色。

3. 问题效果的反思

(1)问题组合统领教学既便于学生理解文本内容，又带学生进入情境、感受文化

在《扬州茶馆》这篇课文中，通过文本解读知道整篇文章都围绕中心句“扬州茶馆吃的花样最多”展开。学生在理解这句话时，也是有困难的，特别是对于“花样”的理解。学生初读课文时，浅层次地将“花样”理解为“种类”。为了突破这个难点，教师就直接提出“如何理解扬州茶馆吃的花样最多”这个问题作为统领教学的核心问题。通过问题组合帮助学生解决核心问题。

问题组合除了能帮助学生理解文本内容外，还将学生带入了扬州茶

馆这一独特的文化环境中。绝大多数孩子都没有真正体会过扬州独特的茶馆文化，而在提出“如何理解扬州茶馆吃的花样最多”这个问题后，其实无形中就将学生置于这么一个文化背景下，让学生时时刻刻都从独特的茶馆文化的角度去思考理解。这样能帮助学生走进文本，感受文化。

(2)问题链层层深入，加深学生对核心问题的理解

在核心问题的统领下，由问题链层层深入，分别从理解花样多表现在哪里、学习运用句式“……且不用说，最……还有……”、感悟茶馆文化三个角度进行学习。

理解花样多具体表现在哪里是从对文本理解这第一层入手的，而学习运用句式是在理解文本内容后，站在整篇课文的篇章结构角度上对文本的一种复述，这又加深了一层。最后感悟茶馆文化，那更是上升到了文化的角度，学生需要在了解作家作品、扬州的历史背景后，才能更深层次地体会。因此，问题链就是通过这样几个问题，帮助学生层层深入地理解核心问题的。

(3)问题群引导学生自主学习思考，训练学生的思维能力

问题群是“横向”的问题组合。从学生的角度，通过解决一个问题学习到一种思考方法，触类旁通，然后进行自主学习。从教师的角度，就是从扶到放的过程。问题群就是教师搭设的脚手架。

通过提出“扬州茶馆吃的花样最多体现在哪里”学习课文的三个小节。学生在学习第一小节中卖零碎的“兜揽”时就会遇到困难，暴露问题，通过在大组中理解“兜揽”的意思、表演“兜揽”来体会花样体现在吃法不同一般。突破这个难点后，第一小节剩下的内容，学生就能按照这个思路进行思考。

在句式学习时亦是如此。学生在第一次小组讨论时就遇到了困难。一个是“最……”后面要填的内容，一个是学生很难选择“且不用说”之前的内容，还有一个是学生不理解“且不用说”之前和之后的内容要是同一类。在小组中充分暴露出问题后，大组解疑，再次进行小组讨论。在两次小组讨论后，学生不仅仅能按照课文内容来介绍，甚至能仿照课文来叙述。

二、具有后“茶馆式”教学基本特征的特定应用

信息技术无疑是现代教学技术。然而，现代教学技术是否一定成了现代教学手段，就不一定了。信息技术在课堂教学中的广泛应用已有十余年了。应该看到，由于大量的课堂教学的教学方式没有根本变化，信息技术在课堂教学上的应用往往只是在“讲台”之上。后“茶馆式”教学重视信息技术在课堂教学中的应用，而且这种应用体现出具有后“茶馆式”教学基本特征的特定应用，即不但有“讲台”之上，还有“讲台”之下，应用从“讲台”之上延伸到“讲台”之下。在“讲台”之下的应用主要有以下三个方面。

（一）信息技术手段应用于学生独立学习

后“茶馆式”教学的教学方式比“茶馆式”教学更加多元，从组织方式维度看，有独立学习和合作学习；从认知维度看，有“书中学”和“做中学”。后“茶馆式”教学的教学方法比“茶馆式”教学更加灵活，学生可以先读，也可以先听、先练，也可以先议。如果教师采用的教学组织方式为独立学习，认知方式为“书中学”，采用的教学方法是“先读”。那么，过去只能是先读文本。而引入信息技术就可以从静态变为动态，从无声变为有声，从文字变为图文并茂。例如，戴晨昊老师执教“The funny side of police work”一课时，为了加强学生个性化的听读训练，她在课前将课文生词标注了简易英文。课上，学生利用平板电脑阅读文本，在阅读时只需将光标移动到该单词上，屏幕上就能跳出相应注释。这样既能帮助学生理解文本大意、顺畅阅读，同时学生也能根据自己的阅读习惯选择听读全文、选读句子或自选个别生词读音，也可在自行默读后再听读全文等。这充分尊重了学生个性化的听读习

图 3-14　戴晨昊老师的英语数字课堂教学

惯，打破了原先课堂由老师统一组织课堂听读的环节。

教学资源的多样性增加了学生独立学习的兴趣；教学资源的丰富性，增加了学生独立学习的选择性，满足了学生个体间的差异。更为可喜的是，学生在使用信息技术进行独立学习时，又会产生许多新的教学资源，包括问题、心得等。这时，学生已不是单一的知识“消费者”，而是知识的创造者。基于信息技术的特殊功能，教师还能了解学生独立学习的某些信息，如哪些内容是学生特别关注的、哪些内容是学生不感兴趣的。这些是过去学生用文本学习时教师根本无法获得的。当然，今后是否一定是“电子书包”取代经典课本，还有不少问题需要讨论。

（二）信息技术手段应用于学生合作学习

课堂教学中合作学习的形式一般有两种：小组合作和全班合作。小组合作往往是3～5个学生一组进行合作学习。学生怎样分组？有同质分组、异质分组或随机分组。所谓同质，就是学业水平基本相同的学生；所谓异质，就是学业水平相差较大的学生；所谓随机，就是教师没有刻意以学业水平分组，例如，仅以身高排序，然后分组。三类分组是各有利弊的，而且各学科学生的学业水平也不相同，即这门学科较好的学生，另一门学科不一定是好的，要做到同质、异质就需要不断地更换座位。后“茶馆式”教学的小组讨论是随机的，也是相对固定的，当然也有弊端。当信息技术引入小组合作学习，那么既可以是固定的小组内交流，还可以跨小组交流，而且跨小组交流是学生自己选择的，而不是教师规定的。例如：七年级的一堂语文课《邹忌讽齐王纳谏》，执教的俞青青老师就很好地运用了平板电脑的信息技术，让学生在课堂上开展了两次合作学习。

图 3-15　俞青青老师的语文数字课堂教学

俞老师先是调用了数字教材配套练习题引入“讽”字，学生很快理解了这个字的古今异义，并提出“问题链”。然后教师就以“问题群”搭建脚手架，帮助学生理解“讽”“谏”“刺”等不同劝说方式的区别。在第二环节中，俞老师开始让学生小组合作，用不同颜色圈画“家事”和“国事”的相似点，虽然以往的纸质教材也可以做到圈圈画画，但学生无法快速清晰地看到其他小组的圈画结果。而在数字课堂上，学生就可以利用“屏幕墙”实现跨组交流，及时补充其他小组没有找到的点，领会了“讽”的方法。在第三环节中，俞老师又设计了一个小组合作的学习活动，要求学生读完三、四段后用“批注功能”仿写一句话(类似对对子)，并要求说明理由。在交流时，俞老师再次利用“屏幕墙”，有意识地挑选三个不同层次的答案供学生交流点评，帮助学生学会全面思考问题，体会“讽”的效果。

一节数字化课堂教学，所有学生都投入学习活动。学生绝不是在教师的死拉硬拽下学习文言文，而是一个风行水上、水到渠成的过程。

（三）信息技术手段应用于教学评价

后“茶馆式”教学已把教学评价融入课堂教学。上述的“脚手架”是一种教学手段，它有教学评价的功能。然而，用于评价的问题、练习，学生是否回答正确，教师如何获取信息呢？让全班学生一起回答，不懂的学生“混入”其中；要一个学生回答，这位学生是否代表其他学生？目前，在后“茶馆式”教学的实施中，一般采用三种方法进行评价：其一，创设学生自己提问题的时间，即提出学生在自我评价、小组合作评价中产生的问题；其二，在学生小组合作学习时，教师加强巡视，了解学生学习状况，确定大组学习时回答问题的学生；其三，请学业水平中等偏下或偏下的学生回答，其假设是：这位学生学会了，班级中大部分或绝大部分学生已经学会。以上三种方法都可行，但是都不是十分精确。当信息技术用于课堂教学中的学生评价时就能凸显其明显的优势，它不但精确，而且快捷。教师在极短的时间内就可以评价出全班学习的现状。

例如，物理老师周骏的一堂《受力分析》，在课堂上通过信息技术对学生的自学情况及时进行检测评估，立刻就得知哪几位学生有错、错误学生所占比例多大，然后有选择地进行习题的交流，这样大大提高了上课的效率。

数学老师逯怀海利用数学软件 Geogebra，先指导学生自学，再借助云学习平台检测学生的自学情况，然后有针对性地暴露、解决学生遇到的问题。

英语老师沈彦含利用云学习平台发布学生的学习笔记，让学生通过投票平台以点赞的方式评价出最佳笔记，同时也通过平台暴露笔记中的拼写、语法问题，小组内部先纠错，然后再全班共同解决难题。教师则通过互动平台的实时反馈信息对班级整体学习情况有整体了解。

在地理课上，就“上海乡土地理”开展自主学习，盛丽芬老师通过云学习检测学生自学前的知识情况，然后学生借助思维导图软件梳理地理知识结构图，最后利用云学习检测学生学习后的情况。

这种基于信息技术平台上的即时评价与反馈，大大提高了课堂教学效能，拓宽了组际交流，培养了学生的思辨能力，活跃了学生思维，使整个课堂的互动、参与、交融达到最高峰，教师们在实践中对此也较为青睐。

信息技术的运用不但有课堂之内的，也有课堂外的学习。它不但被教师用来作为教学的辅助手段，也用来拓展学生学习、增长技能。王连方老师说：“静教院附校的学生会将自己改编的乐曲制作成属于自己的手机铃声，在音乐课上与大家分享。学生还拿起手机、相机或者专业摄像机，拍摄小实验的制作过程，并编辑成 DV 参与学校科技节《生活中的小

图 3-16 王连方老师在云课堂中指导学生学习

实验》项目评选：有的同学还会两两合作，完成‘火山爆发’的演示实验；有的同学独立完成‘一支笔的最大承重’的实验；几位多人合作的同学则利用肥皂爆炸的实验原理制作了棉花糖变牛轧糖的实验。学生们经过头脑风暴，借助计算机传媒的力量展示了小实验的魅力。学生们还会讨论《二维码及其特性》，用笔记本摄像头扫描二维码链接到相关学习资源；了解二维码的基本原理；讨论二维码存储的信息量和它的大小的关系，二维码如果被撕坏了是否还能读取等问题，并自己动手验证。物理仿真实验平台 Algodoo 的探究，虽然对于七年级的学生还太早，但是有一定科学知识和做中学能力的他们，怎么会被难倒呢？软件的自主探究、设计实验、验证实验、撰写实验报告、交流展示，这一切的一切都让学生们乐在其中。”

信息技术的运用从讲台之上走向了讲台之下，从教师到学生，大家都在学习和使用，在不断地探索实践。信息技术让后“茶馆式”教学更加“现代”，必然也将使后“茶馆式”教学走得更远。

以上介绍了后“茶馆式”教学的两个教学手段。这两个教学手段都从“讲台”之上延伸到“讲台”之下和学生之中。它们都成了学生自己学习的“学具”。教学手段的现代，不但体现在技术、手段的本身，还在于课堂教学中的应用是否现代，是否体现出课堂教学的转型，即由“教师的讲堂”转变到“学生的学堂”。

第五节　后“茶馆式”教学的教学方法

教学方法的研究是一项操作性很强的基础性研究，“教学有法，教无定法”。后“茶馆式”教学有自身的教学理念、概念界定，也有教学策略、方式和手段等。后“茶馆式”教学的教学方法遵循自身的教学策略、方式和手段等，它体现了后“茶馆式”教学的“教学有法”；依据不同学科、年段、课型，以及教师不同的教学风格、教学艺术来确定不同的教学方法，它体现了后“茶馆式”教学的“教无定法”。可以说，后“茶馆式”教学的教学方法有“N”个。

本节，我们挑选了一些富有代表性的后“茶馆式”各学科的教学方法及课例，以供读者参考。

案例3-6：

初中物理规律形成课的教学方法

范佳薇

初中物理课一般分为：新授概念课、规律形成课，以及巩固知识、技能的习题课和复习课等课型。“设计实验—进行实验—归纳结论”是规律形成课的后“茶馆式”教学的一种教学方法，基本环节如下。

1. 设计实验——学生独立设计实验方案，组内交流

教师给出实验目的及相关事项，要求学生设计完整的实验计划。教师依据内容难易程度，预设设计实验方案的困难和问题，可选择指导学生分步设计。如仅要求选择实验器材，小组合作交流后再完成实验步骤设计；也可以给定实验器材，要求学生设计实验中较重要的部分，包括实验步骤或实验电路图以及数据记录表格等。教师给学生充分暴露“相异构想”的机会，并相互解疑；教师则收集“相异构想”，关注学习上有困难的学生，及时组织学生交流，共同解疑。

2. 进行实验——学生进行实验，收集并处理实验数据

师生共同解决了设计实验的“相异构想”后，进入依据设计实验操作的阶段。进行实验是小组合作的过程。小组合作大大增加了引导暴露的空间。教师对学生实验中可能出现的问题能够预设，同时高度关注课堂生成问题，通过巡视观察学生的实验情况，包括操作规范、数据收集等，并给予个别指导。对于实验过程中暴露的典型问题，教师以“生成性问题解疑紧扣教学目标策略”，确定解疑的重点，组织对话。

3. 归纳结论——学生自我归纳实验结论，全班合作交流

教师组织全班交流实验结论。一般而言，实验结论的得出和正确归纳规律总是教学的难点，教师的巡视特别重要。教师要尽快地、最大限

度地掌握学生实验的情况和出现的各种问题，并作为共同解疑的资源。在全班讨论时，教师可以有选择地邀请多位学生进行实验结果展示，引导学生比较、分析不同的实验结论与实验设计、操作过程的关系，然后共同归纳，从而形成物理规律。

【课例】

欧姆定律

——电阻(九年级第一学期)

内容分析

欧姆定律是直流电路中最重要、最基本的规律之一，在整个阶段起着承上启下的重要作用。本节内容学生不仅要掌握欧姆定律，更重要的是深刻领会欧姆定律的形成过程。本节课着重探究“通过同一导体电流与导体两端电压的关系”，其中要能运用控制变量的科学思想、要会画电路图、会设计记录数据的表格、能做出 U-I 图像，并根据图像得出同一导体电流与电压的关系。在下一课时继续探究得出电阻概念。

学生分析

学生原有的基础：在“密度”学习中，学生已经历了“探究物质质量与体积的关系”。整个实验过程，从数据记录的表格(已设计好给学生)到 m-V 图像，到结论的得出，几乎都是教师牵着手一步步走的。

学生先学后的可能情况如下。

1. 第一次先学：阅读“实验目的”及“实验器材”。先学后，学生基本能回答两个问题：实验需要测量哪些物理量？如何来测量这些物理量？即明确要探究的内容。

2. 第二次先学：学生自己设计电路图以及数据记录的表格。先学后，一些学生能将电路图设计完整、规范，个别学生的电路图设计会出现问题，比较典型的是作图不规范、电压表或电流表的位置错误等。对于数据记录表格的设计，估计大部分学生不能完整设计。

3. 第三次先学：根据自己设计的实验方案，通过实验收集数据，自己作图，得出结论。根据经验，极少有学生能得到完全正确的结论。

教学目标及重难点

1. 会设计“探究导体中电流与电压关系”的实验电路图；会设计数据

记录表格；能做出 U-I 图像，并根据图像得出同一导体电流与电压的关系。

2. 经历一次“提出假设、使用工具搜集证据、处理数据、分析归纳、表达与交流”的科学探究过程，并使用图像形式处理数据。

3. 根据小组分工认真完成各自的实验任务，并真实记录实验数据。

重点：“探究导体中电流与电压关系”的实验设计。

难点：在于如何引导学生得出结论“同一导体，通过它的电流与它两端的电压成正比”。

教学过程

1. 设计实验

(1)情景演示，引出课题

利用改变电池节数来改变电流大小，引出课题。

(2)自主阅读，问题思考

阅读活动卡上的“实验目的”及“实验器材”，并思考：实验需要测量哪些物理量？如何测量这些物理量？然后在小组内交流各自的思考结论。第一次先学，阅读活动卡，先学后进行交流，检验先学的达成度。大部分学生明确实验目的与需要的材料。

(3)再次阅读，设计实验

继续阅读活动卡，完成实验步骤1、2的实验电路图及表格设计，然后组织全班交流。第二次先学，学生独立完成电路图和记录数据表格的设计。先学后，教师挑选存在“相异构想”的设计，展示在实物投影上，全班学生一起讨论。通过学生教学生的形式，规范电路图和表格的设计，并且进一步明确探究实验的要求。在这个环节中，不同层次的学生都得到了发展。

2. 进行实验

(1)同桌学生一起完成实验：探究导体一定的情况下，通过导体的电流与导体两端电压之间的关系。

(2)将数据记录在各自的表格中。

(3)根据表格中的数据绘制 U-I 图像。

教师巡视，观察、收集各种现象和问题，有针对性地个别指导。

3. 归纳结论

(1)学生根据自己的实验操作得出初步结论。

(2)组织全班交流，请多位学生报告实验操作与结果，引导学生分析、比较。

(3)共同得出规律：同一导体，通过它的电流与它两端的电压成正比，即欧姆定律。

第三次先学要求学生做出图像及得到结论，然后投影展示学生的“相异构想”，即不同的结论。主要问题：没有控制变量，即表达中没有“同一导体”；正比关系错误，即写出“电压与电流成正比”。这两个问题仅仅依靠学生的讨论难以得到正确的结论，所以这次共同解题所用的方法是将不同的结论同时呈现出来，学生通过比较不同结论之间的异同点，通过小组讨论，将问题聚焦在究竟是“电压和电流成正比”还是“电流和电压成正比”。在这种情况下，需要教师进行讲解：物理中的正比关系是有其内在逻辑关系的，电流随着电压增大，所以是电流与电压成正比。此时，学生会立即想到图像画的是以 U 为纵坐标，以 I 为横坐标的数轴，但为什么结论是同一导体通过导体的电流与导体两端的电压成正比？不是与数学相矛盾吗？教师答疑：数学与物理在这方面的不同以及这个图像在下节课中会再次提到。

课后反思

本节《欧姆定律：电阻》的教学是以后“茶馆式”教学探索物理规律形成课型的一种教学方法，课堂呈现出“学生能自己学会的，教师不讲”“充分暴露并解决学生的‘相异构想’”的特征。“欧姆定律”学习是通过实验探究获得规律，其关键在于实验的设计和操作，由此得到实验数据，进而归纳出实验结论。

因此，实验设计既是充分提供“学生自己能学会的”内容和过程，又是判断学生“相异构想”的途径和方式。而且，“设计实验—进行实验—归纳结论”三个主要环节相互联系，始终把“学生先学”与“引导暴露”紧密结合，以达成“共同解疑”的目的。

本节课的三次“先学”分布在课堂的不同阶段同时，①费时不同。第一次先学，阅读实验目的和实验器材，仅仅用一分钟，学生非常专注，明确了本次实验的要求，达到了先学的目的。②形式不拘。本课的先学有阅读文本，有设计实验方案，还有动手实验及归纳结论。

教学中“共同解疑”深深嵌入课堂三个主要环节，体现后“茶馆式”教学的核心“议”。除了小组内交流，教师用实物投影搭建了更大范围“议”的平台，分别展示了一个个设计不同的电路图和数据记录表格，由学生各抒己见，充分表达、交锋。当学生通过分析 U-I 图像得到各自的结论时，教师再次借助实物投影，将不同的结论同时展示，以此作为讨论的资源，要求学生在小组中分析这些结论的异同点，从而得到正确的结论。

本节课也有遗憾。由于实验器材本身的限制，这个实验的误差比较大，对于图像是一条过原点的直线，大部分学生在实验中都没有得到。课堂上教师发现一组学生得到图像后直接提供给全班，再依据图像思考结论，这个问题的出现对教师提出了更高的要求。在之后的课堂教学中要关注实验器材的改进，使实验更有效地帮助学生探索规律。

案例 3-7：

小学语文中高年段作文指导课的教学方法

余晓洁

小学语文课堂是学生写作的起点，但作文教学始终困扰着小学语文教师。在课程标准中，只有写作内容提示，缺乏具体的写作方法指导，多年的写作教学实践使我们认识到：①作文指导课同样应遵循学生的认知规律，以学生的学为线索设计教学。②阅读是写作的基础，是获得语言输入的主要途径。因此，学习写作从阅读开始。③模仿是小学生初学作文的心理需要和认知规律，是学生逐步形成书面表达技能的重要途径。而习作例文是沟通读与写的桥梁。④三十五分钟的作文课时间有限，因此教学目标设定必须有限。教学目标需落实具体的写作方法指导、练习。

基于以上思考，我们提炼了作文指导课的教学方法：“作前阅读—课堂共议—范文探讨—要点练笔”，具体阐述如下。

1. 作前阅读——引导学生“先学”，力求学生先学最大化

课前，教师根据课堂习作要求，选择3～5篇例文让学生充分阅读。所选择的例文必须包含本次教学的写作方法，即它们的表达方式基本相同，但选材角度不一。

这些例文的学习为学生提供了写作方法的范例，使学生能初步了解这次习作的主旨，知道可从不同的角度来选择材料。同时，学生可以感知例文的行文思路，体会不同的内容，也能用相同的写作方法来表达。

2. 课堂共议——独立学习后的合作学习，将引导暴露与教学评价融为一体

组织学生在课堂上交流阅读例文后的感受，目的是检查学生对例文内容的理解，以及在阅读中产生的“相异构想”。通过交流，进一步明确每篇例文的选材角度以及每篇例文在表达思路及谋篇布局上的共同特点，从而明确本次习作课的写作方法。然后，以小组讨论的形式，简单介绍各自准备的写作内容，以相互交流、相互启发。最后，每小组推选一位同学在全班做交流。

在交流中，教师应针对学生暴露的不同问题预设一些提问等，以及时给予启示、点拨。对于学生交流的写作内容，教师也应帮助归类，以进一步帮助学生拓展写作思路、明确写作内容。

3. 范文探讨——以写作方法为依据，突破习作的“难点”

在几篇例文中，选择一篇作为课堂学习的范文。范文的选择必须符合学生的年龄特点和认知水平，写作方法与本次习作课的教学目标要相符。同时，习作例文的学习不同于一般的阅读课教学，课堂的问题设计应以本次习作的写作方法为依据。在教学时，教师让学生先学，引导学生去探究文章的写作特点、表达方法，同时暴露可能出现的“相异构想”，然后全班共同解疑。在这一环节中，哪些是学生自己能学会的、哪些是学生自以为会而实际未理解到位的、哪些是学生确有困难的，老师要做好充分的预设，以突破教学难点，帮助学生领悟本次习作的写作要点。

当然，例文学习中也会有一些生成性问题出现，教师要根据教学目标进行筛选。

4. 要点练笔——巩固这节课所学习的写作训练点，掌握写作方法

教师依据范文中重点学习的写作知识点设计场景或话题引导学生进行当场写作训练。所设计的场景或话题要来源于学生生活，对于作文起步阶段的学生还可提供一些必要的可供选用的词汇或语段等。在学生当堂写作练习时，教师应时刻巡视，及时发现问题。然后大组交流、师生点评，再次解决学生在“写作方法”上存在的“相异构想”，使学生掌握写作要点。

【课例】

我和小鸟的对话

学情分析

这是三年级第二学期的一篇大作文，教材只有简单的内容提示，除了提醒要正确运用标点符号外没有提任何写作方法的要求。而在三年级下册的教材中，以对话描写为主要形式的课文有《我多大了》《“我也会送你一辆新车”》《独果》等。对话的形式及标点学生基本已掌握，学生在选择话题与如何将对话写生动上会有困难。

教学目标及教学难点

1. 能够围绕一个话题展开对话。

2. 灵活运用对话的三种表达形式，从神态、动作、心理活动描写等方面将提示语写具体。

教学难点在于如何指导学生将提示语写生动。

教学过程

1. 作前阅读

课前，教师依据教学目标提供四篇阅读材料作为回家作业让学生先学，并给出问题：四位小作者各和小鸟聊了什么？在生活中，你见到过或听说过什么鸟吗？它是什么样的？如果它会说话，你想和它聊什么？

作前阅读让学生感受到和小鸟的对话就是把小鸟当作自己的朋友，就某个话题展开的一次谈话，而文章的写作特点是通篇以对话描写为主。作前阅读引导学生思考：这四篇阅读材料的话题各是围绕什么展开的，

以启发学生结合各自的生活实际去选择写作材料。

2. 课堂共议

课堂上，分享对四篇阅读材料主题的理解以及各自所思考的和小鸟对话的话题。归纳出这篇习作的主旨：把小鸟当作朋友，倾诉烦恼，分享快乐，寻求帮助；或者倾听小鸟的心声，呼吁爱护动物、保护环境等。学生之间相互补充，拓展思路，提升对选材的关注。

由于城市里的学生很少接触到鸟，特别是对鸟的特性，如燕子报春、喜鹊报喜、鸿雁传书、鹦鹉学舌等缺乏了解，教师要适当地加以补充介绍。对话，可以泛指小鸟，也可以特指某种鸟。了解了鸟的特点，学生可依据鸟的特性来设计对话，这样对话内容更合乎情理，表达也更具真情实感。因此，教师需注意收集学生阅读、思考的情况，进一步了解学生的困难和问题，为课前阅读和课堂探讨确定依据。

3. 范文探讨

从四篇阅读文章中选择一篇作为范文，引导思考：文中的对话描写有什么特点？你喜欢哪一句？为什么？指导学生进一步探讨范文的写作方法。让学生先读、后议、再讲，领悟到要将对话写生动必须做到两点：①形式要灵活，要根据说话的内容、语气灵活运用三种对话形式。②提示语要写具体，不仅交代清说话者，还要将说话者说话时的动作、神态、心理活动写具体。

三年级的学生对对话的三种形式并不陌生，在《我多大了》《“我也会送你一辆新车”》《独果》等课文的学习中已有了解，学生可以自己学会。但关于对话中的提示语描写，学生还基本停留在诸如“高兴地说”“气愤地说”等这类句式表达上。因此，探讨的重点应落在将提示语写具体，特别是如何将鸟说话时的动作、神态写具体上。老师要重点引导学生去品读范文中的相关句子，帮助学生领悟对小鸟说话时动作、神态的描写用词要准确，要体现鸟的特点。

4. 要点练笔

出示一组对话，要求学生依据对话内容将提示语写具体，并注意三种对话形式的灵活运用。练笔是对所学内容的反馈，同时也是再次暴露学生问题的过程。采用何种对话形式是由对话内容决定的。一般来说，提示语在后是强调所说的话。而提示语在中间，要注意插入的位置，它通常在一个意思表达完整后插入。而学生只是机械地了解了三种对话形式，对于在具体语境中的运用并未真正掌握。练笔中发现了学生的问题，通过两组练习的对比，帮助学生掌握写作技巧。最后，老师归纳写作要点，布置习作任务。

课后反思

和以往作文指导课不同的是：这次习作之前，充分让学生先学。先学所选择的材料、内容贴近学生生活，表达方法适合学生的年龄特点，文章结构、写作顺序也基本相同。同时，教师对先学提出了明确的思考问题。因此，学生在例文启示下，想到了生活中人们对小鸟的伤害，于是把话题定为向小鸟表达歉意；联系“马航失联”事件，将话题定位为向小鸟求助，帮忙去寻找失联的客机；联系自己学英语碰到的困难，将话题定为向鹦鹉求教，如何学好语言等。这些材料启发了学生的写作思路，降低了写作的门槛，减轻了学生对作文的畏惧感，拓展了选材面，避免了作文材料雷同的弊端。

要点练笔是作文指导课很重要的一个环节。本课练笔习作，重点是指导学生灵活地运用三种对话形式将提示语写具体，练习设计紧扣此点，给出了对话内容，要求学生补写提示语。这个训练目标是在帮助学生突破写作难点。另外，三种对话形式学生看似容易掌握，但在具体的语言环境中，不同的形式在表达上起着不同的作用，学生困难比较大。因此，要点练笔不仅巩固了课堂学习，也反馈了学生的问题，暴露了问题，使学生的写作学习得到延伸和提高。

案例 3-8：

初中英语阅读课教学方法

周璐蓉

阅读是英语课程学习重要的组成部分。初中英语教材的每一单元，一般都从阅读开始。上海教育出版社《牛津(上海版)》英语教材进入八年级后，课文形式从简单对话、看图说话等，过渡到有近三百个单词的文章，其中还含有一定量生词。我们将此类阅读课型的第一课时，归纳为后“茶馆式”教学“文本初解·互助释义·检测反馈”的教学方法，和同行分享。

图 3-17　周璐蓉副校长正在为教育同行上后“茶馆式”教学公开课

1. 文本初解

八年级学生已有自主阅读短文的能力，即使有几个生词，大部分学生能够通过上下文的信息理解。因此，第一环节的第一步是学生自主获取信息，或听录音，或读课文，以整体了解文本。根据课文长短和难易，教师可以设计一次通读，也可以分段阅读。在“听”或“读”之前，教师提出问题，一般用时 3～5 分钟。

学生听了或读了，教师需要判断“听”到什么、哪些“读”懂了，这是真正理解文本和掌握语言的基础。此时，提供一份练习，检测学生对文本的初步理解，也让学生知道自己知道了什么。

2. 互助释义

阅读课的第一课时，对文本中生词的理解是重点，也提供了发展语言能力的重要过程和方法。这一环节，让学生画出通过阅读后仍不能理解的“难”词。然后，四人小组交流自己认为理解的词，并将各自感觉“难”的词提出来请求同伴帮助，接着全班汇总“难”词。教师指导学生以 take notes 的形式(take notes 或以英英互译、例句解释、词组迁移，以及中英互译、图解等方式表达)对“难”词进行理解和解释。

3. 检测反馈

学生自己学会了什么？在同伴和老师帮助下，最终真正学会了多少？课堂效益需要检验。教学与评价同行，既让学生明了自己掌握了哪些内容，还有什么问题没能理解；也使教师进一步了解教学设计与课堂实际的距离，及时调整教学，提高课堂有效性。教师可以设计一份有针对性的课堂练习，对课堂学习进行检测反馈。

【课例】

Dealing with trouble

内容解读

牛津英语八年级第一学期的教材均以阅读文章为主，每个单元都分为 Reading、Listening、Speaking、Writing 四个部分。8A Unit 3 为 Paul 日记中的一篇“Dealing with trouble”，是一篇故事性的文章，整篇课文的内容层层递进，最终呈现了故事的结果，在让学生思考“为何 Paul's father 不上船?”等问题时，也教会了学生思考如何安全地、有效地处理 trouble。该文章篇幅较长，生词量大。

学生分析

八年级的学生已经有了一定的单词量，也积累了一定的生活经验，所以对故事情节的发展能做出正确的判断。学生看到课文标题和介绍，一般都能猜出日记的内容；学生自己通读课文后，基本可以通过上下文猜出一些生词的意思，也能猜出有些生词的词性，并能用自己理解的方式解释这些生词的意思，但也有一些生词，如 aboard、theft、move through、detail 等比较难理解。

教师准备主要以理解新词汇的基本含义为基础，使学生能够理解文章的大意。同时在进行单词解释的时候，也注意培养学生通过结合图片阅读课文查找句子来获得细节信息的能力，提升学生上下文阅读和思考理解的能力。

教学目标

1. 理解新授词汇，如 trouble、diary、the crowd、argument、purse、hold out、move through、postcard、follow、aboard 等。

2. 了解这篇故事的大意。

3. 通过阅读图片和上下文理解词汇含义并获得细节信息。

4. 引导学生通过课文的学习学会良好、有效地处理 trouble。

教学过程

1. 文本初解

(1) 读图片学习 diary 新文体：学生根据图片猜测文本的文体，学习

diary 这个生词。生生交流人们通常在日记中记叙的是怎样的故事。阅读 introduction 这句话，找到 Paul 这篇日记大概是个什么故事——something unusual，对文本内容的学习进行预测和铺垫。

(2)继续读图片，快速阅读文本，并回答以下问题：他们在哪里？文中的“trouble”是什么？故事最后发生了什么？

(3)仔细阅读文本第三段，学生利用查找细节信息以及猜测词义的能力，理解文本中的新词汇 hold out、stare at、move through。

(4)细读课文第四段，了解故事发生的先后顺序，通过对故事情节发生的流程进行讲述，学习新的词汇 steal、postcard、notice、follow。

(5)同伴合作完成生词配对练习，教师巡视并收集学生出现的问题，有意请练习时出错的学生来反馈。

2. 互助释义

(1)再次自主阅读全文，通过对 Paul's father 还有可能给出其他什么 details 进行讨论，学生对前面所学的内容进行梳理和巩固，并整理通过上下文自己还不能理解的生词。

(2)合作分享。组内分享自己的习得，并帮助同伴解决不能理解的生词。

(3)全班互助。先汇总小组中不能解决的生词，然后各小组互助解决，教师参与引导和帮助。

(4)小组讨论。完成对最难理解(aboard、theft、move through、detail)的生词的解释和记忆。以 take notes(做笔记)的方式记忆生词。教师巡视了解、收集学生的困难和问题，了解学生做笔记的情况和能力。

3. 检测反馈

(1)再次进入文本，通过故事中 Paul's father 处理 trouble 的具体行为讨论：Paul 的父亲是个什么样的人？

(2)课堂练习。检测学生本节课知识掌握的情况。

4. 作业布置

(1)听录音，熟读课文，加深对文本的理解。

(2)通过英议、图解、造句等方式对 argument、strange、detail、

aboard、crowd、steal 这些词做出笔记。

(3)基于本课故事内容，同伴就“你父亲遇到这样的情况会怎样处理?”进行会话。

课后反思

传统的阅读课教学教师通常会先解决课文中生词的朗读和解释，而且大部分采用跟读、教师给出解释的办法达到目的。教师认为：解决了生词的理解，就不会影响学生对文本的理解。教师还认为直接告诉学生答案，可以省时间，有效率。当然在这样的课堂中，教师的基本假设是学生自己是学不会的，新的单词词组只有通过教师的教，学生才能学会。

后“茶馆式”教学认为：学生能自己学会的，教师不讲。因此，针对设定的“读懂故事情节、认识和理解文本中的生词”的教学目标，教师设计了“听”和“读”的“先学”方式，学生带着问题先听，对文本信息有了初步的了解，帮助学生养成对文本整体理解的习惯。再独立通读文本，直面那些没有听懂的生词。自主阅读给学生独立思考的时间和机会，也给学生尝试利用上下文猜生词的体验。

这样的“听”和“读”改变了英语阅读课通常的教法：学生同样有机会自己读，但教师不管学生读出什么，还是将文章逐字逐句解释给学生听。这样的学生“读”只是形式而已，缺乏思维要求和方法。

语言学习不仅是接受和记忆的问题，重要的是能够学会用语言思考，学会理解语言的方法，这样语言才能真正成为思想的工具。因此，教师设计了用 take notes 方法引导学生尝试自己解决生词理解的过程。课堂上学生的表现令我惊喜：学生没有按照老师教的方法记忆和理解单词，令人欣喜的答案可谓百花齐放，学生用自己学过的并留在大脑里的知识创造性地解释生词，生词 aboard 有学生以对文本的理解给出了“onto the ship or the plane”的解释。theft 一词学生根据上下文，并利用以前学过的 thief(小偷)联系到这个新单词，他们发现这两个词的词性一定是不同的，再根据句子结构判断出 theft 一词其实也是名词。而且全部交流时，这样的解释大家都很容易地理解了，因为用于解释的都是学生已经掌握的词汇。也有同学对 move through 用图解的形式清晰地画出了 through 的路径。还有同学通过生词的反义词，不同词性的判断认识和理解，甚至通过造句体现对生词的理解。

这样的课堂，我们会真正发现：学生不仅在学习新知识之前，基础不同，而且对新知识的认识方法也不同。因此，关注过程、方法和知识掌握，同样重要。后“茶馆式”教学的实践告诉我们：学生的学不只是听教师讲，每个学生都有建构知识的方法和思路，关键是教师要精心设计机会和平台。这样，学生的知识得到发展，学习能力和方法也伴随着学习过程突飞猛进。而且，这样的学习过程一定有更多、更有效的学生间的合作，其分享的也不仅仅是知识，彼此获得的是过程和方法。

当然，合作学习需要教师更细致的设计和更深入的指导。教学中我发现 take notes 环节每一组呈现一张 notes，虽然表面上合作的成果都是学生讨论得出的，应该是都理解了，但检测中发现有些学生对有些生词还没有真正理解。因此，需要改进 take notes 环节的设计，要求每位学生在小组讨论后各自完成 notes，使每位学生都有一个再次思考和梳理的过程，以提升思考力和理解力，提高学习的有效性。

通过这样的教学，达成课堂教学的最终目标：让学生学会学。学生学会的是如何借助文本通过自己的方式去认识和理解知识。这样的教学，目的不是教学生多少，而是学生自己能学会多少。日积月累，学生阅读能力得到了提高，并掌握了好的学习方法，阅读不再是一件麻烦的事。

案例 3-9：

初中化学的化学物质课型的教学方法

高燕

对于初中生而言，只有一年的化学学习时间。因此，大部分都是新授课。初中化学主要学习：基本概念和基本理论、常见化学物质、化学计算、化学实验等知识、技能及方法。“常见化学物质”的性质，一般都能通过实验得到明显的现象，是学生了解和掌握物质性质的起点，也是化学物质课的基本特征。本文归纳为四个基本环节：“实验体验—阅读思考—议论理解—练习提升”。

图 3-18 高燕副校长在化学
后“茶馆式”课堂教学中

1. 实验体验——实验“先学”，感性体验引发“冲突”

教学伊始，以自主实验让学生“先学”，教师提供实验设计方案，帮助学生明确实验内容，按照要求动手完成实验，记录实验现象，并尝试分析与解释。此时，学生透过实验现象可以发现一些新的知识，也会产生困惑，无法用已经掌握的知识解释新的现象，产生疑问成为本堂课学习的起点。

当然，也可以要求学生观察教师演示实验的过程与现象作为“先学”的方式。甚至，可以既有学生自主实验“先学”，又有观察实验的第二次“先学”。“先学”的设计必须按照化学物质的性质进行策划。

2. 阅读思考——独立学习，自我对话，自主解疑

实验以后，学生对学习内容有了一定的了解，但也一定会出现很多疑问，让学生尝试到课本中去寻找疑问的答案，能够引导学生学会与文本对话、与自我对话，从而达到自主解疑的目的，提高思辨能力。老师不仅明确要求学生阅读教材、课本，还可以提供相关的学习材料(包括文本、视频或多媒体动画等)，帮助学生回顾和完善第一环节的任务，完成实验报告的填写。

教师加强巡视，观察学生的学习情况，特别关注对学困生的阅读习惯指导，尽可能收集学生实验及思考的问题。

3. 议论理解——合作学习，对话议论，解决疑问

有了实验的体验，再加上独立阅读后的思考，学生有了“议论”的基础和可能。有的学生理解得深一点，有的理解得浅一点，对话提供了学习的新资源，彼此交流想法、疑惑，共同寻找解决的办法。

小组合作增加了引导暴露的空间，教师对学生可能出现的问题课前要做充分的预设，同时高度关注课堂现场生成的问题，教师敏锐地“听”和“看”能够收集学生出现的各种问题。然后，按照“生成性问题解疑紧扣教学目标”的策略调控课堂。

4. 练习提升——评价反馈，梳理知识，提升方法

教师根据教学目标设计练习，评价和反馈学生的课堂学习情况，针对不同的学生给出不同层次的问题，进一步引发学生思考，提升思维水平，发展学习能力。练习一般在课堂上完成，也可以延伸到课下，在小组内讨论解决，关注学生个性差异，给予学困生适当帮助。

【课例】

《石灰石　钟乳石》(九年级第一学期)

内容解读

《石灰石　钟乳石》是九年级化学教材第四章《碳》的一节内容。碳酸钙在自然界中大量存在，在生产、生活中有广泛的应用。本节内容也是研究化学物质方法的学习，是学习其他相关内容的基础。

学情分析

通过化学前三章的学习，学生初步掌握了实验操作基本技能和观察记录发现问题的技巧。同时，学生已经知道碳酸钙是二氧化碳和氢氧化钙反应的产物，但没有系统地学习碳酸钙的物质特性。

在之前的学习中学生对碳酸钙的检验已经有了一定的认识，超过百分之九十的学生能够自己学会。学生知道：碳酸钙在自然界存在，并且在生产、生活中有广泛的应用。

学生的自主实验引发了与已有知识的“冲突”，特别是学生知道二氧化碳通入澄清石灰水会变浑浊，但当实验发现浑浊后又变澄清时，学生一般难以理解。学生能够在教材中找到碳酸钙的物理化学性质，而与生石灰、熟石灰建构知识网络并非易事。碳酸钙和碳酸氢钙的转化以及碳酸钙高温分解既是新知识点，也是本课的难点。

教学目标

1. 知道石灰石是重要的矿物资源，了解碳酸钙在自然界的存在及在生产、生活中的应用。

2. 建构石灰石、生石灰和熟石灰的知识网络。

3. 体会科学知识对生活现象的指导意义。

重点难点

重点：碳酸钙的化学性质。

难点：石灰石、生石灰和熟石灰转化的理解，以及有关化学方程式的书写。

教学过程

1. 实验体验

(1)按照实验方案，记录现象，发现疑问

实验目的：探究碳酸钙的性质

实验用品：石灰石样品、稀盐酸、澄清的石灰水、蒸馏水、铁架台、试管、带橡皮塞的导管、试管架、镊子、坩埚钳、酒精喷灯、酚酞、小烧杯。

实验内容：

实验步骤	实验现象	结论及有关化学方程式
1. 如右图在大试管中加入固体样品固定在铁架台上。 2. 滴加 3～4 毫升稀盐酸。 3. 用带橡皮塞的导管塞住大试管。 4. 将导管通入装有 2 毫升澄清石灰水的试管中。 （注：不要将导管拿出，保持导管通入，仔细观察现象。） 5. 把通入二氧化碳后的溶液加热。 澄清石灰水		

发现：________________

疑问：________________

(2)观察演示实验，记录现象，提出疑问

实验步骤	实验现象	结论及有关化学方程式
1. 用坩埚钳夹住一小块石灰石，放在酒精喷灯上高温灼烧 5 分钟。 2. 取两个小烧杯，分别加入 10 毫升蒸馏水，一只烧杯中加入没有煅烧过的石灰石，另一个烧杯中加入煅烧过的石灰石。 3. 然后在两个烧杯中各加入 2 滴酚酞。		

发现：________________

疑问：________________

2. 阅读思考

阅读课本第 112～114 页，思考你的发现和疑问，尝试在课本中寻找答案，并对照实验记录完善实验报告。

3. 议论理解

四人小组讨论、交流自己的发现和疑问。

(1)情境问题讨论

问题1：将二氧化碳通入澄清石灰水，有白色沉淀生成，若继续通入二氧化碳，白色沉淀完全溶解，下列图像符合此变化的是(　　)。

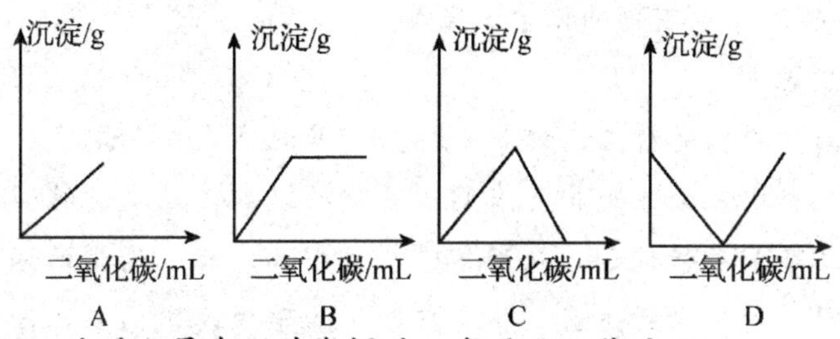

问题2：地质人员在野外勘探时，发现了一种矿石。

①他们猜测可能是石灰石，请你设计实验进行验证(用化学方程式表示)______________。

②确认矿石是石灰石后，地质人员取样放在酒精喷灯的火焰上灼烧几分钟，写出发生反应的化学方程式________________________；煅烧后的固体成分可能是_________________________________。

(2)全班交流展示实验报告，梳理知识结构

完成石灰石、生石灰、熟石灰相互转化的关系图，并写出有关化学反应方程式。

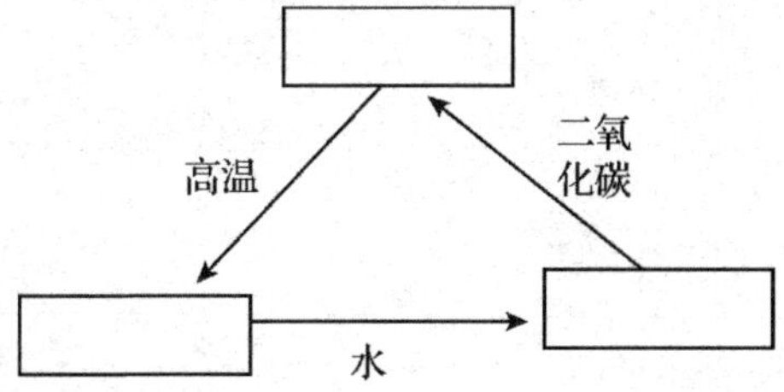

4. 练习提升

(1)根据图片判断哪些物质含有碳酸钙。设计方案予以证明并请书写有关化学方程式。

(2)思考：长期盛放澄清石灰水的试剂瓶内壁为何附着一层白色固

体？请学生上黑板书写有关化学方程式。锅炉、水壶里的水垢主要成分是什么？怎样除去？

(3)观看视频《溶洞》：自然界中的溶洞是怎样形成的？其中发生了哪些化学反应？书写有关的化学方程式。

(4)阅读《圆明园的故事》：为什么坚硬的汉白玉经过大火焚烧就“粉身碎骨”了呢？书写有关的化学方程式。

课后反思

根据教学内容的特点设计学生“先学”是教学成功的起点。化学物质的性质在实验中充分表现出具有明显特征的现象，无疑能够帮助学生建立直观的体验和感性认识，从而使学生理解和掌握。这样的课型，实验“先学”就是一种有效的方式，学生在动手实验中发现问题，产生矛盾和冲突，形成疑问，教师提供学习资源(教材、阅读材料)，学生动用已有学习经验和能力，既自我暴露问题，又自我解决问题，不仅解决疑问，更不断学习建构知识体系，能力得到发展。

在后续学习中，我惊喜地发现，有了课堂一次次的实验“先学”，学生有了“暴露”问题的时间和空间，学生在理解知识的同时，掌握了学习的方法，提升了能力。

原来，课堂改变一点点，确实可以取得成效。

第四章

后“茶馆式”教学的资源支持

后“茶馆式”教学已经形成了自己的教学方式、策略、手段和方法，但是依然不能满足教师面对不同学科、不同年级、不同课型和不同内容具体教学细节的要求，所以，课题组把建立教学资源库作为这方面教学改革的回应。

《教育大辞典》将教学资源定义为：支持教学活动的各种资源，分为人类资源和非人类资源。人类资源包括教师、学生学习小组、课外活动小组、课外辅导员、家长、社会成员等；非人类资源包括各种媒体和各种教学辅助设施。传统媒体有粉笔、黑板、印刷媒体、实物、实物模型、挂图等。现代媒体有投影、幻灯、电影、电视、语言实验室、计算机、视盘、计算机多媒体系统等。此外，还有各种社会教育性机构，如视听中心、图书馆、博物馆、少年宫等。

后“茶馆式”教学多年的课堂教学实践与探索也使课题组对教学资源的价值和范畴有了新的认识。我们将教学资源定义为：教学设计和实施中选取的与教学内容相关的素材。由这些素材集合而成的教学资源库，一般有教学设计、训练系统和教学事件等。

本章将对后“茶馆式”教学资源库从功能定位、运作机制和纵横结构三方面来具体阐述。

第一节　后“茶馆式”教学资源库的功能定位

教学资源库对于课堂教学而言，能够应用于广泛的课堂情境，能够帮助教师思考复杂的现象，也为教师团队提供了一个学科研修深层次对话的平台。更重要的是，后“茶馆式”教学的课堂，能更有效地帮助教师预见学生在学习中可能遇到的困难、学生可能使用的学习策略和结果，从而使教师有针对性地教学。

后“茶馆式”教学资源库的功能是多方面的，主要体现在以下三方面。

一、为解决教学细节问题提供资源支持

当方向确定之后，细节决定成败，在课堂教学的改革上也是如此。例如，后“茶馆式”教学的基本特征之一“学生自己能学会的，教师不讲”，那么教师怎么知道学生哪些学会、哪些没有学会呢？后“茶馆式”教学的教学策略之一，“教学评价与课堂教学融为一体”鼓励学生自己提出问题，但不能取代教师对学生的评价，这种评价往往以问题、习题等形式出现。以上的阐述似乎已经解决了操作问题，其实不然。教师究竟怎样依据教学目标、教学内容的重点和学生可能出现的难点进行问题、习题的设计呢？教师只能在教学实践中不断研究、不断积累，才能提升自身这方面的能力。

为关注和解决这些教学中的细节问题，课题组对教学五环节(备课、上课、作业、辅导、检测)进行了具体的研究分析。如在课堂教学环节，开展“科学性与社会性交融的教学微方法研究”；在作业辅导方面，开展“基于质量评价的学生作业优化研究”等；在教学设计上，又根据其逻辑结构，在学习内容分析、学情分析、教学目标制订、教学过程设计等方面进行微方法的研究。学校集大家的经验与智慧，将在教学五环节上的细小的好方法进行归类整理，形成一个个微方法群，如两个学情分析的微方法，问题组合设计的微方法，教学评价的微方法，独立学习、合作学习的微方法，作业设计与实施的微方法，脚手架的设计等微方法群。又因为不同课型的逻辑结构不同，所以教学设计分类也会更多样，如新授课有新授课的设计逻辑，而复习课和试卷讲评课又有自己的设计。再有，作业设计的微方法群里因为学科不同，所以设计实施的作业也应体现学科特色，符合学生的年龄特点，满足不同学生的差异需求。

上述所有这些研究，都会留下痕迹，所有资料都会整理后收入教学资源库中。目前，学校很多教师都将自己在教学某一环节中的智慧引导和处理撰写成文，有“班级合作学习的微方法”“初中地理小组合作学习中教师的巡视引导微方法”“用对联训练概括”“用学过的解方程的方法发现新方程的解法”“初中英语作业设计中运用图表提高学生的文本逻辑结构

构建能力”“即时摄像、当场反馈”等。这些经验之谈，能为其他教师提供可借鉴之处。

案例 4-1：

英语教学中语音教学的改进

小学英语组教师在全面解读和研究教学资源库中历年的质量监控卷和区教研员出的试卷后，根据测试后的数据分析，对小学英语的语音教学进行了改进。

图 4-1　小学英语教研组是个朝气蓬勃的集体，个个都是教学能手，楚娟娟(左 2)为教研组长。

小学英语组教师从资源库中找出历年的区级监测试卷及教研员出的试卷，具体分析每一部分的得分情况后发现，语音部分的分值在整套卷子中所占的比重不大，通常为 4～8 分，但是其得分率却大大低于其他部分。想要提高学生的英语成绩、提高学生的辨音能力，必须加强和改进语音教学部分。英语组具体分析了历年试卷中常见的语音问题，并进行了归类，发现有以下五类题型。

- Listen and complete the word(听单词，填入所缺字母)
- Read and choose(选择正确的音标)
- Read the phonemic symbols and write the words(看音标写单词)
- Read and choose(选出画线部分字母组合的正确音标)
- Read and judge(判断单词画线部分发音是否相同，用 T 或 F 表示)

在以上题型中，错误率较多的是“听单词，填入所缺字母”和“看音标写单词”。第一种题型要求学生根据发音规则填上所缺字母。无论试卷上的单词学生熟悉与否，只要以这样的题型出现，往往还是错误百出。如：“________ eed”一词所缺字母应为 sp，但学生没有掌握爆破音的发音规则，而填写成 sb。和填写辅音字母(组合)相比，填入元音字母(组合)的错误率更高。再有在第三种题型中，同一个元音或元音字母组合往往有不同的发音，学生在这方面也极易犯错。

分析学生失分的原因，主要归纳为学生对同一个字母不同发音和同一个发音由不同字母组合构成的概念不清，导致错误高频率地发生。另外，现在的学生课后花更多的时间在书面语法练习上，不重视语音训练。以上两点是导致这部分学生失分较高的原因。基于这些分析，英语组做了语音教学的几点改进。

1. 丰富单词学习方法

背单词一直以来是学生英语学习中的老大难问题。为此，教师动了些脑筋，采取了各种办法帮助学生学习，记忆新单词：让一年级学生通过儿歌感受各个字母的发音规律；到了二、三年级，让学生根据单词的发音填入元音字母，若发现学生有困难，可以给予已学过的含有该元音的单词作为支撑；到中高年级，学生已掌握了一定的辅音和元音字母及组合的发音规律，则给他们一些已经学过的单词作为辅助，让他们尝试着独立拼出单词，使他们在每一堂课中培养积累学习的迁移能力；到了高年级，学生就可以在没有已掌握的单词提示的情况下尝试着拼出新学的单词。教师针对各年级学生有不同的教学侧重点，这一循序渐进的策略在实践中显现了效果。

2. 暴露学生读音问题

在一节五年级英语课上，教师在教学新单词时没有给学生音标辅助，而是要求学生利用自己掌握的发音规律，尝试着自己读出这个单词。一时间，教室里便有了五花八门的发音，学生们还自觉地四人一组展开讨论，他们的兴趣一下子被调动了起来。就在这时，教师给出几个选项，让学生认真听一遍录音后，再做出最终的选择。不管之前他们的发音是否正确，但通过这样的方式学会的生词，学生的记忆是最深刻的。因为在读的过程中，学生已经结合以往的发音规律，构建起新的单词读音，有正确的，也有可能是错误的，但最终会通过辨音与跟读获得正确读音。这一过程因为经历过，所以充分暴露“相异构想”，学生对单词读音的记忆才会更加深刻。

3. 开展影视配音活动

语音学习不仅在课上，更要在课后进行反复的练习。为此，英语组教师精心设计各种练习作业，并充分利用英语教研组资源库中的经典影视片段配音素材来提高学生的语音学习能力。教师还引导学生阅读故事并表演，请学生自己下载英语配音软件等。由于故事阅读材料中会有不少生词，很多学生会自主查阅字典后，在单词旁认真标明音标。课余时间，学生还会三五成群地一起讨论这个单词怎么念，这句话应该用怎样的语气来诠释。有的学生则会结对子练习经典影视片段中的对白。有的学生则在家一遍遍地练习英语配音，直到自己满意为止，甚至还会要求父母发送到微信朋友圈分享。各种有趣的作业提高了学生英语学习的兴趣，也提高了他们的口语能力。

资源库，不仅让教师从众多的试卷分析中找出了英语教学中的一个薄弱点，从而进行有效的教学改进；同时教师也在改进的过程中，不断积累了有效的方法和资源，又不断丰富着资源库的建设，这起到了相辅相成、共促发展的效果。

二、 为教学设计不断优化提供资源支持

课堂教学设计没有完美无瑕的“样本”，即使面对同一教学内容，不同学生、不同教师应该有所改变。更为重要的是，对文本的理解、对学生的了解、对教学的认识也会有所发展。资源库反映的是过去教学的积累，既有教师个人的积累，也有他人的积累；既有效果显著的引领，也有需要改进的提示。资源库的支持，不是过去日常课堂教学的简单“复制”，而是以自己和他人的资源为参考，让教师不断优化教学设计。

案例 4-2：

三易其稿——“实数的运算”复习课

七年级第二学期数学教材的第十二章是《实数》，包含实数概念、数的开方运算、实数运算以及分数指数幂等内容。这一章在初中范围内是对数的扩展和数运算的终结，是掌握数学基本知识和基本技能的重要组

成部分，对于初中阶段“式”的学习，甚至高中的数学学习都是重要的基础。

执教者陈燕老师在教学设计前，思考着复习课如何让学生先学，先学什么，怎么学，如何引导暴露，暴露什么，如何共同解疑从而达到温故知新的境界？她翻阅了学生的相关作业本、试卷等，回顾了学生学习本章的情况，并组织学生完成了一次小练习。她将收集所得的学生错误题目进行分类，经过整理、编排，组成了第一次研修课的题目。

第一次教学设计的题目

任务一

1. 计算

(1)$\sqrt{3}\div\sqrt{2}\times\frac{1}{\sqrt{2}}$　　(2)$(\sqrt{5}\times\sqrt{6}-2\sqrt{15})\div\sqrt{15}$

(3)$\sqrt{(3-2\sqrt{3})^2}+(-\sqrt{2\sqrt{3}-3})^2$　　(4)$[(-2)^{-2}]^{\frac{3}{2}}$

2. 解方程

(1)$50x^2-32=40$　　(2)$y^5+\frac{32}{243}=0$

任务二

1. 计算

(1)$(2\sqrt{2}-\sqrt{9})(\sqrt{8}+3)$　　(2)$3\sqrt{2}\div2\sqrt{3}\times\sqrt{3}-4\sqrt{3}\div2\sqrt{2}\div\sqrt{3}$

(3)$\sqrt[3]{16}\times\sqrt{8}\div2\sqrt[6]{32}$　　(4)$-2^2-(-8)^{\frac{1}{3}}-2^{-2}+4^{-\frac{1}{2}}$

(5)地球和太阳的平均距离是1.5亿千米，光的速度是每秒30万千米，那么太阳发出的光到达地球需要多少时间？（计算到几分几秒）

在课堂实施的过程中，通过四人一组的小组合作学习，学生们解决了一些独立完成这些题目时出现的问题，但是小组内交流比较肤浅：他们将答案比对一下，然后将认为错误答案的解题过程用修正带涂改掉，而后将正确答案写上。至于这一道题究竟错在哪里，为什么这样做是错的，实际上小组内学生没有办法真正厘清，甚至有的同学做对了这道题也讲不出理由。反思其中的原因，问题还是出在设计的这两组题目中。一节课11道题，这11道题从知识点的覆盖程度上讲有重复，做完题目之后又需要学生之间互助学习，而不是老师告诉班中某些学生你解答得对错，所以题量偏多；任务一和任务二中的题目学生都感到有一定的困难，以至于在“共同解疑”的环节中，学生抓不住他们小组中同学出现问题的关键因素，使得全班交流时显得有点凌乱。通过组内老师的商议和专家的点拨，陈老师将原先的两组练习进行了调整，调整如下。

第二次教学设计的题目

任务一

1. 计算

(1)$4\div 2\sqrt{2}\times\sqrt{2}$　　(2)$(\sqrt{5}\times\sqrt{6}-3\sqrt{5})\div\sqrt{15}$

(3)$-2^2-(-8)^{\frac{1}{3}}-2^{-2}+4^{-\frac{1}{2}}$　　(4)$\sqrt[3]{16}\times\sqrt{8}\div 2\sqrt[6]{32}$

任务二

2. 计算

(1)$\sqrt{(3-2\sqrt{3})^2}+(-\sqrt{2\sqrt{3}-3})^2$　　(2)$[(-2)^{-2}]^{\frac{3}{2}}$

实践之后发现，效果还是不够理想。有的问题明明小组内几位同学犯了，但是小组学生代表上台交流时却避开了，使得有的问题没有充分暴露出来；还有的题目交流时依然有说不清的地方，学生就将正确的答案及怎样得到这一正确答案的做法讲了一遍。但是可喜的是，多个小组内出现意见分歧时，学生想到了翻书找依据，也出现了非常精彩的提问。教师团队再次坐下来，开始了又一轮的改进研修。

第三次教学设计的题目

任务一：填空

1. $\sqrt{8}\div\sqrt{2}\times\frac{1}{\sqrt{2}}=$________　　2. $\sqrt{24}\div\sqrt{6}\div\sqrt{2}=$________

3. $(\sqrt{8}-\sqrt{2})\div\sqrt{2}=$________　　4. $\sqrt{8}\div(\sqrt{8}-\sqrt{2})=$________

5. $-2^{-2}\div 4^{-\frac{1}{2}}=$________　　6. $(2\times 2^{\frac{1}{2}})^{\frac{2}{3}}=$________

任务二：计算

1. $\sqrt{-(2-\sqrt{2})(\sqrt{2}-2)}$　　2. $[(-2)^{-2}]^{\frac{3}{2}}$

这一次的教学实施效果非常理想！

陈老师这份三易其稿的教学设计是教师团队共同钻研的结果，教学

资源库中大量的题目素材中为此教学设计的优化提供了支持。而陈老师的这堂课也将纳入资源库，成为一堂组内成员共同研究而成的精品课分享给大家。

在教学资源库里，教师们可以参考自己过去的教学设计，还可以参考其他教师的教学设计，在为自己的教学储备更多资源的同时，亦可分享到很多他人的优秀资源，从而让自己的课堂教学更加游刃有余。

三、为学习共同体的发展提供资源支持

学习是与自己的对话，与他人的对话，与客观世界的对话。学生的学习如此，教师的学习也是如此。学生有学习共同体，教师也有学习共同体。构建教师的学习共同体已成为越来越多中小学的发展愿景，而学习共同体的构建和发展需要多方面的支持。教学资源库已成为教师学习共同体的资源支持。教学资源库不但有备课组、教研组的交流，还有跨学科的交流。

后“茶馆式”教学资源库的建设以大量的课堂教学实践为基础，积累了教师在教学实践中的经验、问题与困难，在学习共同体的研究中以自我梳理和团队分享、相互激励为方式，推进资源建设。如静安区名学科的语文教研组在研修中分别以“同题异构给我们的启示”“‘问’与‘最近发展区’”“优化设计，师生解读‘俯仰生姿’的链接”和“语文，我们教什么”等主题，深入对话，提炼、梳理语文教学资源的类别与框架，积累了有价值的语文教学资源。综合理科组的教师们紧紧围绕教学研究，探索个人教学资源库建设的问题：教学情境的创设研究。他们不仅关注情境，更关注与学生学习的关系。实验探究的有效性研究又是一个重要的探索，集物理、化学、科学、信息技术等

图 4-2　语文教研组是初中语文骨干教师实训基地。实训，让后“茶馆式”教学向外辐射

不同学科的共同性，团队合作形成有特色的资源类别。还有作业的设计与改进，当很多毕业班学生陷入题海时，我们的物理、化学教师对一道道题目进行分析、研究，从多样性、趣味性、层次性、可选择性和可行性等角度全方位评估，作为选择依据，从而保证了静教院附校学生的轻负担、高质量。物理学科组还以后“茶馆式”教学的理念和方法，分析了几十节课堂实例，包括在合作共同体学校的研究课，如浦江三中、五四中学、爱国学校等。特别是循环实证的研究课，不同的学生、不同的教师、系统的内容需要怎样的资源支撑课堂。教师们对教学资源应用以学生为本的理解更深刻、更具体，也提升了教师实施后“茶馆式”教学的信心和能力。

不仅考试学科的教师建设了个人教学资源库，音乐、美术、体育等学科的教师同样关注自我积累和发展，在课堂教学中，为学生提供最好的、最有价值的学习资源。场地小使体育活动器材安置、活动方式受到很大的限制，体育课外活动内容单调乏味，学生的体育活动积极性受到挫伤，学生的体质下降也就成为一个问题。体育学科组教师一起收集资料，设计趣味锻炼活动，跑步、韵律活动、自编操、球类、素质练习、三人制篮球比赛、冬季“游戏”比赛、跳绳晋级赛等，使每天的体育锻炼有声有色。体育的教学资源也在不断积累、应用、发展。

学校教育是育人，对学生情感、态度和价值观的培育尤为重要，于是综合文科组的教师把育人价值作为资源库的组成部分，梳理学科关注课堂教学与道德教育融为一体的概要方法或想法。内容有结合自身教学的具体案例说明，基于后“茶馆式”教学的理念实践，概述学科德育的特色方法，归纳人文学科德育的共性特点或方法，也形成了综合文科特有的教学资源库。

案例 4-3：

教师也需要合作学习才能提高育人能力

这是一份来自年级组组长吴聆聆老师的年级组研修感悟。

学校给每位老师发了日本教育家佐藤学的《学校的挑战——创建学习

共同体》，细细阅读很有启发。但我对小学低年级不太适合实施“合作学习”的观点持有保留意见。书中阐述的原因是小学低年级学生因为其年龄和心理特点，大多数只会专注于自己，对同学的关心较少，甚至漠不关心。确实，如果没有老师的正确指导，低年级放任自流的小组合作学习肯定不能达成预期的学习目的。但是，如果教师用心指导、按需(教学内容和学生实际)组织讨论，那么合作学习能有效发挥小组群体的积极性，提高学生个体的学习动力和能力，从而达成特定的教学任务或目的。

当然，有些老师在教学中还没有很好的办法指导学生开展合作学习，因此，我们组织了一次年级组研修，大家共同突破这一难题，提高对后“茶馆式”教学的实践能力。

研修时，大家发表困惑和经验，分享思考。在二十多年的教学实践中，我认为小学低年级孩子的学习行为都需要老师正确指导，小到书包的整理、桌面学习用品的摆放，大到班集体活动等，小组合作学习也不例外。小组合作学习是培养学生多种能力、促进学生自主学习的重要途径。小组合作学习在给予学生自主、合作机会的同时，有力地挑战了教师的教育思想和行为。如何指导学生学会合作，培养“众人拾柴火焰高”的合作意识，显然需要精心组织、细致安排、耐心指导。

一年级语文教学中，我们这样实施小组合作学习。首先，根据知识的特点和学生的实际确定是否要组织开展合作学习。其次，安排一定时间保证开展合作学习和交流，使交流透彻、机会均等，避免产生小组合作形式化。再次，小组合作学习有明确分工，给每位同学积极参与的机会，每人都有说的机会，每人都要学会听他人意见。最后，强调先个人独立思考，再发言交流，培育学生独立思考的能力和小组合作的意识。

在课堂上，我们有意识地将学习基础和学习能力差异大的学生安排在一起，分成4人小组，每人轮流当组长。每次讨论，组长先发言，其他同学可按顺时针或逆时针方向一个接着一个说，说完后大家可补充交流。但是必须每个人在小组发言中认真听他人发言，不能重复他人内容，如果刚好想法一致，可以简单回答“我和他的想法是一样的”。简明扼要的表达有助于小组成员在有效时间内都发表意见，都有说的权利。

这些方法和措施保证了一年级学生开展合作学习的有效性。一年级语文识字教学是重点。一段时间后，孩子们已掌握十几种识字方法。如果在课堂有限的时间里交流识字方法，那些平时胆小的孩子不愿意举手发言，而如果让孩子们在4人小组里先进行交流，那么人人都有发言的机会。平时不愿发言的孩子，在同伴的鼓励下也能说。有位孩子，学前没有一点识字基础，在课堂上没有自信心，上课时总低着头，害怕老师请他发言。为提高他的自信心，老师在小组交流中特别关注他，帮助他说好识字方法，鼓励他在全班同学面前发言。由于在小组里已说过，并得到肯定，他在全班同学面前就大胆多了。一次、两次，他的发言质量越来越高，同学们的掌声越来越响，他脸上的笑容也越来越多。现在他不再是一个自卑的孩子了。看着他的点滴进步，老师也感到很欣慰。还有位女生跟他一样，在一次次的合作学习和老师的鼓励下也有很大进步！

我发现其他学科也经常有合作学习的经验。音乐课，徐老师通过小组合作形式让孩子们敲打各种小乐器合作演奏；做中学课，马老师组织学生小组共同记录种子发芽的过程；还有英语课的对话表演、新德育课的情境问题讨论等。

当然，如果孩子们在合作学习过程中偏离目标、游离文本，甚至脱离合作本质时，教师就得“该出手时就出手”，引导矫正偏差、纠正错误、更正学习，及时引领并指导学生进行正确的交流与合作。

研修将培育学生良好习惯和提升教师的专业能力紧密相连，大家在交流中都有收获。我还要在日常工作中督促和鼓励老师们把想法做出来，这样会更有效。

从习题收集到教学资源库建设，从个人教学资源库到教研组、学校资源库，教师在资源库的创建和完善过程中，越来越意识到个人的力量有限，合作、分享才能共同提高。因此，教师在各类学习共同体的学习交流中，学会了自我反思，在与同伴的合作中获得了个人的专业成长。

第二节 后“茶馆式”教学资源库的运作机制

课题组在资源库的建设和推进过程中充分运用各种有效机制，既呵护了教师个人的创造性劳动，又巧妙凝聚了教师群体的力量。

一、发挥个体智慧的激励机制

课题组首先提出建立“个人教学资源库”。为什么这个教学资源库是“个人”呢？因为，即使有教研组、备课组帮助，有各级教学专家指导，但最终每堂课的设计与实践，还是由教师个人决定，特别是日常课堂教学。因此，个人教学资源库需由教师个人构建和发展，凝集个人智慧，为个人教学所用。

课题组积极调动每位教师建立教学资源库的积极性，并在教师创建个人教学资源库的过程中适时给予帮助，同时还定期开展优秀资源库的分享交流。

（一）鼓励教师积极创建

教师创建个人教学资源库的过程就是一个自我梳理的过程，把原先散落的优秀设计、课件、资源等汇总起来，有序地归类整理，使自己的教学更加方便。同时，资源库既保存了教育教学的相关资料，也记录了教师成长的轨迹，是个体智慧的结晶。创建个人教学资源库是一件非常有意义的事，何乐而不为呢？

（二）提供分类建议及帮助

课题组在激励教师创建个人教学资源库时，只提供了一些分类建议，并没有统一限定栏目及内容，这既为教师创建个人教学资源库提供了思路，又能使教师充分发挥个人创造力。课题组还会在教师创建个人教学资源库的过程中，帮助教师一起梳理，如全方位提炼个人经验、收集教师个人教学资源积累特点、指导教师形成具有个人风格的教学资源库。

原先课题组仅提供了与教学有关的“教学设计”“教学课件”“习题练习”等，在教师的智慧创造过程中，他们又拓展出了“方法指导”“学生作品”等栏目。每一位教师的教学资源库都有自己的创意。(见图 4-3 和图 4-4)

图 4-3 语文教师的阅读教学积累资源库

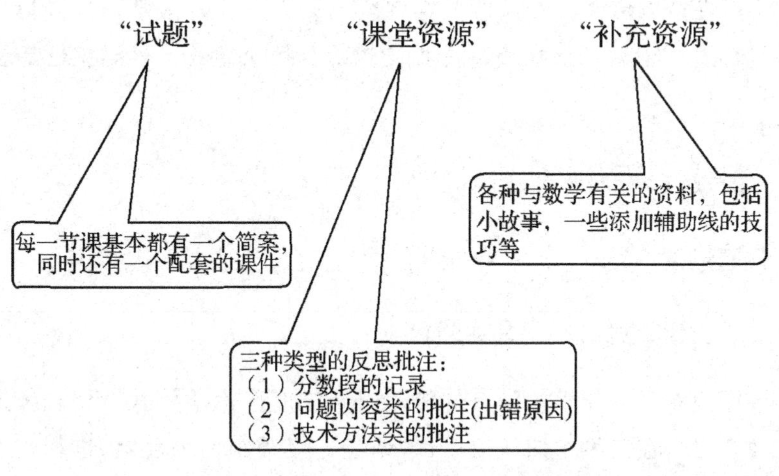

图 4-4 初中数学教师的教学资源库栏目

（三）搭建交流分享的平台

课题组在鼓励教师发挥个体智慧创建个人教学资源库后，又从众多资源库中选择有特色的个人教学资源库进行“教海拾贝——个人教学资源库建设交流”。(见图 4-5)

教中有学，教学相长

——关于资源库建设之浅谈

➢课件，持续修整改版，记录成长轨迹。
➢作业，记录学生感念，即为教学所用。
• 随笔，记录课时感想，作为教学引文。
• 习题，见证深度思考，作为落笔素材。
• 笔记，搭建知识框架，反思传统教学。
• 诗歌，呈现才智文情，开拓学史空间。
➢试卷，探索会考趋势，调整以考定教。

图 4-5　教海拾贝

教师个人创建的资源库因关注点不同、个人长处不同，总不会很完善。但是，课题组提供交流分享的平台之后，既可以使更多教师从中学习到好的点子，大量汲取别人长处，也能促使交流的教师更好地回顾总结自己的教学，同时能进一步促进个人教学资源库的完善与发展。

这样的个人交流——分享——提升——发展，充分保护、尊重了教师的个体劳动，激励了教师更好地完善个人资源库，促进了教师的个人专业发展，也为广大教师提供了可借鉴的资源库建设范例。这样的经验分享不仅在校内传播，而且已经走向全市和全国，外来学习的同行也从中深受启发，还有兄弟学校邀请我校教师、教研组长、教导主任等去做报告。

二、创设互动交流的合作机制

课题组在各类研修活动中创设各种交流合作的机会。

（一）在主流研修中交流研讨

课题组充分依托学校已有的校本研修制度，由学校教导处和教师教育领导负责，在三种主流研修中(教研组、年级组、项目组)进行资源库的交流与分享，介绍自己的个人教学资源库以及建立过程中的体会与经验。校本研修制度为资源库的交流分享提供了平台。

课题组多次组织开展了全校的专题研修(见附件 4-1)，这些专题研修为教师创设了互动交流的机会，同时也丰富了资源库。已经研修过的主题有：如何建立个人教学资源库，教学中如何应用个人教学资源库，在个人教学资源库中，你学到了什么，我的教学微方法、课堂教学中问题组合的研究、习题分析课设计顺序的研究、多样化作业设计研究等。

（二）在教学实践中合作发展

课题组提倡各学科教研组组织应用教学资源库丰富的教育资源进行教学设计，并最终进入课堂进行个别化教学的实践研究。

例如，数学组在讨论一堂研究课时，每位教师都会带着自己的资源库来参加，提供可参考的习题和问题。这样做不仅为组内教师提供帮助，更重要的是丰富了自己的资源。这一做法，能有效地帮助新教师快速地成长起来。

静教院附校两位新教师杨梦露和王人杰，教龄不足两个月就开了区级公开课。当她们顺利上完公开课后，一旁听课的老师质疑道：这真的是新教师的课吗？原因是，这两堂课都太精彩了，一般的新教师很难做到。这无疑是对两位新教师的一种赞誉和肯定，也让新教师越发有自信。

图 4-6 杨梦露老师执教一年级语文课

图 4-7 王人杰老师执教七年级数学课

王人杰老师在课后说，她的这节课完全得益于教研组资源库的优质资源支持，整堂课的教学设计更是倾注了教研组的集体智慧与力量。

王老师的公开课教学设计来源于教学资源库中几年前李贞老师的教学设计分享，原先的教学环节是“先学探索”“暴露解疑”“归纳提升”，设计如下。

先学探索

练一练

1. 请同学们完成计算

(1)$(x^3-3x^2+2x)\div 2x$　　(2)$(x^3-3x^2+2x)\div(x-1)$

2. 教师巡视与收集学生练习情况

正确答案：

(1)$(x^3-3x^2+2x)\div 2x=\frac{1}{2}x^2-\frac{3}{2}x+1$

(2)$(x^3-3x^2+2x)\div(x-1)=x(x-1)(x-2)\div(x-1)=x(x-2)$或 x^2-2x

【预设】

(1)学生能够用整式的除法——多项式除以多项式解决。

(2)部分学生能够用分解因式解决。

议一议

1. 四人小组讨论

你是怎么计算的？计算的依据是什么？遇到什么困难？哪个答案正确？怎么判断答案的正确性？

2. 明确今天的学习任务

多项式除以多项式。

合作计算

1. 四人小组合作尝试完成计算

$(x^3-3x^2+2x)\div(x+1)$

【预设】

大部分学生有困难，因为不能直接用已有的经验。个别学生可能能够解决。

正确答案：

商式是 x^2-4x+6，余式是-6

2. 阅读课本第 65 页的计算步骤及例题

暴露解疑

计算：$(x^4-2x)\div(x^2-1)$

1. 板案

请四个大组，各推荐一位同学到黑板上列竖式，其他同学写在练习本上，比一比谁列得又对又快。

【预设】暴露遗漏补项的问题，强化补项意识。

2. 运用长除法计算

【预设】得到结果：商式是 x^2+1，余式是$-2x+1$。

3. 交流讨论

结合课本内容交流计算步骤、运算要点和注意事项。

续表

归纳提升 本节课我们学习了多项式除以多项式的方法——长除法，请说说计算中你认为最需要关注的问题和注意事项。 【预设】 ①按同一字母的降幂排列。②被除式和除式中缺项都需要补零。③余式的次数低于除式的次数。 1. 长除法类似于以前学习的两数相除的竖式运算，将数转化成了式 2. 多项式除以多项式 (1)常用方法：①将被除式因式分解，直接与除式进行约分。②用长除法计算。 (2)不同结果：①能被整除。②不能被整除，有余式。 (3)联系：当结果能被整除时，①②两种方法都适用。 当结果不能被整除时，一般用长除法。 我们知道了因式分解与多项式乘多项式的互逆关系，当然，我们会做整数的除法。 …………

经过第一次教学之后，发现在“先学探索”部分，教师的教学太按部就班，对于两道计算题，学生基本没有什么困难，而真正有困难的题老师却没有让学生经过自我思考就安排他们小组讨论了。那怎么改呢？要充分暴露学生的问题，还要让学生养成遇到问题自己看书寻找答案的好习惯。于是，教研组就把练习的顺序和内容略加调整，于是小王老师开始了第二次教学。

试一试 先请学生尝试解决一组计算问题： (1)$(x^3-3x^2+2x)\div 2x$ (2)$(x^3-3x^2+2x)\div(x-1)$ (3)$(x^3-3x^2+2x)\div(x+1)$ 教师巡视学生练习情况： (1)$(x^3-3x^2+2x)\div 2x=\frac{1}{2}x^2-\frac{3}{2}x+1$ (2)$(x^3-3x^2+2x)\div(x-1)=x(x-1)(x-2)\div(x-1)=x(x-2)$或$x^2-2x$ (3)$(x^3-3x^2+2x)\div(x+1)$，商式是x^2-4x+6，余式是-6。 教师：我发现(1)(2)两个小题问题不大，最有困难的是第(3)小题，我们马上到书上去找方法。(会做的同学就比较一下书上的方法与自己的方法有什么不同之处。)

续表

读一读 打开课本第 65 页，阅读课本第 65 页的拓展内容。 （看书时若有不懂的地方可以同桌间相互交流。） **议一议** 1. 看完书后，请同学们再来尝试刚才的一组问题，看看能否突破？ 第(2)小题有两种方法：①将被除式因式分解。②长除法。 第(3)小题用长除法：$(x^3-3x^2+2x)\div(x+1)$，商式是 x^2-4x+6，余式是 -6。 2. 小组交流批改第一大题的计算，互相纠错。 3.(1)教师出示问题答案，学生纠错。 (2)对照课本，找出错误原因。 (3)请做对的同学来介绍方法和过程。 4. 通过刚才一组问题的计算，对你有什么启发？或者说你有什么想法？ (1)长除法类似于以前学习的两数相除的竖式运算，只是将数转化成了式。 (2)多项式除以多项式。 常用方法：①将被除式因式分解，直接与除式进行约分。 ②用长除法计算。 不同结果：①能被整除；②不能整除，有余式。 联系：当结果能被整除时，①②两种方法都适用。 当结果不能被整除时，一般用长除法。 (3)用长除法进行运算时要注意哪些方面？ ①按同一字母的降幂排列。 ②被除式和除式中缺项都需要补零。 ③余式的次数低于除式的次数。 **做一做** 计算：$(2x^4-3x^3+7x-9)\div(x^2-2)$ 运用长除法得到结果：商式是 $2x^2-3x+4$，余式是 $x-1$。 注意：被除式和除式若有缺项都需要补项。 …………

第二次上课时，教师把 3 题计算全部放在一起让学生先算，结果很明显：第 1 题和第 2 题并不困难，第 3 题确实比较难。当出现困难时，教师引导学生从书中寻找方法、与同学合作解决难题。而后，教师又安排了学生自我批改的纠错环节。在请学生介绍好方法时，及时提炼小结，帮助学生进行知识梳理，最后再做题实践，了解学生的掌握情况。

第二次课明显比第一堂课上得顺利，环节更清晰了，学生也能从自己练习——看书——小组合作——互相批改——提炼小结——再做题的过程中，对“多项式除以多项式——长除法”的知识概念和解题方法有了更多的掌握。

最终，这堂教学课成为教研组资源库中的又一新资源。

学科教研组还规定：期末每位教师提供自己认为精彩的5份教案进行交流，那么最终将得到“5×N”(如果组内有N位教师)份教案，这使得个人教学资源库快速而有质量地获得发展和完善。

（三）在案例汇编中学习分享

课题组组织研究核心团队和骨干教师定期收集教学资源库应用于教学实践的教学设计、教学案例并汇编成册，让每位教师都能浸润在浓郁墨香的教学设计及案例集中学习与分享优秀的经验中。

静教院附校有教师能写案例，但是许多教师有困难。做过的事情不一定都能把它写出来，更不一定能写好，怎么办？课题组组长张人利校长亲自为全校教师做了后“茶馆式”教学案例撰写的辅导报告。之后，课题组物色了一位教师，与她共同商讨后“茶馆式”教学的案例具体应该怎么撰写。请她先写一篇案例的初稿，然后课题组对案例又做了集体修改，形成了一个比较理想的案例。接着，把这份后“茶馆式”教学案例发给全体教师，希望大家对照着范例修改好自己的文稿。随后，又物色了10名教师，再一次对话、修改，形成了10个比较理想的后“茶馆式”教学案例，再把这10个案例发给全体教师，供大家参考。这时，教师的参考面大了许多，之后才开始收集全体教师各自写的案例。由核心团队进行仔细阅读、汇总后，提出修改意见，全体教师再次修改自己的稿子。等再次收集时，优秀案例确实不少。最后，课题组将优秀案例汇编成册，印发给全体教师，供大家相互学习和参考。

教师撰写教学设计及案例的过程是一个自身不断总结、提炼的过程，而辅导教学设计及案例集的撰写与汇编的过程更是一次互动交流、合作学习的过程。学校教学资源库就是这样逐步扩大的。迄今为止，学校已汇编了9册教学设计及案例集。这些文集为全体教师提供了借鉴、思考和帮助。

三、形成不断完善的发展机制

教学资源库的完善与发展在实践中形成了以下三个发展机制。

（一）以教师专业发展为引领

教师专业发展是一个不断积累的过程，教师专业发展的课程设置中有“本体性课程”“条件性课程”“发展性课程”“研究性课程”和“前沿性课程”。创建个人教学资源库是教学前沿的话题，是促进教师专业发展的一种手段。

教师个人都有一定的资源积累，课题组积极推进的个人教学资源库积累就是要将教师日常教学中零散的、突发的及偶然的经验、问题和困惑等组织起来，形成具有个人风格的、适合一定情境的经验系列；把教师有意识或无意识的行为变成有意识、有目标、有结构的资源库。但要变成教师有意识的行为，一定是有价值导向的。这个导向与教师专业发展有关，包括教学观、学生观、质量观等综合体现。可以说，教师专业化程度越高，其资源库积累的资源越多。

从理论层面上看，探索教学资源库的维度以及建立教学资源库对教师专业成长的作用和价值包括：能够提炼教师个人经验、教师学科内容知识及教学知识之间的联系的策略，为处于不同职业发展阶段的教师成长提供一定的理论依据。从实践意义上来说，教师创建个人教学资源库，犹如医生建立病例库、律师建立法案库一样，教师有意识地收集教与学过程中的各种素材、过程，无疑能够提升自我的实践能力。教师的专业性是需要在实践中发展的，即使学习了先进的教育理念、掌握了一定的教学策略、手段等，但在教学的细节处理上，就反映出她的教学水平，如题目怎么设计？课堂怎么调控？面对不同的学生，该怎么教？个人教学资源库的创建，使教师在教学实践中积累起丰富的内容，对于一些教学的细节问题处理也会随着资源的积累与借鉴变得得心应手。

细细翻阅学校资源库中积累的 9 册教案集，从最初的后“茶馆式”教学教案集到最近的教案集，都留下了教师成长的“脚印”，见证了教师成长的过程及变化。

在2009学年第二学期的教案集中，教师对于教学目标的制订还存在问题，教学目标所指向的行为主体究竟是谁还不清晰，有位青年教师在某一课的教学设计中制订的教学目标如下。

1. 引导学生反复朗读课文，要求读准字音，读通文句，读出文章的韵味。

2. 在读的过程中把握文章，理解文章的意境和作者的思想感情，把握记叙、描写、抒情、议论的作用，熟读成诵。

3. 联系文章的写作背景，了解作者的有关情况，进一步理解作者丰富微妙的思想感情。

此教学目标的第一条，行为主体不是指向学生，而是教师，这显然是不正确的。教学目标的行为主体应该是学生，教学目标追求学生学会什么、学到什么程度，其用词应是“了解”“掌握”“体验”等。

2012学年的教案集中，这位教师已经掌握了教学目标制订的要领，在某一课教学设计中，他的教学目标表述清晰、用词准确，具体如下。

1. 准确读出诗歌的情感。

2. 掌握诗人借助典故和比喻抒发内心情感的表达手法。

3. 理解诗人愤激的情感和豁达向上的精神。

那么教师是如何在后“茶馆式”教学中逐步理解、掌握教学目标制订的要领的呢？这源于课题组对每一个细节问题的把握和及时纠错。当发现教师们在教学目标上出现问题后，课题组组长(校长)及时给全校教师做了专题辅导《以教学目标为导向的教学》，具体指导教师如何制订教学目标，并在教学中达成教学目标。

• 课堂教学的教学用时是有限的，要根据文本的特点、学生的基础来确定教学目标的侧重点。

• 学生的原有基础是有限的，不但知识、技能基础有限，过程、方法、情感、态度、价值观上也是有限的。要根据学生实际来确定教育目标的达成度。

• 学生差异比较大，还可以制订差异性课堂教学目标。

在这样的解读下，教师们明白了教学目标制订的要素，并做了修改，如图 4-8《矩形中的翻折问题》的教学目标。

本着“从改变一点点开始改进我们的课堂”，教师们也在此过程中越来越专业地成长着。

原设计		修改后
1. 经历动手操作或想象观察，认识图形翻折的过程，知道翻折的实质是图形的轴对称变换。翻折前后图形的位置发生了改变，但保持形状、大小不变，对应点的连线被对称轴（即折痕）垂直平分等性质。 2. 通过对一系列问题的分析，体会矩形在翻折过程中可能转化出现等腰三角形和直角三角形等图形，体会解题过程中体现的转化思想、数形结合的思想和方程思想等数学的思想方法。	➡	1. 知道翻折的本质是图形的轴对称变换，理解翻折前后图形只是位置发生改变，翻折部分图形的形状、大小保持不变。 2. 掌握翻折前后图形对应点的连线被对称轴（即折痕）垂直平分等性质，能辨析矩形翻折出现的等腰三角形和直角三角形等特殊图形，并能利用其性质解决问题。 3. 体会解决矩形翻折问题中的转化、数形结合以及方程等数学思想方法。

图 4-8 《矩形中的翻折问题》的教学目标对比

（二）以教育科研为引领

学校的教学管理和教育科研是密切相关的，教学资源库为后“茶馆式”教学提供资源支持，自然也与学校的教育科研密不可分。纵观静教院附校的教育科研课题，每一个科研课题的研究进展都在不断积累着丰富的资源，再从这些资源中提炼总结出科研成果，科研成果又回归实践，指导着教育教学。“班级授课制下的个别化教学”“科学性与社会性交融的教学微方法研究”“基于质量评价的学生作业优化研究”等课题研究，都着眼于课堂教学中的问题，研究教学方法，研究作业设计及辅导，遵循学生的认知规律和成长规律，不断改进教育教学的细节问题。如《备课的改进》的意见也是课题组在后“茶馆式”教学实践中不断思考、不断完善而成的。

2009 年的《备课的改进》中对于“全面分析学生基础”要求教师关注：哪些学生可以自己学会，哪些学生不可能自己学会？是部分，还是全部？在哪些关键点上学生会出现“相异构想”？

2015 年的《备课的改进》中对于“全面分析学生基础”提出了修正意见：从“知识与技能、过程与方法、情感态度与价值观”三个维度分析学情；既有学生学习之前的学情分析，还有学生自己先学之后的学情分析。

而在“精心设计课堂教学”这部分，2015 年的《备课的改进》意见中明确了以学生行为主体确定教学目标、以学生的学习活动为线索设计教学过程，且阐述了在每一个学生学习环节中教师应该怎么给予帮助。

又如：在“科学性与社会性交融的教学微方法”研究中，课题组提出后“茶馆式”教学要从原来偏重于课堂教学科学性的研究转变到关注课堂教学社会性的问题。

这些对教学的科学研究促进了教学的改进，同时又在实践中不断提炼总结出有效的方法。教研与科研融为一体、相互促进的实践，使得教学资源库的资源越积越丰厚，教学资源库得以不断发展与完善。

（三）以教学历练为引领

教学资源库的建设与完善离不开教学实践，静教院附校每学期有 3～4 次的开放日活动，平时也有很多教学观摩与展示活动，每年都有近 1000 堂的公开课。教师们在一次次的教学历练中成长起来，教学资源库也随着近千堂的教学实战课而不断壮大起来。有时，一堂教学课几易其稿，也就积累了更多的资源。

例如：我校曾获得上海市青年教师教学比赛一等奖的小学英语教师朱雯倩，她的一堂英语课的教学设计，经过英语组团队的通力合作，经过专家的指点，前前后后共修改了七稿，就连课堂练习、板书设计，前后也修改了四稿。这些原始资料都保存在她的教学资源库里，资源库记录并见证了她参赛的过程与成长。

如今，已是静安区教育精英的朱老师在说起自己的成长经历时，由衷地说：“虽然过程很辛苦，但得到的进步与收获非常多，更重要的是一

路有很多人的陪伴!"

在静教院附校，像朱老师这样一课几稿、千锤百炼的精品课还真不少。而这些精品课都被完好地保存在教研组的教学资源库中，成为一份宝贵的财富。

再有，在日常课堂教学中，同一个教学内容由不同教师执教，因为班级学生情况不同、教师执教风格不同，所设计的教案自然也不同。即便是同一教学内容由同一位教师执教，但是班级学生情况不同，所采用的教学设计也会不同。

还有，有些教学内容随着社会的发展需要做与时俱进的改进，那么这一教学内容在资源选择上也应有新的变化和发展。尤其是在德育课堂教学上，教师就要把发生在学生身边的事情、社会上重大的时事新闻等及时引入课堂教学，使德育课的教学更有针对性和时效性。正因如此，静教院附校的新德育课堂早在十几年前就已经不使用固定的教材，不拘泥于教学顺序和用时，而是采用了"教学资料包"的形式，保存相应的教学资源。而今随着信息技术的应用和提升，"教学资源包"也早已升级成电子的"教学资源库"。

综上所述，无论是参加教学比赛而历经千锤百炼的教学设计，还是同课异构的不同设计，或是与时俱进的自我教学改进，都在促进教学资源库不断完善和发展。而静教院附校每学期的开放接待展示录像课又丰富完善了教学资源库(见附件 4-2)。

以教师专业发展、教育科学研究、课堂教学历练为引领的机制，我们在实践中不断发展和完善教学资源库。同时，教学资源库也为教师教育、教育科研、课堂教学等提供了丰富的教学资源。

第三节　后"茶馆式"教学资源库的纵横结构

后"茶馆式"教学资源库有纵横结构。从纵向维度来看，教学资源库可分为学校、学科组、个人三个层级的资源库；从横向维度划分，有教学设计、教学课件、习题、教学反思等不同内容。(见图 4-9)

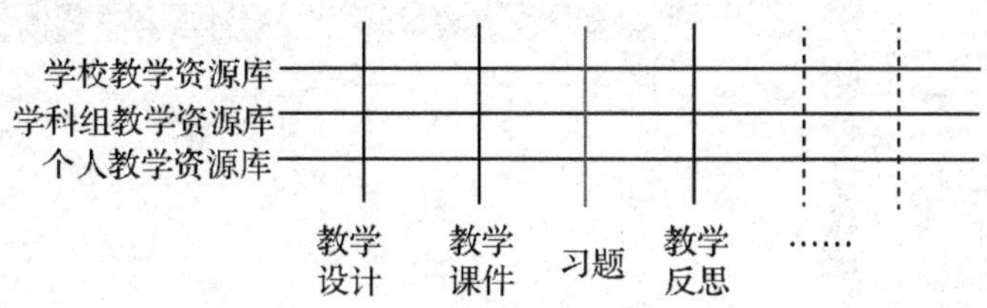

图 4-9 后“茶馆式”教学资源库的纵横结构图

一、 学校教学资源库

课题组在推进后“茶馆式”教学的过程中，不断积累和丰富线上线下的学校教学资源。目前，学校内部的办公管理系统平台上已开设专栏“教师资源平台”，学校保存的实物资源有：课堂教学光盘，《后“茶馆式”教学的 N 种教学方法》，以及汇集教师实践经验的《后“茶馆式”教学教案集和案例集》。

（一）动态的教育资源

静教院附校办公管理系统自建成以来，通过不断调试和补充完善，现在的网上教育资源内容已十分丰富，囊括了校本研修、科研课题、案例论文、个人特色、发展规划、校本课程、班级管理、生成作业、试卷练习、教学设计等内容。教师们通过网络资源平台，可随时将自己的教育资源分享上去，亦可随时随地下载自己需要的其他资源。目前，这一模块在整个办公管理系统中资源馆藏最丰富。(见图 4-10)

（二）静态的教育资源

静教院附校的学校资源库还有传统的纸质文稿集及教学录像光盘等。目前，后“茶馆式”教学教案集、案例集已有 9 册，它们汇聚了教师的教育教学智慧，也见证了大家的成长。(见图 4-11)

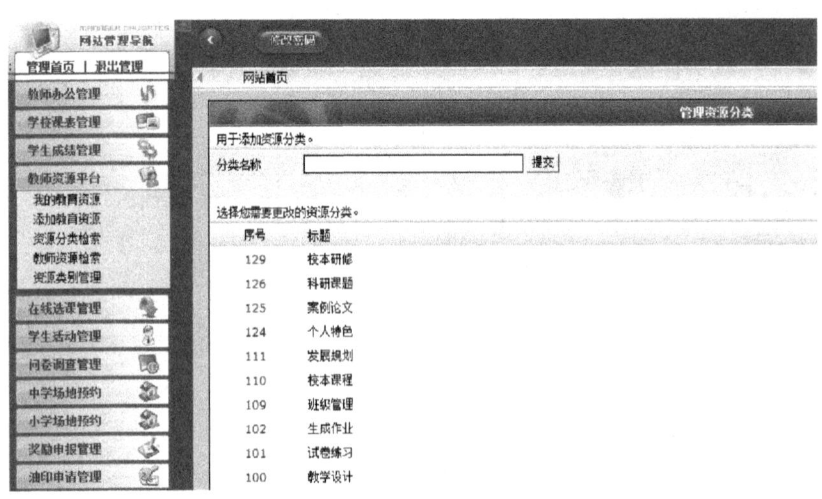

图 4-10　动态的教育资源

图 4-11　静态的教育资源

二、 学科教学资源库

学科教学资源库是以教研组团队合作共同建立的有学科特征的教学资源库。每一个学科教研组都有自己的教学资源库，且库存量大、内容丰富。以小学英语学科教研组的教学资源库为例，具体解读其教学资源库的构建及相应资源。

小学英语资源库的内容是以年级来划分的，每个年级共同包含了静教院附校英语课程标准和配套校本教材，课件、教案与反思，习题，经

典课例四大块。(见图 4-12)

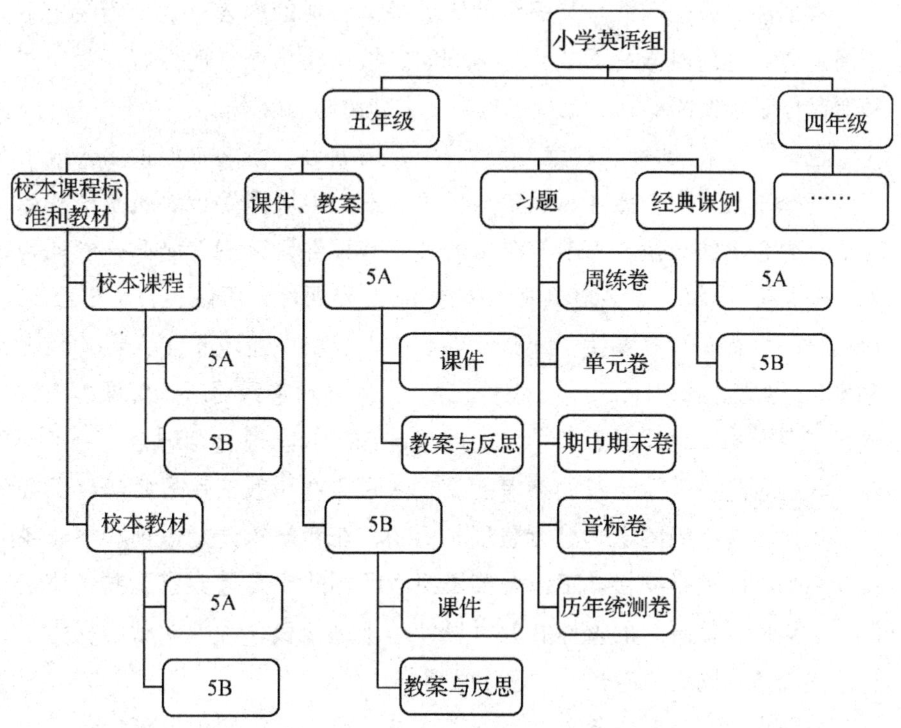

图 4-12　小学英语学科教学资源库结构图

在第一大块“静教院附校英语课程标准和配套校本教材”下分两个子文件夹：校本课程和校本教材。它是结合了上海市统一的课程标准和我校学生的实际情况来制订的。这本课程标准的主要内容包括以下方面：一、二年级有 5 部分：词汇、句型、日常表达、语音、儿歌和歌曲；三、四、五年级有 6 部分：词汇、句型、日常表达、语音、语法、儿歌和歌曲。

目录后面紧跟着的是一至五年级整体的课程目标，并和上海市的课程标准做了对比，如每个年级课程标准部分有“四会”和“三会”的不同要求。“四会”要求是指能听、说、读、写，“三会”要求是指能听、说、读，并在最后附上了书本上的儿歌和我们校本教材上的儿歌数目和歌名。这本课程标准可以为中学英语老师提供参考，他们能通过教材大致了解小学五年学生学习英语的情况，有利于中小衔接问题的解决。

根据校本课程标准，英语组制订了校本教材的内容。五个年级上下十册内容共有拓展教材 320 余份。同时，根据校本教材的内容，为一些故事制作了精良的绘本，至今已累积了多套自制的绘本。

在第二大块“课件、教案与反思”中，根据每一册书本的模块分成了以下两个子文件夹：课件、教案与反思。第二大块课件板块也是资源库中最有含金量的一块。每个年级每册书都有课件，以三年级第一学期为例，一共 12 个单元，每个单元至少有 4～5 个课件。所以，五个年级 10 册教材至少有 500 个课件。除此以外，第二板块中还收录了大量的教案和反思。如五年级“Computers”这一课，执教老师在课后对本节课的设计进行了深入的反思，反思与学校的后“茶馆式”教学理念相结合，给下一轮任教的老师提供了宝贵的参考建议。这些课件和教案反思每学年都会由当年执教该年级的老师进行整理和更新，在新学年开始以前和下一轮执教老师之间进行交接。正因为英语组教师团队无私地共享这些优质资源，才会使得教研组的课件和教学设计越来越精良，为课堂教学提供了更好地服务，同时也减轻了大家的负担。

第三大块“习题”则分为：周练卷、单元卷、历年期中期末卷这三个文件夹，而高年级中还增设了音标卷和历年统测卷这两个子文件夹。

习题是教学资源库的重要组成部分，就以五年级的习题库为例，据我们不完全统计，五个年级的习题库累计量达到 220 套左右。同时，根据学生的情况，小学英语组还为学生量身定做了相应的跟进练习。如果学生把这些跟进练习都收集起来，在期中、期末进行集中复习，这些就不仅仅是一份练习，更是一份不可多得的复习资料。如三年级下册学生在做练习时发现不少问题，我们就根据学生的问题给予了一些温馨提示，并针对性地提供了跟进习题。教师也鼓励学生标记自己的问题，形成一份个性化的复习资料，在期中、期末前进行有针对性的复习。这种阶段性的总结和提醒可以有效地帮助学生巩固所缺失的知识点，让他们少走弯路，也可以告诉下一轮执教老师学生有可能犯的错误并提前重点讲解，提高课堂效率。

在第四大块“经典课例”中，设立了课件这个文件夹。经典课例板块集合了静教院附校市区级公开课、比赛课的经典课件。据统计，一至五年级的经典课件已累计达 49 个。

五年级的经典课“Typhoon”讲述了 Ben 的鹦鹉在台风来临前飞出窗外的故事，告知学生台风将会造成的破坏，并讨论台风来袭时我们应该做什么和不应该做什么，从而将珍爱生命、保护自我的生命教育渗透于教学过程之中。这节课的文本内容通过四段呈现，而教师的板书则引导学生总结和提炼这四段的中心大意，从而培养学生提炼信息、复述故事的能力。

这些经典的课例和板书集结了英语教研组所有教师的智慧和心力，也成为大家共享的经典资源，并得到不断的更新和提升，惠及了更多的附校学生。

特色的文件夹：字卡和教具文件夹、经典电影配音资料文件夹。

根据低年级学生的年龄特点，英语组教师经常使用实物道具进行教学，如食物、水果、毛绒动物等。如在“taste and smell”这一课，要让孩子们认读单词 rice、noodles 等，并帮助学生们了解餐厅里点餐的基本会话。而在道具的配合下，孩子们说说演演，在学习的同时也能得到游戏的快乐，并能很好地激发学习兴趣，增加记忆点。字卡是板书设计的重要组成部分，而对于低年级的学生来说，鲜明的色彩、活泼的设计往往能让他们印象深刻。如 1B M3U1 这节一年级的课，主题是四季的色彩，板书相应地做成了绿、红、黄、白四种颜色，与主题相呼应。

我校中高年级的资源库中也有一个特色的文件夹，即经典电影配音资料。为了给学生提供原汁原味的英语材料，英语教师收集了大量的电影资源并截取适合小学生学习的电影片段来进行教学，这样做不但可以锻炼学生的英语听力，培养他们地道的语音、语调、语感，也更能激发学生学习英语的热情。比如，电影《弦动我心》就是这样一个例子，它可以和牛津英语 4B Module 4 Unit 1“A music class”的内容整合。片中的女主角是一名小提琴教师，她在影片结尾的时候深情地对着她的学生们说了一段话，鼓励他们上台表演不要害怕，要自信。这段独白非常具有感染力，我们的学生沉浸在这种煽情的氛围中，也十分有兴趣进行模仿。

我校英语教师在课余时间为每位学生录音，而每一份电影配音资源都由相应的学生录音，这些学生的名单都是不同的，这就是执教老师的高明之处。她们用这种方法作为奖励来激发孩子英语朗读的兴趣。而在学期结束时，再把所有孩子的录音刻成光盘送到每个孩子的手中，尤其是五年级的孩子，拿到这样一份毕业礼物，真是太有意义了。

英语组的资源库建设得到了组内每一位教师的帮助和支持，资源库还会不断地得到更新和补充，并成为每一位老师的财富，因为这是一个共享的团队。

三、 个人教学资源库

个人教学资源库凝聚了教师的个人智慧，体现了教师的个人风格。

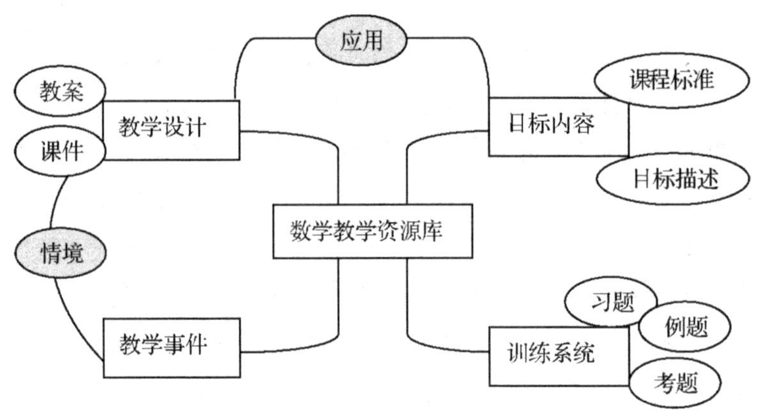

图 4-13　数学教学资源库

数学老师逯怀海的个人教学资源库建设是从题库——训练系统建起的，并不断发展完善。至于当初为什么要建题库？怎样才能够建成一个好的题库？如何运用题库资源？他是这样介绍的。(见案例 4-4)

案例 4-4：

教学资源库建设

1. 为什么要建题库？

(1)一次刺激，知道了研究题目的重要

图 4-14 逯怀海老师在分享他的个人教学资源库

记得第一年教八年级时，增长率这个知识不仅是重点也是难点。勤勤恳恳的我不仅做了大量相关的题目，而且带领学生也大量地做题，为期末考试做充足的准备。哪里想到最终试卷中那道增长率的题目居然和做过的没有同一类型的，更奇怪的是学生出现了各种各样的解题方法，就是不往正确的方面想。经过这样一次刺激，我知道了研究题目的重要性！

(2)一次意外收获，我喜欢上了建题库

那是一个“无心插柳柳成荫”的幸福收获。记得那一年夏天，中考似乎来得比往年更早了一些。中考前的最后一节数学课很重要，我试图总结中考的倒数第二题，使学生能够有一个明确的认识，于是归纳了几道题作为临考前最后的准备。没想到我的题目居然和中考的倒数第二题类型一样，更奇怪的是，连数据也一样。自然，答案也是一样的。我万分惊喜，满满的正能量让我对自己的题库越发喜爱！

(3)“以学定教”的后“茶馆式”教学需求

后茶馆教学先进在“以学定教”，难也难在“以学定教”，每节课都进行深入研究，设计出最精彩的问题，我不是不想做到，而是水平有限做不到。那么有没有“偷懒”一点的办法？我认为建立题库，运用题组进行变式，最起码可以比较准确地反馈一节课。

2. 怎样才能够建成一个好的题库？

(1)积累

方法是：搜(网上搜索)、输(较好的题目尽快输入)、改(原题进行改编)，且这个积累需要做到：日积月累、月积年累、你积我累。俗话说：

巧妇难为无米之炊，因此只有不断地积、不断地累，到用时才会有足够的资源。

(2)归类

方法有三种：按章节、按知识、按思想。大多数时候，我们往往按章节进行归类，因为它的用途比较多，周练、测验等都用得着。但是我现在越来越感受到按知识归类在课堂内的作用。例如，《增长率》《因式分解》，按方法归类，我尝试过，比较难，很难有完整的体系，但是对于提高老师和学生的理解水平、对于提高考试的分数都是很有必要的。初中数学教辅书中只有一本书是按照方法归类的，并且每一章节都是题组形式的，这本书就是孙老师的《迎中考数学题组教程》。

(3)初步加工

大量的题目一定全面吗？不一定，有时甚至会漏掉一些重要的知识点。那么，怎样使自己的题库知识比较全面呢？这就需要我们根据自己的想法补充很多题目，此过程也利于形成自己的学科体系。形成体系的方法包括：根据课本目录，思考、建立自己的思维导图，根据学生的学习情况进行修正。初步加工这个过程是我们老师提升自己的关键，通过这个过程，教师在课堂内可以根据学生的情况随手补充出一些题目来，使课堂更加灵活有效。

(4)深加工

通过变式问题形成题组。这个过程的主要目的是为了课堂教学，它有助于更好地反馈学生的学习情况。关于某个问题，教师可以先建立一个比较完整的题组，在备课时再根据不同年级、不同班级的情况，截取其中的一个片段并修改，这节课的选题就比较好了。形成题组后，我有了一些意想不到的发现。例如，关于中考题的第 24 题，就会发现 2008 年之前的十几年中只有两种方法，然而自从 2008 年引入“作垂线”的方法后，在短短的几年中居然出现了 5 种方法。

3. 如何运用题库？

(1)用来出周练测验卷

每周一套周练和测验卷，并且测验卷和周练卷的题型类似，便于学生复习。到了学期末，复习就相对简单了一些，学生的负担就轻一些了。

(2)课堂题组反馈

使用题组会减少很多不必要的、重复的练习，并且学生也能够更加容易形成思路和方法，能够举一反三，提高审题能力和思维能力。

(3)查漏补缺

我们曾经做过试验，把学生平时易错的问题集中起来，形成一张期中考试卷，然而，学生考出来的水平远远超出我们几个老师的想象。没想到这么多有难度的题目集中到一起，学生居然还能够考好，这说明了题组发挥了很大的作用。

如今，逯老师的题库建设早已发展成内容更为丰富的个人教学资源库。而他对题目的研究、对课堂教学的研究依然情有独钟。

个人教学资源库不仅为教师提供了课堂教学的资源支持，有效地提高了课堂教学效能，更重要的是它持续促进了教师自我专业的不断建构和发展，受益的是教师个人的专业成长，而最终惠及的将是更多的学生。

附件

附件4-1：一次校际跨学科的“个人教学资源库建设交流”研修记录

主持人	丁亿	日期	2014.6.24	地点	南二楼	记录	沈文玮
出席人员	静教院附校：周璐蓉、沈文玮、朱敏、顾跃勤、王连方、王爽 静安实验小学部分教师、昂立机构部分教师						
话题	教学拾贝——个人教学资源库建设交流						
目标	轻负担、高质量						
过程记录 研修小话题： 1. 什么是个人资源库？资源库到底有什么用？说到资源库，你会想到什么词？（日积月累、厚积薄发） 2. 个人资源库的框架有什么？ 3. 怎么用个人资源库？ 研修互动对话： 王连方：资源库里有笔记、心得、案例，还有上课时学生的精彩回答和课堂中的深层性问题，这些积累起来可以给予下一年的教学。今年可以用去年的东西，可以用							

续表

链接的方式，可以节省很多空间。 丁亿：要有思想的碰撞，在收集信息、分析信息、运用信息的过程中，对理解学生的学也是有用的。问题的设计就是“脚手架”。 王伟(静安实验小学)：我的资源库框架是从课程标准的几个板块中的知识点来划分的。根据年级的变化，对知识点进行架构。对最精华的部分，我会建立一个文件夹。除此以外，对教学后的想法、上课后的启发，我会上网去找一些成果研究，看看专家是如何分析这类问题的，以反思自己的教学。 顾跃勤：我想到的是题目。 王爽：我想到的是仓库、分类、标签。 朱敏：我想到的是框架。 周璐蓉：本来想的资源库，原先只想到题目，除此以外，可以是反思、分析，生成性问题更有用。 丁亿：设计—案例—反思—设计 顾跃勤：用微信将学生的作业进行分析。有时学生添了辅助线很幽默，就可以积累下来。 丁亿：技术手段丰富。 王连方：用电子白板，可以将教学中的手写体进行保存。 沈文玮：我觉得个性资源库有两个“性”，一个共性，另一个是个性。我觉得共性指伙伴间的共享、网络资源的共享等，这个可以扩充你的库。但重要的是个性，除了个性的运用，还有分析。我们语文教学除了电子版本的库，还有文本库的积累。 顾跃勤：(个人资源库电子版的共享)题目的建立。 沈文玮：(个人资源库电子版的共享)教学设计、练习、积累。 王　爽：(个人资源库电子版的共享)教材、教参、教案、推荐课教案、案例、课题研究、学生作品、学习资料。避免重复、不断(提升)、更深入地了解学生(老教师)。 朱　敏：(个人资源库电子版的共享)拍照记录学生作业，让学生分享。 周璐蓉：(个人资源库电子版的共享)我的云盘，让我在校外都能及时把资料上传。教案、课件、练习卷、知识点梳理及练习(双基的要点、统考试卷、Reading、初三英语的复习)、英语组建立的库(练习、PPT、教学设计)。 周利群：我的个人资源库都是按照知识点建构框架的。知识点是通过老师导引(简单的问题，技能，提示在书的哪里等)学生来学习的。教学软件，我们也会介绍给学生，在生活中也非常有用。对学生作品的评价，浏览综合性网站，让学生欣赏往年学生的作品。小组分工中，学生会自定目标，评价作品的好坏。欣赏以往的比赛作品，让学生理解哪些作品是优秀的，这种评价的导向让学生能够心服口服。打印最终的成品就是对学生的奖励。

续表

分享： 昂立教育培训机构：附校老师的分享对我们来说非常可贵。附校语文老师的发言给我很多启发，让课堂可以活起来；美术老师的学生作品分享，让学生可以感受到生活的美；数学老师分享很棒，思维方法举一反三；信息技术老师的资源建构，一脉相承，很有逻辑性；英语老师的分享也非常了不起，让我们很有启发。 静安实验小学：我们学校也在做资源库，如何做好完善，我的思考是：①附校的老师在资源库的建构上比较生成性；②在语文库的建构上可以有积累，如学生的作品；③精准性，对题目对策性的理解。附校的老师进行了归类，如对题型的归类；④对学科中作品的个性展示。对不成功的作品，从不会到会的过程。 丁亿：策略：生成性、多样化、精准性、个性化。

附件 4-2：静教院附校一学期的录像课

时间	年级与学科	课题
2015 年 9 月 16 日	二年级　做中学	《观察黄粉虫》
	四年级　数学	《分数的加减计算》
	九年级　语文	《致橡树》
	九年级　数学	《相似三角形的判定》
2015 年 9 月 25 日	五年级　语文	《珍珠鸟》
	二年级　语文	《称赞》
	五年级　英语	《Jobs》
	四年级　数学	《分数的加减法计算》
	一年级　体育	《小小解放军》
	八年级　体育	《耐力・篮球》
	九年级　数学	《相似三角形的运用(1)》
	九年级　语文	《小狗包弟》
	九年级　英语	《Some facts about tea》
	九年级　语文	《贤人的礼物》
	七年级　生命科学	《酸碱溶液的应用》
	九年级　语文	《记承天夜游》
	九年级　数学	《相似三角形的运用(1)》
	九年级　思想品德	《热爱祖国要体现在实际行动中》

续表

时间	年级与学科	课题
2015年10月20日	三年级　语文	《爱迪生孵小鸡》
	三年级　数学	《年月日》
	七年级　数学	《因式分解(1)》
	八年级　语文	《诉衷情》
2015年10月28日	一年级　语文	《燕子南飞》
	三年级　英语	《My family》
	四年级　体育	《武术》
	二年级　美术	《茂盛的植物》
2015年10月28日	八年级　英语	《The funny side of police work》(信息技术)
	八年级　数学	《一元二次方程的应用》
	八年级　语文	《汗血宝马》
	六年级　美术	《感悟色彩与情感》
	六年级　体育	《快速跑·篮球》
	八年级　语文	《破阵子》
	六年级　电脑	《Excel数据排序》
	七年级　地理	《气候的特点》(信息技术)
2015年11月9日	二年级　语文	《山里的桃花开得迟》
	八年级　数学	《直角三角形全等判定》
	二年级　数学	《时间的初步认识》
	七年级　语文	《酬乐天扬州初逢席上见赠》
2015年11月25日	三年级　数学	《解决问题》
	四年级　语文	《扬州茶馆》
	二年级　语文	《水上飞机》
	四年级　英语	《At the street corner》
	二年级　音乐	《欢乐的小星星》
	七年级　数学	《多项式的除法》
	七年级　语文	《壶口瀑布》

续表

时间	年级与学科	课题
2015 年 11 月 25 日	九年级　物理	《串联电路(一)》
	七年级　语文	《愚公移山》
	七年级　历史	《商业的繁荣和城市生活》
	七年级　数学	《分式运算复习》
	八年级　体育	《垫上运动耐力跑》
2015 年 11 月 25 日	七年级　英语	《Unit 7 Signs and rules》
	六年级　数学	《比例》
	六年级　音乐	《歌曲升华你我的情感》
2015 年 12 月 16 日	三年级　语文	《智烧敌舰》
	三年级　做中学	《导体与绝缘体》
	八年级　物理	《两力合并》(信息科技)
	六年级　语文	《孙权劝学》
2015 年 12 月 29 日	二年级　数学	《有余数除法的计算》
	一年级　体育	《篮球 原地拍球》
	三年级　语文	《动物的休眠》
	一年级　语文	《荷叶圆圆》
	二年级　英语	《Home in nature》
	六年级　语文	《买椟还珠》
	六年级　体育	《快速跑》
	六年级　语文	《美容新术》
	九年级　化学	《二氧化碳的实验室制法》
	六年级　英语	《Healthy eating》
	六年级　数学	《羊吃草问题》
	七年级　新德育	《“全家”里的陌生人》
	八年级　物理	《摩擦力》
……	……	……

第五章

后“茶馆式”教学的设计案例

本章呈现的设计案例是依据后“茶馆式”教学理念精心挑选的几个学科教学设计，并附上设计者对案例的解释说明，具体包括整个教学设计的设计意图，每一个环节的设计思考，甚至每一个师生活动行为指令的目的，旨在帮助大家在阅读教学设计案例时能明白设计者的意图，了解后“茶馆式”教学。

这里所列举的仅是几个设计案例，不代表所有的后“茶馆式”教学设计都是如此。因为课有不同课型，若以教学任务作为课的分类基点，课可划分为新授课、练习课、复习课、讲评课、实验课等；若以教学组织形式和教学方法作为课的分类基点，课可划分为讲授课、讨论课、自学辅导课、练习课、实践或实习课、参观或见习课等。不同学科、不同内容、不同课型应该有不同的教学设计。例如，新授课的教学设计一般都是先做教材分析，再做学情分析，之后根据教材分析和学情分析制订教学目标、确定教学重点和难点、设计教学环节等；而对于复习课，其设计步骤就要有所改变，应先分析学情，再分析内容，然后制订教学目标等。

一份教学设计中的具体环节还有相应的要求，如后“茶馆式”教学依据“最近发展区”理论，强调应该有两个学情分析，既有学生先学之前的学情分析，还要有学生先学之后的学情分析。

因此，不同学科、不同年段、不同课型、不同内容的后“茶馆式”教学设计应是五彩缤纷、各不相同的，教学设计应充分反映出教师的智慧。但是，所有的教学设计也都需遵循一条准则，即“教学有法，教无定法”。

“教学有法”中的“法”代表着教学改革的理念和方向。后“茶馆式”教学中的“法”体现在教学设计中要遵循两个基本特征：学生自己能学会的，教师不讲；关注“相异构想”的发现与解决。后“茶馆式”教学的“教无定法”要求教师依据不同学科、年段、课型，以及自身不同的教学风格、教学艺术等，确定不同的教学方法。后“茶馆式”教学的教学方法有“N”个，教无定法，但贵在得法。课题组希望通过这几份设计案例，呈现给大家更直观、更实际、更具体的后“茶馆式”教学。

第一节 中小学语文教学设计及阐释

我爱这土地

静教院附校 陈美

【内容分析】

《我爱这土地》是八年级第二学期的语文教学内容，是现代诗人艾青于1938年写的一首现代诗。这首诗以“假如”领起，用“嘶哑”形容鸟儿的歌喉，接着续写出歌唱的内容，并由生前的歌唱转写鸟儿死后魂归大地，最后转由鸟的形象代之以诗人的自身形象，直抒胸臆，文本托出诗人那颗真挚、炽热的爱国之心。

本单元主题为“祖国在我心中”，但体裁不一，有小说、散文、诗歌。本课教学，除了让学生体会作者的情感外，还需让学生明白诗歌的特点：感情饱满、想象丰富、语言凝练、有节奏感。

所以，本课的教学重点是从“鸟”“土地”“眼泪”等意象入手，帮助学生理解诗歌的意蕴，使学生在一次次朗读中体会诗人炽热真挚的爱国情感。

【学情分析】

“诗言志”，所以读诗歌要理解作者的情感。

先学之前，学生对现代诗的特点有所了解，但由于时代的阻隔，学生对诗人的“爱”有隔膜，可能难以产生心灵的共鸣。这就要结合对时代背景的介绍以及对具体诗句、词语的品味咀嚼(独立学习与讨论合作)，在朗读中加强学生的体验。

学生通过独立、合作学习，明白了诗歌中“土地”“鸟”“风”“河流”等意象的内涵后，未必读得出诗歌中的悲愤、抗争、颂扬、憧憬、热爱的情感。所以，教师要指导学生有感情地朗诵，在语速、音调、重音的把握中，进一步加强对诗歌内容的理解，而这就成了诗歌教学的难点。而进行“鸟”“泪”等意象的贯通、比较、拓展延伸，也有助于学生把握作者深沉、真挚的情感。

【教学目标】

1. 了解现代诗歌的特点，了解艾青，能饱含深情地朗诵诗歌。

2. 掌握诗歌中“土地、鸟、泪”等意象的内涵，基本领会诗歌所表达的思想感情。

【教学重点】

从意象入手，理解诗歌的意蕴，体会诗人炽热真挚的爱国情感。

【教学难点】

用朗读的形式来传递诗人对祖国诚挚的爱。

【教学过程】

一、想一想

1.“诗缘情，诗言志”“情志合一”的诗歌方能真情流露、感人肺腑。标题中哪一个字流露了作者的情志？(爱)

2. 就标题，你能提出哪些问题？“我”是谁，为什么爱土地，怎样爱土地，爱得怎样……

二、读一读

带着以上问题朗读课文。

三、议一议

(一)为什么爱

1. 这被暴风雨所打击着的土地——日本铁蹄践踏蹂躏，灾难深重的祖国。

2. 结合写作时间和书下注释1了解写作背景。

(二)怎样爱——关于“我”“鸟”“爱”

1.“假如我是一只鸟，我也应该用嘶哑的喉咙歌唱。”“然后我死了，连羽毛也腐烂在土地里面。”你是怎样理解这两句诗的？(独立学习)。

预设：

“假如我是一只鸟”：“假如”开得突兀、新奇，令人驻足观望，凝神深思。

“也应该”：国家兴亡，匹夫有责，虽微不足道，也要奋力抗争，唱出不屈的声音。

“然后死了，连羽毛也腐烂在土地里面”：无私奉献。

生死不渝的爱：生前为之歌唱，为之奋斗；

死后为之奉献，为之献身。

2.“用嘶哑的喉咙歌唱”一句，“嘶哑”改为“嘹亮”好吗？为什么？

脚手架——古典诗词中的鸟：

两个黄鹂鸣翠柳，一行白鹭上青天。

几处早莺争暖树，谁家新燕啄春泥。

关关雎鸠，在河之洲 。

春眠不觉晓，处处闻啼鸟 。

诗人把自己比作“鸟”，他没用“珠圆玉润”“啁啾”“婉转”等词，而是用“嘶哑”来形容鸟的歌喉，是颇具匠心的。诗人将自己与鸟视为一体，试想，抗战初期悲壮的时代氛围里怎能听到或听出“珠圆玉润”的叫声？

嘶哑的喉咙里融入了诗人坎坷的经历以及他对这片土地深沉执着的爱。

(三)歌唱什么——关于“土地”“河流”“风”“黎明”的象征意义

1. 小组讨论，交流明确

(1)象征意义。

这被暴风雨所打击着的土地——日本铁蹄践踏蹂躏，灾难深重的祖国。

这永远汹涌着我们的悲愤的河流——抗战救亡的悲愤

这无止息地吹刮着的激怒的风——不屈不挠的反抗

和那来自林间的无比温柔的黎明——自由解放的曙光

(2)诗人对土地、河流、风、黎明的描写，蕴含了他怎样的思想感情？这几句能否颠倒顺序？

人民苦难——人民反抗——胜利前景

悲愤——称颂——憧憬

2. 教师帮助：资料链接

艾青在《雪落在中国的土地上》有着相似的描写：“雪落在中国的土地上，/寒冷在封锁着中国呀……风，/像一个太悲哀了的老妇，/紧紧地跟随着/伸出寒冷的指爪/拉扯着行人的衣襟，/用着像土地一样古老的话/一刻也不停地絮聒着……”诗人用“寒冷”“雪”“风”“封锁”等意象勾勒出扼杀一个个求生的生命的悲惨处境。

当时日寇连续攻占了华北、华东、华南等广大地区，所到之处疯狂肆虐，草菅人命。两首诗写于同一时期，都表现出诗人对人民苦难的深情关注。

作者简介：艾青，原名蒋海澄，笔名“艾青”中的“艾”表反蒋。抗战时期的诗作，格调昂扬。成名作为《大堰河——我的保姆》。诗人曾自称为“悲哀的诗人”。

(四)爱得怎样——关于眼泪

1.“为什么我的眼里常含泪水？因为我对这土地爱的深沉……”怎么理解？

2. 先独立思考，再小组讨论。

3. 教师帮助。

在我们的记忆中，爱国诗篇历代层出不穷。唐代王昌龄誓言“黄沙百战穿金甲，不破楼兰终不还”；宋代陆游以老病之躯仍然“夜阑卧听风吹雨，铁马冰河入梦来”；辛弃疾一生立志“了却君王天下事，赢得生前身后名”；岳飞更是“壮志饥餐胡虏肉，笑谈渴饮匈奴血”，欲“直捣黄龙，与诸君痛饮耳”；清代谭嗣同“我自横刀向天笑，去留肝胆两昆仑”；女革命家秋瑾巾帼不让须眉，写出了“拚将十万头颅血，须把乾坤力挽回”这样豪气冲天的诗句，而徐锡麟的一句“只解沙场为国死，何须马革裹尸还”道出了古往今来所有男儿的爱国心声！是的，他们是诗坛的巨人，他们更是战场上的勇士，用笔、用枪、用血、用心捍卫着脚下这片土地和心中那个梦想！

但是，艾青的诗中没有刀光剑影，没有豪言壮语，有的，只是“用嘶哑的喉咙歌唱”的小鸟和满眶的热泪：鸟——诗人、泪——真挚炽烈。

4. 脚手架——眼泪的意象

痛心的泪水：感时花溅泪，恨别鸟惊心。(杜甫)

期盼的泪水：何时倚虚幌，双照泪痕干？(杜甫)

凄婉的泪水：物是人非事事休，欲语泪先流。(李清照)

悲愤的泪水：无限河山泪，谁言天地宽？(夏完淳)

兴奋的泪水：传闻官军收蓟北，初闻热泪满衣裳。(杜甫)

喜悦的泪水：忽报人间曾伏虎，泪飞顿作倾盆雨。(毛泽东)

俗话说：一个真正的男人一生只流两次泪：一是在母亲的病榻前，一是在祖国沦丧时。这句朴素的话语道出了我们人生的两大课程：那就是对双亲的挚爱和对祖国的忠诚。

四、品一品

1. 这首诗第一、二节之间在结构上有什么内在联系？

2. 能否把标题换成：我是一只小小鸟(小鸟的歌唱)？

五、演一演

男女生用起应的方式朗诵。

六、试一试

假如诗人还健在，面对繁荣昌盛的祖国，还用《我爱这土地》抒情，他会怎样写？

板书

我	爱	这土地
	生——歌唱	
鸟	死——奉献	祖国

【课后反思】

问题组合，营造激活的课堂。

学生就“我爱这土地”提出了为什么爱、怎样爱、爱得怎样等问题，教学过程依此顺利推进。在独立学习和小组讨论后，学生渐次明白“土地”等意象的象征意义，理解作者对饱经患难的祖国的热爱。

而对“嘶哑”能否改为“嘹亮”的追问，引导学生深入文本，在比较和涵咏中体会诗人的良苦用心。“品一品”标题的好处则引导学生抓住诗眼理解作品，也加深学生对作品情感基调的把握。

叶圣陶说：“吟咏的时候，对研讨所得，不仅理智地了解，而且亲切地体会，不知不觉之间，内容与理性成为读者的东西，这是一种可贵的境界。”

学生能自己提出问题，解决问题；教师又能穷本溯源地追问，让学生在讨论中碰撞、在倾听中接纳，这样的课堂是激活的课堂。

激活的课堂是一种体验的课堂，就是“自我携带着全部生存气息和印记进入文本话语世界对它进行清洗，然后在它里面居住下来，并且最终转化成它里面的一棵树、一个纹饰、一种记号和一片尘土”。这是一种美妙的境界，因此教与学都成了一种美好的享受。

《我爱这土地》教学设计说明

【关于内容分析】

1. 要有文体意识

初中语文教材中有诗歌、小说、散文、戏剧等文学作品，也有记叙文、说明文、议论文等实用性文体。《我爱这土地》是现代诗人艾青于1938年写的一首现代诗。这首诗以“假如”领起，用“嘶哑”形容鸟儿的歌喉，接着续写出歌唱的内容，并由生前的歌唱转写鸟儿死后魂归大地，最后转由鸟的形象代之以诗人的自身形象，直抒胸臆，突出了诗人那颗真挚、炽热的爱国之心。本单元主题为“祖国在我心中”，但体裁不一，有小说、散文、诗歌。本课教学除了让学生体会作者的情感外，还需让学生明白诗歌的特点：感情饱满、想象丰富、语言凝练、有节奏感。

2. 文本解读要有深度和广度

广度是指知识的触类旁通，举一反三。比如，“鸟”在诗歌中的意象常常是指生机勃勃、清新愉悦，但在这首诗里，鸟幻化为诗人，生，竭力歌唱；死，腐化为泥。深度是指对文意、文脉的把握。孙绍振教授指出，经典文本在结构上往往有三个层次：第一层次是显性的，某人在何时何地做何事，读者“一望而知”。阅读教学不仅要让学生懂得“一望而知”的东西，还要引领学生探究“一望无知”乃至“再望无知”的内涵，从而

进入隐性的第二层次，即体会作者潜在的情感、意脉。而文体的流派和风格则属第三层次，更加隐秘 。比如，说出二段诗歌在结构上的逻辑关系；诗人对土地、河流、风、黎明的描写，显示了“人民苦难—人民反抗—胜利前景”的顺序，从而表达诗人“悲愤—称颂—憧憬”的思想感情。

3. 确定教学内容的重点

基于文本解读，确定如下教学重点：从“鸟”“土地”“眼泪”等意象入手，理解诗歌的意蕴，在反复朗读中体会诗人炽热真挚的爱国情感。

【关于学情分析】

学情分析既要分析学生学前已知、不知、欲知、难知，又要分析学生在独立学习、合作学习后的情况。这里既有知识技能，又包含过程方法，以及情感、态度与价值观。

先学之前，学生对现代诗的特点有所了解，但由于时代的阻隔，学生对诗人的“爱”有隔膜，可能难以产生心灵的共鸣。这就要结合对时代背景的介绍以及对具体的诗句、词语的品味咀嚼(独立学习与讨论合作)，在朗读中加强学生的体验。

学生通过独立、合作学习，明白了诗歌中“土地”“鸟”“风”“河流”等意象的内涵后，未必读得出诗歌中的悲愤、抗争、颂扬、憧憬、热爱的情感。所以，教师要指导学生有感情地朗诵，在对语速、音调、重音的把握中，进一步加强学生对诗歌内容的理解就成了诗歌教学的难点。而进行“鸟”“泪”等意象的贯通、比较、拓展延伸，也有助于学生把握作者深沉真挚的情感。

【关于教学目标】

1. 目标表达要规范

教学目标切忌抽象、笼统、模糊，要用学生外显的行为来陈述教学目标，把教学目标具体化，使得教学目标可观察、可测量，便于进行教学评价。教学目标的行为主体是学生，而不是教师。在确定情感态度价值观目标时应充分考虑目标的达成形式，尽量增加比较、联想、对照、归纳、鉴赏、解释、证明、构建等行为过程来完成目标。“情感态度价值观”目标往往用体验性的动词描述学生的心理感受，如遵守、拒绝、认同、反对、关注、重视、支持、尊重、珍惜、怀疑、摒弃、抵制、克服、拥护、帮助、领悟、形成、养成、具有、热爱、树立、建立、坚持、保持、确立、追求等。三维目标可以分列，也可以融合在一起写。

2. 依据文本体式确定目标

教师不仅要从整体上把握文本，还要深入钻研文本的个性，把握文本的感情色彩(爱憎褒贬、昂扬低沉、流畅含蓄等)，抓住令人拍案叫绝的一笔，反复咀嚼、洞悉特色、凸显个性 。

3. 确定三维目标要关注学情

于漪老师说：“要牢固树立目中有学生的观点；要站在时代的高度认识和研究学生的新情况、新特点；要审视学生之间的差异；保护和调动各类学生的积极性；和学生的心弦对准音调，理解他们，研究他们的发展变化，促使他们健康成长。”教师在制定教学目标时要仔细分析学生的学习准备，了解他们在知识技能、学习动机等方面的一般情况和个别情况，以此作为教学的出发点。

4. 目标要有适度的弹性

课堂情况千变万化，教学目标僵化不变无疑是画地为牢。有位哲学家说：“你可以期待太阳从东方升起，而风却随心所欲地从四面八方吹来。”知识与技能、过程与方法、情感态度价值观目标具有主观经验性和个体差异性，需要通过启发、渗透和感染，潜移默化地实现。后“茶馆式”教学关注“相异构想”的发现与解决，学生随时随地提出各类问题，具有不可预测性。即使充分预设，还是有意想不到的场景出现。因此，在制定三维目标时要注意保持适度的弹性，将“生成”目标与“预设”目标融合起来，使课堂的“生成”基于“预设”又超越“预设”。

本课起初把“情感、态度、价值观目标”定为：掌握诗歌中“土地、鸟、泪”等意象的内涵，深刻体会诗歌所表达的思想感情。试教后发现学生因为“时过境迁”很难“体会”，就修改为：掌握诗歌中“土地、鸟、泪”等意象的内涵，基本领会诗歌所表达的思想感情。

【关于教学过程】

一、开篇提出问题或问题组合

引导学生抓住标题中的诗眼“爱”，提出问题：“爱”什么、为什么“爱”、怎样“爱”、“爱”得怎样，问题的组合奠定了课堂教学的流程，也使学生的阅读有了指向，更可以充分暴露学生的“相异构想”。

二、以学生的学习活动为线索设计流程

(一)想一想

围绕诗眼“爱”，提出一组问题。

(二)读一读

第一次先学，以谁爱、为什么爱、爱什么、怎样爱、爱得怎样的问题引导学生整体感知课文。

(三)议一议

多次先学，均为先独立学习，再在组内分享交流。

1. 第一环节，怎样爱——生前为之歌唱，为之奋斗；死后为之奉献，为之献身。

2. 第二环节，为什么爱——这被暴风雨吹打着的土地(被蹂躏的祖国)。

3. 第三环节，爱得怎样——爱得深沉(常含泪水)。

(四)品一品

比较、鉴赏。标题的比较，有助于学生把握本诗的感情基调。

品味两段之间的关系，有助于学生对文脉的把握，由鸟而人，直抒胸臆。

(五)演一演

有感情地朗诵。

(六)试一试

仿写一首。面对繁荣昌盛的祖国，如果我是一只鸟，该怎样歌唱。体会个人的悲欢怎么跟民族的苦难幸福融合在一起。

(七)问题，让引导与评价融为一体

设计问题，让“先学”有导。

设计问题，让“暴露”有法。

设计问题，让“合作”有效。

设计问题，让“评价”有据。

【关于课后反思】

教学反思主要就这堂课教与学方面的得与失谈自己的体会。

说说“教”，哪些问题的设计是恰到好处的、哪些问题的设计是需要改进的，也可记录课堂流程中精彩的生成。

说说“学”，三维目标的达成度如何，实现了哪些最近发展区的跨越。

教学反思写法不拘一格，有话则长，无话则短。

图书馆里的小镜头

静教院附校　王婧

【内容分析】

文章开头语言简明，从“热爱”“偏爱”这两个词语便可知作者的情感态度。通过一个个小镜头的描述，使读者了解到不同年龄、不同性别、不同职业的人对学习的热情和知识的渴求，阐明了作者偏爱图书馆小镜头的原因，表达了作者对文明社会风尚的赞美和热爱。图书馆里的小镜头不仅是反映良好社会精神风貌的一个缩影，而且是作者所热爱的生活小镜头中的一个典型范例。文章的第2～5自然段按进馆、选书、读书的顺序描摹了一组组镜头。清晨开馆时，人头攒动，步履匆匆，人们争先恐后地进馆；选书时，各自急切地搜索目标，小心翼翼地拿书；读书时，更是神情专注，沉醉其中。这每一组镜头、每一幕场景，都体现了人们争分夺秒的学习状态，反映出人们内心对知识的渴求。最后，作者以发问的方式含蓄地表达了由此获得的启示：“它似乎告诉了我什么，到底是什么呢?”同时也留给读者思索的空间。

从课题来看，图书馆里的小镜头应该有许许多多，随处可写，但作者根据表达意图的需要，选择了三个地方的小镜头：大门口、书架前、阅览区，分别描述了人们进馆时、选书时和读书时的镜头。在描写这三

处镜头时，作者又选取了各具代表性的内容。大门口的镜头凸显的是进馆的人多，因此采用的是远景捕捉的方式，从发型和鞋子入手，以局部代替整体来体现人多；书架前的镜头也采用局部代替整体的描写方式，所不同的是，作者选取了眼睛和手作为描写的对象，旨在表现人们选书的迫切和对书的爱护；阅览区是最能反映人们学习状态的场所，围绕“沉醉”作者分别选取了男、女、老、少这四个代表不同性别和不同年龄的读者进行细致刻画，充分体现了人们学习的投入程度。文章所写虽同是图书馆的小镜头，但由于观察的角度、选取的材料以及描写的方式不同，读来层次清楚、详略得当、重点突出，人们对学习的热情和对知识的渴求也由于选材组材的得当而一览无遗。

本文结构典型、构思精巧。开头直抒胸臆——“我更偏爱图书馆里一个个小镜头”，结尾以问作答——“它似乎告诉了我什么，到底是什么呢”，中间第 2～5 自然段由“面”及“点”、层层推进，描写了一组组令作者难以忘怀的小镜头。文章第 2、3 自然段采用局部借代整体的写法侧重于“面”的描述——进馆之人多、选书之心切、拿书之轻微；第 4 自然段承上启下，由“骚动”到“平静”，人们“沉醉”在书的海洋里；第 5 自然段则通过细节致力于“点”的刻画——一个戴眼镜的小伙子、一位梳披肩发的姑娘、一位头发花白的老人、几个还没识字的孩子，很具代表性。

本单元的教学目标是：学会边读边思，学会在阅读中提出问题、解决问题。这篇课文是本单元的第二篇课文，在学习了第一篇课文的基础上，要求学生继续尝试边读边思，提出问题。

【学情分析】

第一个学情分析：《图书馆里的小镜头》一文虽然没有曲折的情节，难以引人入胜，然而却是一篇很好的学习写作的例文。由于学生对“镜头式的描写”缺少体验，因此难以体会文章的写作特色，而且在以往的范文中，学生对于一个人物的详细描摹刻画的写作方法并不陌生，但是对于截取众多人物局部描写以见整体的写作方法则显得比较生疏。基于此，本课的难点是体会“小镜头”的写作特点。在阅读中教师不仅要让学生了解课文写了什么，更要让学生知道作者是怎样写的以及为什么这样写。

第二个学情分析：教学中关注学生在第一个学情分析中的学习起点，让学生在阅读中发现作者将镜头聚焦在人物的哪几个方面，再组织学生通过讨论找出这些局部描写勾勒出了哪些不同的人，从而让学生加以概括、发现：原来在不同的发型、鞋子、眼睛、手的描写背后，是要极为精准地刻画出不同职业、不同年龄、不同性别的人，从而绘制出一幅完整的“社会”群体形象。

【教学目标】

1. 在阅读中自主识字并理解词义，能准确、有感情地朗读课文。

2. 学习作者选择典型描写对象进行静中有动的细节描写的写作方法。

3. 继续学习在阅读中发现问题、解决问题的阅读方法。

【教学过程】

一、揭示课题，预习反馈

1. 教师揭示课题，学生个别交流预习过程中的疑问。

2. 罗列后大组交流，解答问题。

过渡：刚才我们通过交流解开了对课文内容的疑惑，相信大家通过交流，对于这些问题都有了明确的答案。那么作者是如何写这些小镜头的呢？（出示 PPT：读读第 2、3、5 小节，思考这三节在写法上有什么共同点和不同点。）

（说明：本单元的教学目标要求学生能够边读边思，在阅读中提出问题，并解决问题。这篇课文是本单元的第 2 篇课文，前一课学生已经初步在老师的指导下学习提出问题并通过阅读解决问题。课前，学生预习了第 27 课，也根据课文的内容进行了提问。第一个环节通过大组交流，让有能力解读课文的学生进行部分问题的解答，体现了教学的有效性，也充分暴露了学生真正不理解的内容。）

二、小组讨论交流，学习写法

1. 出示自学提示。

2. 学生进行小组交流。

3. 大组交流。

相同点：都进行了人物的肖像描写。

镜头一：抓住了人物肖像的外貌描写。(板书：肖像)

感受到人多，有不同年龄、不同层次、不同工作的人。

镜头二：抓住了肖像描写的外貌描写。

感受到人多，有不同年龄的人。

镜头三：抓住了人物肖像的神态、动作，感受到男女老少都爱读书。

学生讨论：图书馆人那么多，为什么写这四个人？

交流：写的是男女老少，典型人物。(板书：选择典型人物)

(说明：作者通过肖像描写，也就是对人物的局部外貌描写，不仅写出了来图书馆看书的人多，而且让我们感受到来看书的人也很广。他们职业不同、年龄不同、性别不同，但是对阅读的热爱是共同的。在进行小组讨论时，学生能进行充分的阅读和讨论，这个环节让每个孩子都有发表自己见解的机会，只有这样，在大组交流的时候才会有可能暴露相异构想。)

不同点：

镜头四：从小心翼翼地拿下书、极温柔地抚摸，感受到人们十分小心地拿书，对书很爱护。(板书：动作)

镜头五：动作：小伙子一边看着，一边伏案疾书，时不时地扶那已滑落到鼻梁上的眼镜。

神态：皱紧眉头想着什么。(板书：神态)(神态也是肖像描写的一种)

感受动作、神态描写写出了小伙子的专心致志。

其他人的动作、神态描写也写出了他们的专心致志。

小结：作者选择了四个典型人物，通过对他们肖像、动作的描写，即静中有动的细节描写让我们感受到人们对读书的热爱、对知识的渴求，写得真好！

齐读。

4. 学生交流第三个小镜头结尾处的省略号说明了什么。

(说明：第5小节中对人物的刻画是通过近景进行特写的，抓住了人物的特点，描写得出神入化。这一小节教学时从学生的实际情况出发，

抓住了4个人物的共同点，积累表示人物专心的词语；根据人物不同点，学习“吃力、费力”等作者用词的准确。）

5. 写段练习：尝试着用这种写作方法把某一个人专心阅读的情景写具体。

6. 学生交流，教师点评。

（说明：在读写迁移这一环节，根据第5小节的写法，指导学生抓住典型人物的典型特点进行动作神态的描写。）

三、总结

1. 出示刚才没有解决的问题，学生再进行交流。

2. 教师总结。

板书

图书馆里的小镜头
- 入馆
- 选书　选择典型人物
- 阅读　紧抓外貌、神态、动作(肖像描写)

《图书馆里的小镜头》教学设计说明

【关于内容分析】

1. 对文本的理解

这篇课文由于内容上比较浅显，因此学生概括文章主要内容是比较得心应手的，“人们喜爱读书”这一主题早早地在初读文章的时候，学生就能归纳出来。

2. 对写作方法的领悟

文章中要求重点理解的长句，对学生来说并不是难点。在解答质疑的环节，学生就能逐点推敲、层层剖析，在比较中，学生通过细微的差别找到语言的魅力。这篇课文作为写作范文，要让学生理解的是作者如何对典型人物进行动作、神态描写，这份精当、巧妙才是学生领略作者语言驾驭能力的高超之处。

【关于学情分析】

以往在教学中，老师总是一厢情愿地定义学生懂的和不懂的，在备这篇课文时，我翻阅了以往同事们的案例，很多老师都认为两句长句子是学生们学习的难点。但事实上，以我对学生的了解，我认为文本的内容相对简单，他们只是对第 2、3、4 自然段的写法不理解。所以，我在第一个学情分析中把学习作者选择典型描写对象进行静中有动的细节描写的写作方法列为本课的难点。

在我的经验中，我认为学生能通过讨论交流发现作者通过局部的描写极为精准地刻画出不同职业、不同年龄、不同性别的人，也能通过典型人物的动作神态看出人们对知识文化学习的渴望与热爱。

这一类的课文，内容浅显，但是写作手法精妙，学生往往只能读懂内容，而没有能力深究课文的写作方法，而这正符合五年级学生的年龄特征和他们的学习经历。因此，在备这类课文时，老师可以让他们质疑问难，说出他们不理解的地方，然后进行交流。教师可以让文章解读能力强的学生去帮助那些能力弱的学生，这既节约了时间，又可以有的放矢，充分暴露孩子不懂的问题，以便在课堂上组织教学，集中时间和力量去突破这些难点。

【关于教学目标】

基于学情和教材分析，我制订的目标共有三点：①在阅读中自主识字并理解词义，能准确、有感情地朗读课文。②学习作者选择典型描写对象进行静中有动的细节描写的写作方法。③继续学习在阅读中发现问题、解决问题的阅读方法。

五年级的学生虽然对字词的理解能力比较强，也在四年多的时间里积累了很多字词，但是，由于他们的能力各不相同，因此，即使这篇课文内容浅显，还是会有个别孩子对有些字词不理解。在课堂上，我会随文进行解释，所以，字词的目标也是必须设立的。

通过对教材的分析，我觉得这节课的写作方法是教学的重点，在教学中要教会学生掌握并会运用这种方法进行写作。所以，学习作者选择典型描写对象进行静中有动的细节描写的写作方法的目标，毋庸置疑，一定要制定。

由于每个单元都有单元的教学目标，因此，我们在制订教学目标时一定要落实单元目标。

以上三个目标从内容而言，有字词教学的目标、有写作方法教学的目标、有阅读方法教学的目标。而从教学的维度而言，三维目标都是包含其中的。

【关于教学过程】

本节课的教学过程共有三个环节：第一个环节是让学生先学，这是针对本课的教学目标中的教学重点“继续学习在阅读中发现问题、解决问题的阅读方法”进行设计的。在交流后，引导学生暴露相异构想、暴露真正不理解的问题。第二个环节则需要学生合作完成。这个环节是落实“学习作者选择典型描写对象进行静中有动的细节描写的写作方法”这一教学目标的教学难点。教师要让学生们带着问题进行学习，在合作交流中相互启发、共同学习。我的工作是引导学生暴露“相异构想”，通过讨论得出正确的答案。

三个环节解释如下。

第一，揭示课题，预习反馈环节。

本单元的教学目标要求学生能够边读边思，在阅读中提出问题并解决问题。这篇课文是本单元第 2 篇课文，前一课，学生已经初步在老师的指导下，学习提出问题并通过阅读解决问题。由于本课课文的内容浅显，因此学生在课前预习时基本对内容没有什么不理解之处。但每个孩子对文本的解读能力不同，因此一上课就安排了质疑问难的环节，通过大组交流，让有能力解读课文的学生进行部分问题的解答，体现了教学的有效性。学生都已经懂了，老师就不用教了，把时间留给后面的教学环节。

第二，小组讨论交流，学习写法环节。

课文第 2、3 小节抓住典型的局部描写，勾勒出了整体的形象。短句的运用极具感染力，于是我抓住句子的比较，重点学习“留披肩发的，梳辫子的，剃平头的，梳分头的，黑发的，白发的……”一句，在比较中指导学生发现每一个分句都是以省略主语的短语出现，这就加快了句子的节奏；句中的“留、梳、剃”动词运用富于变化；在比较中还要让学生知道前4个分句写出了人物不同的性别、性格，后2个分句则写出了人物的年龄，这前后的2个部分写法也不完全相同……教师可以在学生讨论的基础上加以小结：写好短句就一定要抓住每一个人物最根本的特点，通过富有表现力的短句加大语言的表现力，张弛有度、准确精当、细致传神。在层层剖析中，学生领悟了句式表达的方法。

而第5自然段则又是另一种写法。它通过典型人物的肖像描写，通过对动作神态的细节描写，写出了人们对书的热爱、对学习的热爱。虽然作者只写了四个人，却是男女老少的典型代表。在进行小组讨论时，学生能进行充分的阅读和讨论，这个环节让每个孩子都有发表自己见解的机会，只有这样，在大组交流的时候才有可能暴露“相异构想”。在充分讨论交流的基础上，学生对这三个自然段的写作方法有了深刻的体会，再让他们进行写段练习则水到渠成。

第三，总结环节。

虽然是最后一个环节，但却是本课的点睛之笔。学生学习了细节描写来体现人物的特点，但是的确都学会了吗？我将他们在课堂上提出的问题又一次出示，再一次让他们来回答上课伊始时他们不能回答的问题。果然，学生们都理解了。这说明这节课的教学是成功的。

【关于课后反思】

正如美国心理学家波斯纳提出的教师成长的公式：成长＝经验＋反思。只有通过反思，教师才会不断地剖析自己在课堂教学中的优缺点，细致地、冷静地加以推理总结，具体地对于某一个问题的对策、某一教学环节中学生的质疑，甚至某一个辩论回合展开思考。在反思中，教师已有的经验得以积累，并成为下一步教学的能力。日积月累，这种驾驭课堂教学的能力将日益形成。

所以，我在课后常进行反思，正如这一课，我反思了自己对教材的理解、对学情的分析以及基于以上两点制订的教学目标。上完课后，我觉得自己对教材的理解、对学生的了解还是非常正确的，因此目标的制订是切实可行的。我还对教学过程进行了反思。在整节课中，以学生学为主，学生自己质疑、相互解疑，遇到难以理解的内容，大家通过讨论来得出正确的结论。因此，整节课的学习都围绕着学生自己提出的问题在学习。我作为老师，只是在三个教学环节中利用了两个大问题穿针引线。恰恰就是这样两个问题，激发了学生的讨论，真正让老师的讲堂变成了学生的学堂。由此可见，这节课切入点不大，但是让学生学到的不仅是知识，更是一种在阅读中质疑的习惯和勇气，这对他们今后的学习非常有益。而像这样一类内容浅显、易懂的文章，的确可以让学生通过读读、议议、讲讲、练练的方式进行学习，以发挥孩子学习的主动性，使他们在讨论中迸发火花、相互启发、得出结论。

因此，教学反思的重要性显而易见：进行教学反思有助于我们立足于教学实践，深入地钻研、体会教学理论，从而不断提高自身的专业素质和能力。

第二节　中小学数学教学设计及阐释

5.10 科学记数法

静教院附校　施仲涛

【内容分析】

本节课是第五章《有理数》的最后一课时。科学记数法是日常生活中常用的记数方法。本节课主要分为两部分内容：①科学记数法的意义、读法及书写方法，并让学生体会科学记数法的作用。②会用科学记数法表示较大的数。本节课也是七年级上学期学习用科学记数法表示较大的数的基础。

【学情分析】

学生已有的基础：学生学过幂的意义，知道用幂表示数的优越性。

学生独立学习学得会的：学生能学会科学记数法的定义及表示方法，能体会到科学记数法的意义。

学生需要合作学习才能达到的：对 a 的取值范围、指数 n 与整数位的关系可能存有误区，要通过师生不断交流共同解疑。

【教学目标】

1. 知道科学记数法的意义，积累数学活动经验，进一步感悟探究的方法。

2. 会用科学记数法表示较大的数。

【教学重点】

会用科学记数法表示较大的数。

【教学难点】

正确处理科学记数法中的指数 n 及系数 a。

【教学过程】

一、读一读

在生产、生活和科研中，我们常常会遇到一些较大的数。例如，太阳的半径约为 6.96×10^5 千米，光的速度约 3×10^8 米/秒，目前世界人口总数约 7.1×10^9 人等。

学生活动：阅读材料。

教师活动：(1)出示阅读材料。

(2)指出：在生产、生活和科研中，我们常常会遇到一些较大的数，读、写这些大数有一定困难，但科学记数法给我们阅读、书写等带来了方便。

设计意图：检测学生是否认识科学记数法，是否会读，并适当纠错；让学生感悟科学记数法的意义。

二、做一做

1. 把下列各数写成以 10 为底的幂的形式

(1) 100=________　　(2) 1000=________

(3) 10000=________　　(4) 10=________

2. 用科学记数法表示下列各数

(1)6000000=________　　(2)900000000=________

(3)−80300=________　　(4)−1300=________

(5)31400000=________　　　　(6)−808080=________

学生活动：先独立做题，然后小组交流答案。

教师活动：巡视发现典型问题，并提出问题：指数 n 与什么因素有关？你能说出其中的规律吗？供学生思考。

全班交流：科学记数法的定义。a 的取值范围、指数 n 与整数位的关系。

$1\leqslant|a|<10$，$n=$ 整数位−1 或小数点向左移动的位数。

设计意图：检测学生是否掌握了科学记数法、是否明确了科学记数法的特征、是否建立了新旧知识(幂和科学记数法)间的联系。

三、练一练

1. 写出下列用科学记数法表示的数的原数

(1)$1\times10^6=$________　　　　(2)$2.7\times10^4=$________

(3)$-4\times10^5=$________　　　　(4)$-1.305\times10^3=$________

(本组题渗透逆向思维的方法。)

学生活动：独立练习，然后全班交流。

教师活动：组织全班交流，引导得出注意事项。

(1)负号不能丢。(2)空缺的数用“0”补全。

设计意图：训练学生的逆向思维，并进一步明确注意事项。

2.(1)光的速度是每秒 300000 千米，光的速度合每秒多少米？请用科学记数法表示。

(2)地球赤道一周约为 4×10^4 千米，光在 1 秒内绕地球赤道跑几圈？

(本题是科学记数法的实际应用。)

学生活动：独立练习，然后全班交流。

教师活动：让学生做题，挑选典型解法组织全班交流。

设计意图：(1)检验列式、答案是否正确，引导解题格式的规范化。(2)引导学生体会科学记数法的实际应用。

四、课堂小结

科学记数法的定义、科学记数法的结构特点、注意事项。

课堂反馈练习

§ 5.10 科学记数法　　班级________姓名________得分________

1. 把下列各数写成以 10 为底的幂的形式(每题 3 分)

(1)100=________　　(2)1000000=________

(3)1 万=________　　(4)1 亿=________

(5)1 米=________毫米　　(6)1 千米=________米=________毫米

2. 用科学记数法表示下列各数(每题 4 分)

(1)48000=________　　(2)365000=________

(3)100=________　　(4)2009=________

(5)−8630000=________　　(6)−250=________

(7)88880000=________　　(8)−17050=________

3. 计算下列各式，并将结果用科学记数法表示(每题 6 分)

(1)1250×800　　(2)$(-4)\times(-50)\times(-250)\times12$

(3)$(25\times16)^2$　　(4)3.14×200^2

4. 列式计算，并将结果用科学记数法表示(每题 9 分)

(1)一个成年人的肾脏每天过滤约 2000 升血液，一年(365 天)过滤约多少升血液?

(2)我国发射的载人轨道舱在太空运行了 75 小时，轨道舱的运行速度是每秒 8 千米，那么这段时间内共运行了多少千米?

【课后反思】

本节课分别在两个班级上课了。在环节一读一读和环节二做一做上，两次做了不同的设计，环节三没做变动。第一个班的上课设计如下。

一、独立完成练习

1. 把下列各数写成以 10 为底的幂的形式

(1)100=________　　(2) 1000=________

(3) 10000=________　　(4) 10=________

2. 把下列各数写成以 10 为底的幂的形式，并写出这个数的读法

(1) 1000000=________________，读作________。

(2) 100000000=________________，读作________。

二、独立完成练习

1. 把 150000000000 米化作千米为单位是________________千米，读作________________千米，这个数可以用 10 的正整数次幂的形式表示为________________。

把一个数写成______________(其中______________，n 是正整数)，这种形式的记数方法叫作科学记数法。

2. 用科学记数法表示下列各数

(1)6000000=________　　(2)900000000=________

(3)−80300=________　　(4)−1300=________

(5)31400000=________　　(6)−808080=________

第二个班的上课设计改为如下。

一、读一读

在生产、生活和科研中，我们常常会遇到一些较大的数。例如，太阳的半径约 6.96×10^5 千米，光的速度约 3×10^8 米/秒，目前世界人口总数约7.1×10^9 人等。

二、做一做

1. 把下列各数写成以 10 为底的幂的形式

(1) 100=________　　(2) 1000=________

(3) 10000=________　　(4) 10=________

2. 用科学记数法表示下列各数

(1)6000000= ________　　(2)900000000= ________

(3)−80300= ________　　(4)−1300= ________

(5)31400000= ________　　(6)−808080 ________

两次设计的最大变化：第一次为学生设计了一个完整的坡度，教师认为学生头脑中对科学记数法的概念是一点都没有的，以为要靠教师的逐步引导学生才能学会新知。第二次设计先给出了一段材料，让学生读一读，旨在检查学生到底有没有科学记数法的概念。从上课反馈来看，只有个别学生不会读，说明学生是知道科学记数法的。然后直接进入做一做，旨在总结指数与原数整数位的关系。再通过小组合作、全班交流暴露“相异构想”，不断纠正错误观念，强化正确想法。从上课效果看，第一个班上完两个环节花了 25 分钟，第二个班上完两个环节花了 15 分钟。第三个环节两个班都用时 12 分钟。第一个班没能进行当堂反馈练习，第二个班用 8 分钟完成了当堂反馈练习。相比而言，听课的老师都反映第二次课效率极高。

《5.10 科学记数法》教学设计说明

【关于内容分析】

数学课型最常见的有两种：新授课和复习课，不同课型教学设计的逻辑顺序不同。新授课教学设计的逻辑顺序为：内容分析、学情分析、教学目标、学习活动、课后反思；复习课教学设计的逻辑顺序为：学情分析、内容分析、教学目标、学习活动、课后反思。本课时是六年级下学期的一节新授课，所以以第一种逻辑结构的顺序展开。新授课的学习内容来源于课程标准和教科书，复习课的学习内容来源于学生作业或测验中错题或教师的教学经验、教师对重难点的把握和理解等。新授课的内容分析一般包括如下三部分。

1. 全面解读教材及派生出的知识点

(1)是什么？是第几章第几课时的内容？属于代数范畴还是几何范畴？

(2)学什么？学习内容具体由几个知识点组成？知识结构是怎样的？教材是如何呈现的？本节课的内容来源于教材，是六年级数学下学期第五章《有理数》的最后一课时。科学记数法是日常生活中常用的计数方法。本节课主要分为两部分内容：①科学记数法的意义、读法及书写方法，并让学生体会科学记数法的作用。②会用科学记数法表示较大的数。

2. 掌握学科“主干”，有“结构化”的分析

包括知识结构、方法结构、思维结构等。学习内容和前后知识间的联系整个数学体系中的地位和作用。本节课是幂的知识在日常生活中的实际应用，体现出数学与生活的密切联系，也是七年级上学期学习用科学记数法表示较小数(纯小数)的基础。

3. 确定教学重点

教学的重点可以单独列出，也可以不写，但要在学习内容分析中阐

明重点，即教学重点是对教材而言的。基于上述分析，定出本节课的教学重点是会用科学记数法表示较大的数。

【关于学情分析】

学情分析是教师根据以往经验以及所教学生能力水平做出的预判。后“茶馆式”教学强调两个学情分析：第一个学情分析是学生学习新知识之前的学情，包括已有的基础知识和学习能力、学习方法等；第二个学情分析是学生先学后，可能仍然解决不了的问题，需要通过进一步的独立学习、合作学习，充分暴露、共同解疑后才能达成教学目标的分析。例如，本节课的两个学情分析如下。

1. 学生已有的基础：学生学过幂的意义，知道用幂表示数的优越性。

2. 学生独立学习学得会的：学生能学会科学记数法的定义及表示方法，能体会到科学记数法的意义。

3. 学生需要合作学习才能达到的：对 a 的取值范围、指数 n 与整数位的关系可能存有误区，要通过师生不断交流共同解疑。

同教学重点一样，教学难点可以单独列出，也可以不写，但要在学情分析中阐明难点。教学难点是基于学情分析的难点，是学生学习的难点，而不是教师以为的难点。因此，本节课的教学难点是正确处理科学记数法中的指数 n 及系数 a。

【关于教学目标】

教学目标是基于对学习内容的精准把握和对学情分析的正确预判后，对学生学习活动的一种预设的结果。因此，制订教学目标时一定要注意以下三个方面。

1. 要突出行为主体是学生。不是教师教了什么，而是学生学了什么。数学学科描述行为的动词一般用“了解”“知道”“理解”“掌握”“应用”等。

2. 知识与能力、过程与方法、情感态度与价值观的三维目标可以分开写，也可以合并在一起写。

3. 教学目标是直接的、可操作的、可观测的目标，也是有限的目标，是一节课所要达成的目标，而不是一阶段的目标。制订教学目标时不要面面俱到。例如，本节课我把教学目标主要放在知识与能力方面，情感

态度价值观方面也有所体现，呈现的形式是三维目标合并在一起写。我将教学目标定为：①知道科学记数法的意义，积累数学活动经验，进一步感悟探究的方法。②会用科学记数法表示较大的数。

【关于教学过程】

1. 以学生的学习活动为线索设计教学过程

教学过程设计是备课的重头戏，整个设计以学生活动为主线，以教师帮助为辅。数学中常用的书写方式有两种。

第一种是表格形式(见表 5-1)。第二种是条块形式。按环节分块，写出每个环节的学习内容、学生活动和教师活动，以及设计的意图。本节课就是按照第二种形式书写的。

表 5-1 以表格方式呈现教学过程

教学环节	学习内容	学生活动	教师活动
第一环节：读一读	科学记数法的引入	阅读教师出示的材料	出示准备的材料，检验学生对科学记数法的认识程度
第二环节…	……	……	……

2. 学生的活动设计要以“数学问题”为核心

以“问题链”“问题群”“问题组合”的结构方式呈现(见图 5-1)。初中数学“问题”的形式可以是口头形式、书面形式(随堂练习形式、作业形式、探究形式)和实验形式等。

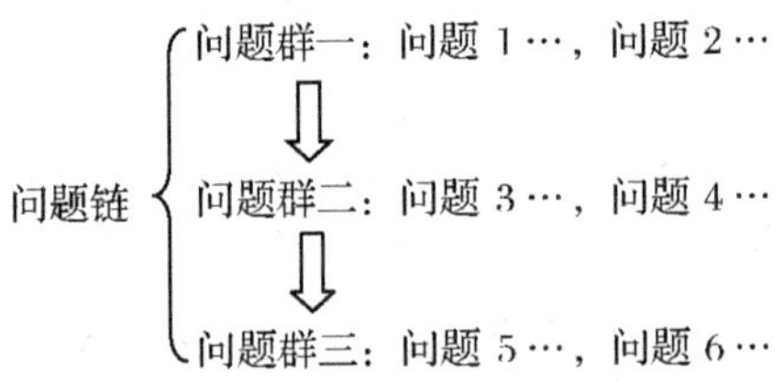

图 5-1　初中数学“问题组合”设计的结构

纵向：问题链，层层递进。第一环节读一读，设计了一个问题，检验学生是否认识和会读科学记数法；第二环节做一做，设计了两个问题，旨在帮助学生掌握科学记数法的特征与方法；第三环节练一练，设计了两个问题，训练学生的逆向思维，并进一步明确科学记数法的注意事项。

横向：问题群。设计“问题群”时需要考虑如下操作要点：①一般设计2～3组问题群，每组3～4个小问题；②每组题最好能暴露3、4个“相异构想”，太少了小组活动时议不起来，太多了往往会突不出重点，会纠缠于细节偏离主题。如果一组问题暴露的“相异构想”过多，也可以分层出示。

3. 学生活动设计的注意事项

一是学生自己学得会的教师不教。例如本节课中对科学记数法的形式、读法，教师就没有刻意去教，只是设计了读一读环节，用教师出示的材料检查学生到底会不会、会了多少。二是问题的设计要充分暴露学生的“相异构想”，为合作学习提供必要的再生资源。本节课环节二做一做就是基于这样的考虑。采用的方法是让学生先独立做题，其目的一是检查学生头脑中原本对科学记数法的认识情况，二是为了充分暴露学生的“相异构想”，并把这些材料作为学生活动的再生资源。教师巡视中发现的典型错误主要有：①移错小数点的位数；②不知道 a 的取值范围；③搞不清指数 n 与整数位的关系。学生基本有3～4种“相异构想”。接下来让学生小组合作学习，教师明确提出问题：指数 n 与什么因素有关？你能说出其中的规律吗？给学生指明研究的方向，让学生共同纠错、合作解疑。最后再来一次全班交流，进一步厘清知识结构，总结规律。

【关于课后反思】

课后反思主要总结上课时的成败得失或学生思维的闪光点，可长可短。本节课主要对两个班上课的情况进行了记录、分析和对比，说明好的问题设计能满足学生学习的个性化需求、能深化学生的思维，也能提高课堂效能，还能作为评价的依据。

轴对称图形

静教院附校　陈琪

【教材分析】

《轴对称图形》是三年级数学第一学期第五章“几何小实践”的内容之

一。之前学生对长方形、正方形、三角形等图形已有了初步的认识，在此基础上对平面图形的对称特征做了初步研究。

本课的学习将通过观察、操作等方法，提炼、归纳图形的特征，其过程也给学生提供了一次初步感受空间概念的机会。

【学情分析】

关于轴对称图形的直接经验来自学生幼儿时期的折纸体验，而且在日常生活中也有很多机会感受轴对称图形的对称特征及美感。因此，大部分学生具备对轴对称图形的直观认知。

尽管有一定的感性认识，但学生是否能够通过已经学习的平面图形提炼并用语言清晰、准确地表达轴对称图形的特征，对学生而言是一种挑战。这是由于这一年龄段的学生把握事物特征的抽象能力还有待发展。甚至因为观察能力比较弱，有些学生还可能把平移、旋转等图形特征与轴对称图形混淆，会把两个形状一样的图形简单地认作轴对称图形。当然，准确地寻找轴对称图形的对称轴更是难点，特别是一些无法折叠的图形，更需要具备一定的空间想象能力，这是直观通往抽象的过程，实现这一过程需要假以时日。

【教学目标】

1. 初步认识轴对称图形的基本特征，知道沿着一条直线对折，直线两边完全重合的图形叫轴对称图形。

2. 能够找到并画出一个简单的轴对称图形的对称轴。

【教学重点】

认识并理解轴对称图形和对称轴。

【教学难点】

能根据特征判断一个图形是轴对称图形。

【教学过程】

一、基于生活试一试

1. 游戏：比眼力

(1)要求：教师出示图片并提问：请女同学和男同学比一比眼力。教师只出示图片的一部分，猜一猜是什么。

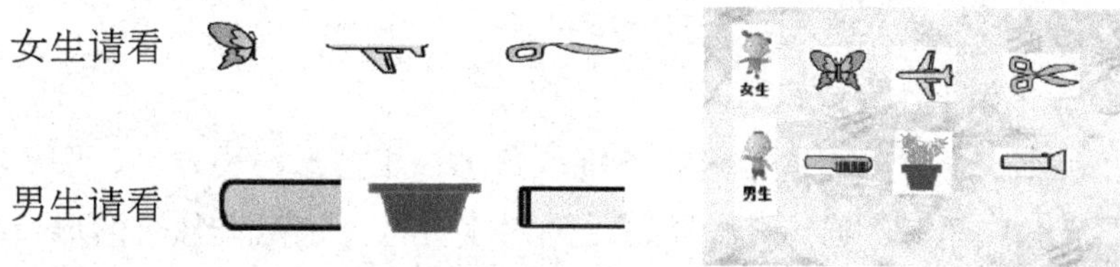

(2)比赛：男女生轮流发表意见。

(3)结果：教师宣布比赛结果。

(4)议论。

【显然女生胜出。由于给出的图形不公平，导致比赛结果不公平，从而激发每个学生申诉的需求，进而发现轴对称图形的特征，即对折后直线的两边图形能够完全重合，揭示了本堂课的知识点。】

2. 动手：剪图形

(1)要求：你能很快地剪出和上面给女生这样的图形吗？

(有困难的同学可阅读课本第 54 和 55 页。)

(2)展示：请学生把作品到黑板上展示，并说说是怎样剪出来的。

(3)提问：你们剪的这些图形有什么共同的特征呢？

3. 出示课题 ：《轴对称图形》

二、暴露问题议一议

图形辨析与讨论：给出以下图形请学生辨认是否是轴对称图形？你是怎么验证的？为什么？

小结：轴对称图形的特征：沿着一条直线对折，两边的图形完全重合。

【给出一组易混淆的图形，引起学生因模糊经验而出现争议，借此暴露学生自以为懂了的问题，引导学生动手验证，进一步加强学生对轴对称图形特征的认识。】

三、厘清概念练一练

1. 小组合作完成表格

每组一个信封，信封内有等腰三角形、正方形、长方形、平行四边形、直角三角形、圆等各种图形，先请学生每人选两个独立的形状判断这些图形是否是轴对称图形？如果是轴对称图形，那么找出所有的对称轴。然后小组交流意见，统一把图形贴在表格中(见表 5-2)。

表 5-2　辨别轴对称图形

<table>
<tr><td colspan="2">不是轴对称图形</td><td></td></tr>
<tr><td rowspan="5">是轴对称图形</td><td>1 条对称轴</td><td></td></tr>
<tr><td>2 条对称轴</td><td></td></tr>
<tr><td>3 条对称轴</td><td></td></tr>
<tr><td>4 条对称轴</td><td></td></tr>
<tr><td>……</td><td></td></tr>
</table>

2. 全班交流

四、课堂总结

1. 今天我们学习的图形有什么共同的名称？怎么样的图形是轴对称图形？

2. 请举例说说生活中的轴对称图形。

【课后反思】

现实生活中几何图形无处不在，因此，对小学生而言，认识几何图形的特征打开了学生进入数学世界的一扇门。学生折纸的体验、生活的经验都成为“基于生活试一试”的基础。当然，“试一试”有很多形式，本节课从游戏导入，把学生引进兴奋、比试的情境，希望获得真相的迫切愿望激发学生的思维，直指轴对称图形的特征。“剪图形”则从观察到动手实践，让学生将对图形的初步印象用自己的双手得出。不出所料，课堂上也有不少学生没有真正发现轴对称图形的“奥妙”，不能借助对折直接剪出轴对称图形。这一环节既反映了学生能够自己学会什么，也暴露了学生没有真正学会的部分，同时还说明这一年龄段的学生对图形本质特征的理解比较模糊，只是停留在表面。此时，我不急于指导，而是让学生到书中去找办法，或向同桌请教，听听同伴的办法。只有教师多听少讲，学生才会勤言善思。

第二环节“暴露问题议一议”将学生可能出现的问题和困难进一步暴露，这是教学设计中对“学情分析”的回应。在课堂上，当依次给出两个图形时，学生纷纷发表意见，可以用“炸开锅”来形容。先是一双顺着的溜冰鞋，学生开始争议“是”“不是”，两种意见各执一词，我则当裁判，要求各方陈述理由。真理越辩越明，结论不言而喻。判断错误的学生一下子恍然大悟，就是判断正确的学生也不是人人都对图形特征真正明了，对话、争论激起了自我思辨，加深了学生对轴对称图形本质特征的理解。接着出现的两条顺游的小鱼，再次使对话出现高潮。不少学生变得谨慎了，然后是再次激烈的讨论。这次对话让学生知道轴对称图形不仅仅有左右对称，上下对称或者对角对称等都可以。这时，学生知道了确定轴对称图形的方法：只要找到一条对称轴就可以了。但要否定它需要进行多次尝试，要怎么样都找不到对称轴时才可以确定。后“茶馆式”教学课堂中的对话不是让会的学生告诉不会的学生，而是让学生学会思考，学会将思考表达出来，并能以理服人。学生在对话中提升了思辨意识和能力。

“厘清概念练一练”是依据教学目标对学习的评价，这种评价不仅仅是教师对学生的评价，更是学生的自我评价。它以任务单的形式让学生从操作到完成表格的填写。对个别还没有完全掌握的学生，小组内同伴之间相互帮助、教师巡视个别指导。同时，教师提供的观察材料既有不是轴对称图形的(其中，对平行四边形的判断、说理是一个难点)，也有多条对称轴的图形，且对称轴从1条、2条，到3条、4条，再到无数条，使不同学习能力的学生都能得到提高。

《轴对称图形》教学设计说明

【关于教材分析】

《轴对称图形》是三年级数学第一学期第五章“几何小实践”的内容之

一，这是阐述教学内容在本章节的位置。之前学生对长方形、正方形、三角形等图形已有了初步的认识，在此基础上对平面图形的对称特征做初步研究，这也是本单元后续内容“三角形分类”的依据之一。当然，在以后的几何学习中也是进一步掌握图形对称性的必要基础。这是阐述它的基础知识是什么(即承前)，以及又是今后哪些学习内容的铺垫(即启后)。还可以说说它在本册教材或整个数学学习中的地位。

【关于学情分析】

学生关于轴对称图形的直接经验来自幼儿时期的折纸体验，而且在日常生活中也有很多机会感受轴对称图形的对称特征及美感。因此，大部分学生具备对轴对称图形的直观认知。

尽管有一定的感性认识，但学生是否能够通过已经学习的平面图形提炼并用语言清晰、准确地表达轴对称图形的特征，对学生而言是一种挑战。这是由于这一年龄段的学生把握事物特征的抽象能力还有待发展。甚至因为观察能力比较弱，有些学生还可能把平移、旋转等图形特征与轴对称图形混淆，会把两个形状一样的图形简单地认作轴对称图形。当然，准确地寻找轴对称图形的对称轴更是难点，特别是一些无法折叠的图形，更需要学生具备一定的空间想象能力，这是直观通往抽象的过程，实现这一过程需要假以时日。

学情分析是教师根据以往的经验来阐述的。第一个学情是学生原有的基础，也就是学生没有先学之前可能达到的程度。第二个学情分析是学生已经先学后可能会暴露的问题。即哪些是学生通过先学自己能学会的，哪些是要通过合作学习或老师讲解才能理解的。当然每一届、每个班的学生情况都会有所不同。

【关于教学目标】

1. 初步认识轴对称图形的基本特征；知道沿着一条直线对折，直线两边完全重合的图形叫轴对称图形。

2. 能够找到并画出一个简单的轴对称图形的对称轴。

这个教学目标是直接的、可操作的、可检测的、有限的。有时我们可以把三维目标分开写，有时也可以集中写，还可以根据各届、各班学生的情况进行调整。

【关于教学过程】

本节课的设计彻底改变了以往的教学过程：引入——新授——练习，而把先教后练变成了先学后教。下面详细说说本节课的备课意图。

轴对称这堂课的第一环节我设计了两次做，一是做游戏，二是动手做。以游戏引入，男生和女生比一比，看谁的眼力好。只出示图形的一部分，猜猜它是什么，女生的都很明显，一目了然。男生的都是有各种可能性，猜不出，所以这场比赛肯定是男生输。男生们不服气地说：“不公平，不公平。”怎么不公平了？有的学生会说女生的图形很容易猜，男生的很难猜；有的会说女生的图两边都一样所以好猜，男生的两边不一样，猜不出来。可能还会有学生说女生的图形两边是对称的。这样就暴露出他们原有的对轴对称图形的认识。接着是第二次做，动手剪，通过观察让学生自己来剪一个轴对称图形。有的学生拿起纸就直接剪，剪好后不停地这里修修，那里修修，想尽可能让两边看上去差不多。有的学生是先对折，然后从开口那里剪；还有的迟迟不动，不知如何下手。我就让他们看看书，看能否从书上收集一些信息。通过做游戏和动手做，学生暴露出各种问题，而解决这些问题，学生对轴对称概念的认识应该会有一点加强。

这个环节的做是指动手做，先做是先学的一种方式。小学数学几何课大都会让学生画画、剪剪、拼拼，让学生切身地去感悟。教师可以让学生独立做，也可以是小组合作做；可以先做，也可以看好书再做，还可以边看书边做。动手做在几何概念课上是很重要的，其目的是暴露问题。

第二环节是议，一节课中往往会进行多次议，有的是递进的，有的是并列的，还有的是生成性的。要注意的是每次议一定要围绕教学目标，通过小组合作、全班合作、师生合作，让学生逐步明晰概念。

这节课进行了两次议，先出示图形 A，问学生们 A 是轴对称图形吗？“是”，学生的第一反应是肯定的。但再仔细想想后，就有学生说好像是，有的还是说是，还有的学生在是与不是之间犹豫，那谁有办法来证明呢？

通过刚才的游戏与剪，学生马上就会想到对折。对折后就发现，哦，原来不是。这时教师再水到渠成地和学生一起就轴对称图形的概念进行小结。对折后两边完全重合的图形就是轴对称图形，这条折痕就是对称轴。这次议的目的是把学生模糊的概念引向清晰。接着又出示了图形 B，问这是轴对称图形吗？学生受到上题的负迁移，认为不是，但是的声音又会马上出现，再请学生来证明。有的学生会说：“我是这样对折的，所以它不是。”还有的学生会说：“我是上下折的，折完后两边是完全重合的。”这时老师再适时地加以总结。要判断图形是轴对称图形挺容易的，只要对折后两边完全重合就可以了，但要判断是不是轴对称图形，只对折一次行吗？我们要尝试多次，左右、上下、对角、对边等，无论怎么对折都不能完全重合了才能判断它不是轴对称图形。这次议目的是让学生把零星的认识拼凑完整。

第三环节的练，是学生对概念的运用。在概念运用的过程中还是会暴露学生的问题。学生可能自己认为学会了，其实还存在着“相异构想”，需要进一步解决。这环节也就是努力做到尽可能地解决学生的“相异构想”，让学生在巩固中提高。

【关于课后反思】

这节课是让学生先独立做，再合作交流。每个组长课前都发了一个信封，里面有 8 个平面图形，4 人一个小组，每人两个，先独立判断是不是轴对称图形，是的画上所有的对称轴，然后在组里交流，小组意见统一了就把图形贴到汇总表中。

我觉得一堂比较有效的几何概念课都是学生自己做、自己议、自己练的。学生自己发现问题，自己解决问题。这三个环节可能会循环，也可能会重复。教师最重要的是做好两件事：设计问题、组织学习。当然，如果在教学中碰到学生不能解决的问题，再由老师来解决，真正做到学生自己能学会的教师不讲。

第三节 中小学英语教学设计及阐释

Unit 1 Trees

静教院附校 高贇

【内容分析】

本节课是八年级第二学期 Module 1 Unit1 的第一课时，为阅读课。课文通过 Judy 和 Ray 博士之间关于树木对人类的有用之处及树木的某些特性的谈话，说明了树木作为污染的“斗士”，在人们的生活中起着无比重要的作用。回顾 6A 到 7B 牛津教材，学生曾在 6B Module3 Unit10 “Forests and land”中学习过与树木相关的内容。由于该课文较长，某些句子较长，意思表达相对复杂，同时生词量也很可观，因此在第一课时中只涉及课文第 1 行至第 24 行，旨在引导学生对文章进行整体理解和认识生词的同时，培养学生良好的环境保护意识，让他们感觉到防止污染已经成为一个刻不容缓的问题。

【学情分析】

虽然本课中的生词较多，但其中有一部分是学生通过课外拓展已知的，或通过上下文阅读就能获取词意的。本课的主题是树木，学生对此话题应该十分熟悉，不论是生活中还是在科学课上，他们都曾经学习过相应的知识，因此在学习课文内容时，大部分学生自己可以通过上下文猜测某些词汇的意思，如 be interested in、notebook、natural、on the end of、alive、oxygen、suppose 等，其中有些单词如 alive、suppose、oxygen 等，教师可以在课堂上通过活动设计检验学生是否真正理解。有些单词，如 as well as、breathe、release、pure、produce 等，可以通过教师提问(引导)让学生理解其在上下文中的正确含义，但 hectare 这个单词的学习可能会有难度。因为据我了解，这个单词的中文意思是公顷，数学课上并没有出现过，因此学生对它基本没有认识，需要教师直接给出释义。此外，学生对 oxygen、breathe 和 hectare 的读音可能会有问题。课文本身并不难，只要解决了生词以及几个重点词组，我相信大部分学生都能理解课文内容。

【教学目标】

By the end of the class, students are expected:

1. To learn the new words and phrases: alive, suppose, breathe, release, produce, as well as, pure, oxygen, hectare.

2. To understand part of the text (Lingl to Line 24).

3. To know the benefits of trees and its importance in our daily life.

【教学重点和难点】

1. To understand the words and phrases: alive, suppose, pure, produce, alive, oxygen, release, breathe, as well as, hectare.

2. To pronounce the words correctly: oxygen, breathe, hectare.

【教学过程】

	Students	Teachers
Pre-reading	Read the introduction, the title and look at the picture, then answer the following questions: 1. Who is having the interview? 2. What's their topic? 3. What's Ray's job, a doctor or a scientist?	1. Ask students to read the introduction to make them get the background of the interview. 2. Make students understand the different meanings of "Doctor" in the text.
While-reading	1. Read part of the interview (from Line1 to Line 24), then discuss the question in groups: "What facts does Dr. Ray tell about trees?"	1. Ask students to read part of the interview and exchange their ideas in groups. The facts are: • Trees are the biggest and oldest living things on the Earth. • Trees make streets more beautiful and less noisy. • Trees give a lot of things, such as

续表

	Students	Teachers
While-reading	2. Have a discussion in class to understand the words: alive, breathe, pure, release, suppose, produce, hectare and oxygen.	pencil、rubber and fruit to people. • Trees enable people to breathe pure cool air. • Trees release oxygen and take harmful gases from the air. (1) One and a half hectares (=10,000sp m) of trees could produce enough oxygen to keep 46 students alive for 1 year. (2) Raise questions to help students learn the new words and understand the above facts in the text. 2. Ask students " Where can you breathe pure, cool air?" to make them understand the words "breathe" and "pure". 3. Ask students "Which gas do we take in to keep alive?" to check if they understand the word "alive" and "oxygen". 4. Ask students to choose the best meaning of the word"release". A. bring in;B. take away;C. let out 5. Ask students "Do you suppose we all enjoy breathing pure, cool air?" to check if they understand the word "suppose". 6. Ask students "What can we produce by the wood from trees?" to make them understand the word "produce". 7. Ask students to read it again and finish the Exercise on Page 4 in groups.

续表

	Students	Teachers
While-reading	3. Read Line 1 to Line 24 again and have a quiz about the new vocabulary. 4. Share different ideas of the question “What good are trees?”	8. Hold the discussion in class to make students review the new words: release, pure, produce, oxygen, alive, hectare, as well as, suppose, breathe. Ask one student to show the word “breathe” with body language. Ask students to rewrite the sentence: “Trees cool the air as well as clean it.” in order to make student understand the phrase: as well as. 9. Ask students to read the words: oxygen, breathe, hectare, pure. Ask other students to correct the pronunciation if needed.
Post-reading	Group Discuss: How do trees fight with/against noise pollution or water pollution?	Encourage students to give different ideas on the topic.
Homework: Write a report to your school newspaper to tell “What good are trees?” You must use the following words: breathe, release, oxygen, keep... alive, as well as.		

【教学反思】

本堂课是该单元课文教学的第一课时，主要解决课文 Line 1 to Line 24 的词汇以及内容理解。课堂上，教师通过问题组合的设计帮助学生学习了生词并初步理解了课文的意思，从课堂小测的结果来看，班级中五分之四的学生能够完成教师预定的教学目标。

值得注意的是，教师在课堂上可给予学生更多的时间和空间让其先学，暴露他们对于新授词汇不一样的理解。学生对于课文本身想表达的意思基本明确，但部分学生对个别单词(suppose)的理解仍有困难，下一节课仍需花几分钟进行复习和检测。

《Unit 1 Trees》教学设计说明

一份完整的英语课教学设计必须包含以下几个方面：教材内容分析、两个学情分析、教学目标、教学重难点、活动设计和课后反思。

【关于内容分析】

分析教材时，最好对全套教材有一个基本的了解，如有可能应在开始备课之前通读全套教材。在通读教材时，要对教材的基本结构、内容做一个简要的分析，如初中牛津英语 6A 到 7B 每册基本都是 10 个单元，每个单元都有 Reading、Listening and speaking、Writing、Language 等板块，阅读中对话较多。这 10 个单元分布于 3 个不同主题的模块中。因此，从课型上来讲，听说课会比较多。而 8A 到 9B 情况有所不同，基本都是以一篇课文 Reading 为主，同时辅以语法、听力和写作练习，阅读课的比例明显上升。

通过解读上海市英语学科核心素养，我们知道在分析某一课教材时，要对这一课教材做全面分析，主要包括以下 4 个方面：①本节课的话题是什么？是人文素养方面的，还是自然科学方面的？如本课所说的主题是树木，属于自然科学。②该课要教授给学生的知识和技能。如本课是一篇阅读课，那么词汇学习和语篇理解就是本课的知识技能。③教材的纵向分析。本课在本单元，甚至本模块中的地位，是新授课或是巩固拓展课。如本节课就是一堂阅读课，属于新授课。④跨学科知识与能力。本节课包含的知识与其他学科的联系。如本节课包含的知识在学生六七年级的科学课上有所涉及。

下面我将以 8B Module 1 “Nature and environment”中 Unit 1 “Trees”的第一课时为例进行教学说明。

作为一堂新授课，在进行教材分析时我们首先要关注以下两个方面：第一，本课提供和输入的新的语言信息(这里主要是采访对话)以及涉及的话题与学生以往在牛津英语教材(6A—7B)所学过的内容是否有关联？第二，本课所出现的除英语之外的知识与学生在其他学科上获得的知识是否有重合？简单而言，就是对纵向和横向两方面的分析。同时要对教材本身进行进一步的详尽分析：如该课课型、课文篇幅、生词范围、新的句型结构、语法重点等，以便为下一步确定教学目标和教学策略做好准备。本课“Trees”是一篇阅读课，由于篇幅较长，第一课时只涉及 Line 1—Line 24，生词有 be interested in、notebook、natural、on the end of、alive、oxygen、suppose、alive、suppose、oxygen、as well as、breathe、release、pure、produce 等。教材中所列出的语法“现在进行时”出现在课文的后半段，因此本节课暂无语法重点。

【关于两个学情分析】

由于该班六至八年级都是由本人执教，因此通过我的教学经验以及从他们平时的作业测验的反馈来看，我认为学生对此话题应该十分熟悉，不论是生活中还是在科学课上都曾经学习过相应的知识，所以在独立学习课文内容以及小组合作先学环节，大部分学生自己可以通过上下文猜测某些词汇的意思(be interested in、notebook、natural、on the end of、alive、oxygen、suppose)，而有些可以通过教师提问(引导)(as well as，breathe，release，pure，produce)让学生理解其在上下文中的正确含义。当然，我对学生的预测主要基于对学生的了解，因此在活动设计时应安排相应的环节来测试学生，如发现先前的预测与实际情况有出入，应当及时组织进一步的教学活动以达到教学目标。

【关于教学目标】

教学目标有教学导向的作用。“二期课改”明确提出教学目标的三个维度：知识与技能、过程与方法、情感态度与价值观。教学目标有三个维度并不意味着每节课的教学目标必须包含这三个层面。例如，该节课中的三个目标，前两条属于知识与技能，而第三条属于情感态度与价值观。那么这堂课中没有关于过程与方法的训练吗？当然有，比如小组讨论、合作学习等。但这属于学生已掌握的本领，不是本堂课所想要达到的目标。教学目标的表述是从学生角度出发的，通常会有：to learn、to know、to understand、to share、to appreciate 等。

【关于教学过程】

目前，我们英语课在书写活动设计时有两种不同的表现形式：第一，列表式，同时写明学生与教师的课堂行为。第二，提纲式，以学生的学习过程为主线，同时辅以教师的教学目的和操作方法。

以本堂课为例，第一个环节为学生独立先学，主要解决两个问题：①让学生通过阅读了解这个采访(对话)的背景；②暴露部分学生对于Doctor这个单词的错误理解。

第二个环节是以小组为单位的课文阅读，并写出文中提到的树木的基本信息。之所以要小组合作学习是因为这个要求比较高，文中一共提到了6个基本信息，但据我估计可能只有一半左右的学生能够在课堂上找全，因此合作学习既保障了学习时间，同时也保证了学习效果。

第三个环节是大组讨论解决文中出现的生词。教师在这里可以有两个不同的操作方案：①将这5个问题一个一个地抛给学生，大家逐一解决；②将这5个问题作为一个问题组合展现在学生面前，引起大家的思考。如何选择要看该班学生的情况，如从环节二中发现学生对于课文理解较好，教师可以选择第二种方案，即以问题组合的形式激起学生的讨论；如学生在小组阅读课文时比较困难，教师可以层层推进地引导学生解决生词问题。

第四个环节是独立学习。学生在指定的时间内完成词义配对和选择练习。如有必要，可以让学生在独立完成后与同桌进行讨论。

第五个环节是大组讨论。学生在学习了树木的六大基本信息后，小组内归纳其对我们人类的好处。从教学重点来看，本课生词较多，部分生词的读音亦是难点，如breathe与breath容易混淆，hectare作为生僻词容易被忽视。教师在这个环节中应尽量暴露学生的错误，并及时纠正。

第六个环节是小组讨论，一方面是复习巩固本课所学的词汇，另一方面也是激发学生就该话题进行主观表达。

作业的设计有两方面的考虑：①复习巩固课堂上所学的词汇；②复述课文内容。为确保目的达成，我要求学生在写作时必须用课堂上学到的部分词汇。

【关于课后反思】

课后反思首先要反思自己这堂课是否达到了先前预定的教学目标，

其次要反思自己这堂课各个环节中做得不够好的方面。比如，我这堂课在两个学情分析中，我认为 suppose 这个单词虽是生词，但学生通过上下文应该能猜测其意思。但在实际课堂上，学生对于这个单词出现了不同的理解，有的认为是“同意”，有的认为是“想象”。直到小测环节，我才发现学生的“相异构想”，并及时进行了纠正。当然，如果有两个教学班，也可将在不同班级遇到的不一样的情况记录下来，为自己将来再上这堂课进行两个学情分析提供参考。

Unit 2 That's my family

静教院附校　盛碧云

【内容分析】

牛津英语 2A M2 的模块主题是：Me, my family and friends。通过三个有关联的单元 I can swim、That's my family、My hair is short 帮助学生掌握一些与孩子生活息息相关的单词(能力、外貌特征)，并能运用简单的问答获取信息，能用所学知识描述人的能力、外貌特征等。

本单元 Unit 2 That's my family 的核心词汇为 young 和 old，核心句型为“Is he/she …?”“Yes, he/she is.”“No, he/she isn't.”。本单元由 Look and learn、Look and say、Play a game、Listen and enjoy、Ask and answer、Learn the letters 六个版块组成。本课时聚焦核心板块 Look and say、Look and learn 的内容，结合 Play a game、Ask and answer、Listen and enjoy 的内容，并受英文原版绘本 *My Mum* 和 *My Dad* 启发，选取其中的内容再构了单课文本。

【学情分析】

本节课的教授对象为二年级学生。学生活泼好动、爱模仿、可塑性强，有着强烈的求知欲和表现欲。通过一年的英语学习，他们对英语已经产生了浓厚的兴趣，有着较强的英语表达愿望。

本单元的主题是 That's my family，对于二年级的学生来说在一年级已经有一定的学习基础，学习本课之前已经掌握了一些描述人物的形容词

short、fat、tall 等，描述能力的词 sing、draw、dance 等。在前一单元 M2U1 I can swim 中学生也学了 run、write、swim 等词和句型“Can you…?”“What can you do?”

在本课中学生通过观察 Peter 的家庭照片集并完成任务单来整体感知语篇内容，先学后学生能够捕捉照片中的信息，但是对“Is he/she…?”“Can he/she…?”做出相应的正确回答部分学生存在一些困难。

【教学目标】

1. 单元教学目标

语用任务：在欣赏相册的语境中，学生能借助板书对家人照片进行 4～6 句对话交流，并能用 4～5 句话介绍自己的家庭成员，描述家人的能力、外貌特征等。

语言知识与技能：能掌握本单元的核心词汇 young、old 的音、义、形，并能正确用于人物描述；能根据照片，借助核心句型“Is he/she…?”“Yes, he/she is.”“No, he/she isn't.”做出正确的问答；能综合理解所学语篇，运用“He/She is my…”“He/She is…(old/young/tall/…)”“He/She can…”口头介绍自己的家庭成员。

情感态度：通过了解 Peter 相册中家庭成员和介绍自己的家庭相册，学生能够更多地了解家人，感受家庭的温馨，更加热爱自己的家庭。通过模仿朗读、游戏活动、角色扮演，学生体验、感知并运用语言，在积极参与课堂活动的过程中学会合作、学会倾听、学会分享。

2. 分课时教学目标

话题 教学目标	第一课时 My family photos	第二课时 My family album	第三课时 My family E-album
语言知识与技能	1. 能够正确认读 I、i 和 J、j，正确朗读 insect 和 jar，跟读儿歌。 2. 能够听懂、读懂并朗读核心词汇 young、old，知道其音、义、性。	1. 能够正确朗读含有字母 i 和 j 的单词和儿歌。 2. 能够正确运用核心词汇 young、old 对人物进行描述。	1. 能够总结 i 和 j 的发音，熟练朗读儿歌。 2. 能在语境下熟练运用核心词汇和句型进行问答。

续表

话题 教学目标	第一课时 My family photos	第二课时 My family album	第三课时 My family E-album
语言知识与技能	3. 能够听懂、读懂并朗读核心句型“Is he/she…?”“Yes，he/she is.”“No，he/she isn't.”。 4. 能够模仿 Kitty 和 Peter 熟练朗读第一课时文本。	3. 能够正确运用核心句型“Is he/she…?”并用“Yes，he/she is.”“No，he/she isn't.”进行问答。 4. 能够借助板书和照片扮演 Peter 和 Alice 表演文本 My family album。	3. 能够综合理解语篇内容、运用“He/She is my …”“He/She is…(old/young/tall/…)”“He/She can…”口头介绍自己的家庭成员。
语用任务	能够在板书的帮助下扮演 Kitty 和 Peter 运用核心句型说一说 Peter 的相册中其他人的照片。	能够借助板书，运用核心单词和句型与同学就一张人物照片进行 4～6 句对话交流。	能够以所学语篇为例，在板书的帮助下，口头描述自己的家庭成员。
情感态度	能够了解相册中不同亲朋好友各自的人物特点。	能够从家庭相册中体会到家庭的温馨。	能够表达对家人的情感，更加热爱自己的家庭。

【教学重点】

能根据照片，借助核心句型“Is he/she…?”“Yes，he/she is.”“No，he/she isn't.”做正确的问答。

【教学难点】

能综合理解所学语篇，运用“He/She is my…”“He/She is…(old/young/tall/…)”“He/She can…”口头介绍自己的家庭成员。

【教学过程】

Procedures	Contents & Methods	Purpose
Pre-task preparations	1. Warming up (1)Read a rhyme < Father and mother> (2)Sing a song <I love my family> 2. Review the letters Ii Jj Read the rhyme <Learn the sounds> 3. Review Period 2 <My family album> (1) Check the homework: share some pages of students' family album (2)Say and act the story	热身进入学习状态。 复习字母 I、i 和 J、j，总结其发音。 复习第二课时。
While-task procedures	1. Guessing game What does Peter's mum and dad look like? Ask and answer: S1: Is he/she…? S2: Yes, he/she is. /No, he/she isn't. 2. Get to know Peter's mum and dad (1)Enjoy the photos of Peter's mum and dad. (2)Finish the worksheet and play a game <Who is lucky? > to check the answer. S1: Is she…? Ss: Yes, she is. /No, she isn't. S2: Can she…? Ss: Yes, she can. /No, she can't. … 3. Get to know more about Peter's Mum (1)Enjoy the photos and answer: T: Is she…? Can she…? Ss: Yes/No. (2)Listen to Peter. (3)Read Peter's E-album. 4. Get to know more about Peter's Dad (1)Listen and enjoy. (2)Read Peter's E-album. (3)Show time: Try to be Peter to introduce his father with the photos.	通过猜测 Peter 妈妈、爸爸的形象复习核心句型，激发学习兴趣。 通过独立学习，观察 Peter 的家庭照片集完成任务单，巩固对核心句型的理解。 通过合作学习具体了解 Peter 妈妈的四张照片，学习描述家人。 通过扮演 Peter 描述他爸爸的照片，在角色扮演中掌握描述家人。

续表

Procedures	Contents & Methods	Purpose
While-task procedures	5. Read and enjoy <My family E-album> Read Peter's E-album by Ipad.	巩固语篇内容。
Post-task activities	Share family photo with classmates (1)Work in pairs: Ask Is he/she…? to guess the image of partner's family members. (2)Introduce my family with the photo in Ipad. He/She is my ________ . He/She is ________ . He/She can ________ .	通过运用三课时所学，组织积累的词汇句型描述自己的家庭成员。
Assignment	Homework: Read Peter's E-album nicely. ☆☆ Introduce your family. ☆☆☆ Make a family E-album.	复习巩固所学内容，培养学生的语用能力。
Evaluation	I am happy. I did well. I gained a lot.	

本课时文本：

My mum is nice and young.
She is a fantastic cook.
She can sing like an angel.
And she makes me happy.

My dad is super and strong.
He is a great dancer.
He can eat like a horse.
And he can swim like a fish.

I love my family.

And they love me, too.

本课时板书：

My family E-album

nice and young

fantastic cook

sing

…

super and strong

great dancer

swim

…

I love my family!

【课后反思】

在教学设计时，我考虑到可以运用平板电脑更加生动地展现给学生文本主人公 Peter 的家庭电子相册，并且学生也能运用平板电脑的功能分享自己的家庭照片。这个创新之举是本课的一个亮点，有效地推进了教学过程，学生的学习热情也更加高涨。

在教学过程中，学生先运用核心句型提问，对 Peter 父母的形象进行猜测；之后再分别进行独立学习和合作学习，从而对 Peter 父母的形象有了更深入的了解。其中，核心句型的频繁复现为有效地丰富学生的表达提供了良好的前提和保障，学生在整堂课最后 post-task 的反馈中能运用所学的句型向同伴分享自己的家庭照片、介绍家人。

本课还尝试运用信息技术对学生的课堂表现、学习习惯等予以及时的评价，这个新颖的方法有利于调动学生的学习积极性。在本课结束前还让学生完成了自评表，这可以帮助低年级的学生培养良好的听课习惯，对于老师这也反馈了学生的学习兴趣和教学效果等，便于在之后的教学中做及时的调整。

本节课是我初次将信息技术运用于教学，不是很娴熟，有些教学环节还需要再完善，使得教学过程更加流畅、文本内容的展现更加生动有趣。

《Unit 2 That's my family》教学设计说明

【关于内容分析】

本单元选自牛津英语 2A M2U2 That's my family。Module2 的 theme 为 Me、my family and friends，Unit2 的 sub-theme 为 That's my family，本单元的核心词汇为 young 和 old，核心句型为“Is he /she…?”“Yes，he /she is.”“No，he /she isn't.”。基于教材模块、单元主题、语言材料和图片情境，教师统整单元，设计了以下三个话题。

Period 1：My family photos

Period 2：My family album

Period 3：My family E-album

本单元由 Look and learn、Look and say、Play a game、Listen and enjoy、Ask and answer、Learn the letters 六个板块组成。本课聚焦核心板块 Look and say、Look and learn 的内容，结合 Play a game、Ask and answer、Listen and enjoy 的内容，并受英文原版绘本 *My Mum* 和 *My Dad* 启发，选取其中的内容再构了单课文本。

根据课标、教材和学情，本课创设了 My family E-album 这个语境。通过本课的学习，学生能综合运用整个单元所学，借助板书与同学运用核心句型就一张家人照片进行 4～6 句对话交流；能口头介绍自己的家庭，并能简单制作家庭相册的一页。

【关于学情分析】

我校是外语特色学校，除了牛津教材，我们还有校本教材，因此学生的语言积累较丰富。本班学生经过一年多的英语学习，对英语已经产生了浓厚的兴趣，有着较强的英语表达的愿望，学习习惯良好、语用能力较强。

本单元的主题是 That's my family，对于二年级的学生来说在一年级已经有一定的学习基础，学习本课之前已经掌握了一些描述人物的形容词如 short、fat、tall 等和描述能力的词 sing、draw、dance 等。他们在前一单元 M2U1 I can swim 也学了 run、write、swim 等词和句型“Can you…?”“What can you do?”，教师将这些知识整合到本课时的学习内容中，复现了旧知的同时让学生在语用能力上又有了进一步提高。

为了明确学生对本课新授知识的掌握程度，教师通过任务单检测、评价学生独立学习的成果。根据教学经验，教师推测部分学生运用核心句型“Is he/she…?”“Yes, he/she is.”“No, he/she isn't.”做正确的问答会产生困难，所以设计了相应的任务单。学生通过观察 Peter 的家庭照片集，捕捉照片中的信息，完成包括核心句型的六组问答配对，结果反映了学生对“Can he/she…?”的问答已经非常熟练，但是部分学生对“Is he/she…?”做出相应的正确回答存在一些困难，符合课前的预想。在之后的学习设计中，教师对于学生掌握牢固的句型则不再重点教授，而是搭建脚手架帮助学生理解、运用核心句型。如在创设的语境中教师用“Is he/she…?”提问学生 Peter 妈妈的形象，以及学生聆听同伴分享自己的家庭成员前用“Is he/she…?”猜测照片的人物形象等。

【关于教学目标】

1. 基于教材和学情，教师确定单元目标及分课时教学目标

本单元三个分课时的教学目标设计既体现了单元整体教学的思想，都是紧紧围绕 That's my family 这个单元主题，又体现了分课时三个话题 My family photos、My family album、My family E-album 之间环环相扣、互相联系、融为一体的特性。

2. 目标主体是学生

在课标“以学生为中心”的教学理念的引导下，教学目标的表述主体就是对学生行为的描述、关注学生的学习效果，如本课的语用任务目标是“学生能够以所学语篇为例，在板书的帮助下，口头描述自己的家庭成员”。教师关注的是学生是否能在 post-task 环节达到此目标。以学生为中心确定教学目标为后面的教学过程和评价设计提供了方向和依据。

3. 目标维度多维

本课时的教学目标分三个维度，即“语言知识与技能”“语用任务”和“情感态度”。语言知识与技能目标是：①能够总结 i 和 j 的发音，熟练朗读儿歌；②能在语境下熟练运动核心词汇和句型进行问答；③能够综合

理解语篇内容，运用“He/She is my…”“He/She is…（old/young/…）”“He/She can…”口头介绍自己的家庭成员。语用任务目标是：能够以所学语篇为例，在板书的帮助下，口头描述自己的家庭成员。情感态度目标是：能够表达对家人的情感，更加热爱自己的家庭。

【关于教学过程】

1. 基于语篇与语境的教学设计

本课时的教学设计始终在 Peter's family E-album 的语境中逐层推进。首先，通过回顾 Peter 在向 Alice 分享自己的 family album 时的对话，巩固前一课时的内容，并引出本课时的话题。其次，在 Peter 向学生们介绍自己的 family E-album 的语境中，通过对 Peter 父母的外貌特征和分别会做些什么的相关问题设计来分层推进对语篇的学习。最后，学生能够围绕自己家人的照片用核心词汇和句型来问答，并能仿照 Peter 分享家庭相册说说自己的家庭，也能简单制作家庭相册的一页。

2. 基于话题与文本的语用设计

本课时的话题为 My family E-album，在语篇与语境的推进过程中逐步形成本课时的板书。教师通过对板书的梳理，为学生的语用输出提供支撑和帮助，凸显板书的语义功能。最后，学生能够从外貌、爱好、特长等方面去描述自己的家人，感受到家人各自的特点和家庭的温馨，并能参照板书为自己家庭相册中的某人写上简单的描述，并逐渐由口头的说过渡到尝试落笔写一写。

对于低年级的英语课堂教学还有几个需要关注的地方。

(1)关注学习兴趣和学习习惯

兴趣是学习的重要动力，培养学生的学习兴趣是低年级英语教学的关键，所以在设计教材时需要注意文本内容应该适合低年级学生的年龄特征。如本课的文本源于畅销的英文原版绘本，和牛津教材整合后，文本生动有趣，并且贴近学生的生活，激发了他们的学习热情。而保持学生的学习兴趣就需要使用灵活多样的教学方法，例如，本课中让学生唱歌、角色扮演、情景体验等，这些活动使学生积极参与课堂，乐于学习。

在教学评价中也需要关注学生的学习兴趣和学习习惯。本课采用教师评价、学生自评和同伴互评相结合的评价方法。这节课采用平板电脑教学，上课界面的设计中有一项对学生的即时评价，教师注意观察学生的表现，可点击学生姓名为其增加一朵小红花，给予学生鼓励和肯定。下课前学生对自评表和互评表上的三项内容进行圈画：①I am happy.；② I did well.；③I gained a lot.。自评有助于学生反思和调控其学习行为，促进学生良好学习习惯的养成。互评有助于形成互相鼓励和帮助的良好学习氛围，做到共同学习，一起进步。

(2)关注“相异构想”

后“茶馆式”教学中学生的“相异构想”由会的学生纠正，大家都不会的再由教师解决。在本课中，学生通过合作学习具体了解 Peter 妈妈的四张照片，小组讨论如何描述人物时学生的表达各不相同。再如学生扮演 Peter 描述他爸爸的照片，学生的回答也是五花八门。教师在学生进行自主讨论、学习时，到处走走转转，积极地看、积极地听，身临其境地感受学生的所思所想，“学生力所能及的，教师避之；学生力所难及的，教师助之；学生力所不及的，教师为之”。学生在这样的活动中逐渐懂得与他人合作、互相学习，思维更加活跃，探索热情更加高涨，学习气氛也更好。

(3)关注学业成果

本课的作业之一是制作一页家庭相册，介绍自己的家人。学生把本课所学进行运用，展现在自己的作业中。学生在完成这项作业时都非常乐于表达，一页页相册反馈了学生在这节课的学习成果。其中，脱颖而出的作品被展示在走廊的墙上，学生体验到了学习的乐趣，备受鼓舞。

【关于课后反思】

课后我们需要反思这节课中的亮点，如一些有效的教学方法、精彩的教学环节等，从中不断积累经验，为今后的教学设计提供有价值的借鉴。同时，我们还要反思不足之处。例如，教学目标中的某项未能达到或者是学情分析有些偏差等。教师对这些问题及时回顾总结，认真思考对策，并对之后的教学进行相应的调整。教师积极地反思教学，能够优化教学，提高教学质量。

第四节　音体美学科教学设计及阐释

“音乐之都”维也纳

（第二课时　聆听莫扎特的声音）

静教院附校　李雯琳

【内容分析】

本课题是少儿版六年级《音乐（第一学期）》第二课《“音乐之都”维也纳》的第二课时——聆听莫扎特的声音，属于综合型的课型。此单元的教学内容从六年级第一学期起，以欧洲音乐史的发展为脉络，从维也纳古典主义的学习开启学生对古典音乐的认识和理解，激发学生对古典音乐的兴趣。

本单元的主要教学内容是了解海顿、莫扎特、贝多芬三位维也纳古典乐派的代表人物的生平及相关作品，学习旋律的进行方向。因此，本单元分三课时完成。第一课时主要是了解维也纳古典乐派之一——贝多芬的生平和他的第六交响曲，并初次学唱贝多芬创作的歌曲《思故乡》。而本节课则以赏析莫扎特的音乐作品为载体，了解莫扎特生平及相关作品的同时，了解旋律的进行方向有几种、不同的旋律进行方向对音乐形象的塑造功能有何不同。显然，本课时中不仅需要学生对莫扎特进行文字上的认识，更需要教师拓展学习资源、创设各种各样的体验平台，帮助学生更好地理解音乐、进行音乐要素之一——旋律的学习。

基于以上学习内容分析，我确定本节课的教学重点：学习音乐要素之一——旋律，了解其进行方向的种类和不同旋律进行方向对音乐形象的塑造功能。

【学情分析】

1. 学生已有的基础

学生在小学五年的音乐学习中对音乐的要素——节奏、速度、力度、旋律、音色有了不少感知和体验，并且形成了初步的认识，但还缺少一些理性的归纳和认识。学生在小学阶段也聆听和学习了莫扎特的音乐作品，对莫扎特并不陌生。大部分学生能够哼唱简谱的旋律，有一定的歌唱能力，个别学生有即兴编创能力。每个班级中几乎有一半的学生在小学期间学过乐器，特别是学习钢琴的人比较多，对音高的走向有一定的感知。

2. 学生先学后自己能学会的

旋律的概念、旋律的进行方向有几种。

3. 学生先学后可能遇到的困难

从乐谱中判断旋律的上行和下行还是很容易的，但在音响作品中判断旋律的进行方向可能存在一定的难度，需要教师帮助。学生在初步感知旋律进行方向不同带来音乐情绪的不同时，是否能够运用这一音乐手段更好地表达音乐作品可能还需要教师进行合理的引导和解决。

依据两个学情分析，本节课的教学难点为：了解不同旋律进行方向对音乐形象的塑造功能。

【教学目标】

1. 在赏析、交流、分享莫扎特音乐作品中，初步了解维也纳古典乐派代表人物莫扎特及其生平，激发学生对古典音乐的兴趣。

2. 在模拟唱《G 小调第 40 交响曲》和赏析莫扎特《C 大调钢琴奏鸣曲》等音乐作品中，加深对莫扎特音乐作品中旋律的了解。

3. 了解旋律的含义以及旋律的进行方向对音乐形象的塑造功能，尝试用不同的旋律进行方向吟诵(唱)《静夜思》。

【教学重点】

了解旋律的含义及旋律的进行方向的种类，并能够用旋律的进行方向来理解莫扎特及其他音乐家作品的情绪。

【教学难点】

感知(体验)不同旋律进行方向对音乐形象的塑造功能。

【教学过程】

一、名曲记忆　追根溯源

(一)学习内容

欣赏莫扎特《G小调第40交响曲》主题。

(二)学生活动

1. 全体聆听莫扎特《G小调第40交响曲》主题，交流作品的问题，回答教师的问题。

2. 跟钢琴模唱主题，了解歌曲《不想长大》中旋律的出处。

3. 交流此主题的情绪。

(三)教师帮助

1. 出示问题：请同学们说出在哪首歌曲中听到过这一旋律？你知道这个旋律出自哪里吗？谁写的吗？

2. 播放SHE组合演唱的歌曲《不想长大》片段。

3. 组织学生模唱主题，并出示课题。

二、课前先学，课上交流

(一)学习内容

了解莫扎特的生平和音乐作品

(二)学生活动

1. 课前准备，独立学习。课前通过上网搜索、课外阅读和已有经验完成学习内容。

2. 课内活动：讲讲莫扎特的生平或小故事，演奏莫扎特的钢琴曲或其他器乐作品。

(三)教师帮助

1. 课上组织交流，并对莫扎特的生平进行归纳。

2. 播放莫扎特的《小星星变奏曲》《土耳其进行曲》主题片段。

3. 引出旋律是音乐的灵魂，是音乐的基础。

三、概念学习，音乐体验

(一)学习内容

了解旋律的含义、旋律的三种进行方向及其对音乐情绪的塑造功能。

(二)学生活动

1. 独立学习：自学教材第 16 页“音乐常识”——旋律和旋律的进行方向。

2. 合作学习：与同伴一起视唱教材第 16 页的旋律进行方向的三条乐谱。

3. 独立学习：根据教师给出的多个音乐片段画出旋律的走向，判断旋律的进行方向与音乐的情绪。

4. 小组讨论：对聆听的旋律进行方向产生异议的音乐片段进行讨论。

5. 合作学习：寻找歌曲《思故乡》中典型的上行旋律和下行旋律，并有感情地演唱。

(三)教师帮助

1. 出示问题。

(1)何谓旋律(包含哪些音乐特征)？它有几种进行方向？

(2)不同的旋律进行方向对人的情绪有什么不同影响？

2. 教师提供多段不同旋律进行方向的音乐片段，请学生判断并组织学生说说情绪有何不同。

3. 教师针对有分歧的问题，组织学生全班讨论，并板书部分音乐主题乐谱。

4. 教师备案：请学生比较一下莫扎特的《C 大调钢琴奏鸣曲》第一乐章主题表现的“溪水”与贝多芬《第六(田园)交响曲》中第二乐章中“流水”在音乐表现上有何不同？

5. 帮助学生寻找歌曲中典型的旋律上行与下行，并提问：上行和下行的旋律表达了作曲家怎样的情绪？并指导学生有感情、有力度变化地演唱歌曲《思故乡》。

四、理解运用，唐诗新唱

(一)学习内容

为唐诗《静夜思》中的四句诗设计旋律的进行方向，并尝试根据旋律进行方向进行吟诵(唱)。对唐诗《静夜思》进行二次创作(强调乐句中的对比与强弱)。

(二)学生活动

1. 朗读诗词，并画出每一句的旋律线。

2. 小组讨论、展示、交流，尝试根据旋律的进行方向进行吟诵(唱)。

(三)教师帮助

1. 提出要求：在对唐诗《静夜思》进行二次创作时注意乐句中的对比与强弱。

2. 组织展示交流，归纳小结。

【课后反思】

教师在掌握了学生原有认知和基础的前提下展开教学活动，能够达到事半功倍的课堂效果。如SHE组合演唱的歌曲《不想长大》的引入、歌曲《思故乡》的复习演唱以及唐诗《静夜思》的吟诵(唱)，都为学生新知识的学习搭设了“脚手架”。运用我校后“茶馆式”的教学理念，采用学生先学、教师帮助的方式完成本课音乐常识的学习，在充分调动学生学习的积极性的同时也暴露了学生的“相异构想”，给学生的音乐学习带来了不一样的感受。

《“音乐之都”维也纳——聆听莫扎特的声音》教学设计说明

【关于内容分析】

1. 课型说明

根据音乐课程标准的定义，音乐课程是以音乐艺术为载体、以审美教育为核心的基础课程。这也就是说音乐的课程中不仅只是音乐知识的传递，更重要的是让学生对音乐作品的人文内涵有一个初步的了解。而感受作品中的人文内涵往往不会仅仅用一种方式去感知和体验。因此可以说，音乐课的课型大多数属于综合课，只是在一节课中运用的艺术载体可能会有不同。有时以欣赏作品为主，有时以学唱歌曲为主或以综合活动为主。根据自己的教学经验，课堂教学内容主要可分为以下三种：音乐赏析课、音乐歌唱课和音乐综合创作课。本节课属于音乐综合创作课。

2. 恰当补充，增加体验

音乐课程就是以音乐艺术为载体、以审美教育、审美体验为核心的基础课程。但在中学的音乐课程中，音乐常识的学习往往会让学生感到有些枯燥。没有音乐感知体验的音乐常识学习是枯燥和乏味的，因此，本课为丰富学生的情感体验和对音乐常识的理解，不仅提供了教材中《C大调钢琴奏鸣曲》《G小调第40交响曲》，而且还补充了贝多芬第五、第四交响曲第一乐章中的主题和歌曲《解放军进行曲》、中国民歌《小白菜》(器乐版)、莫扎特《小星星变奏曲》《土耳其进行曲》等作品，目的是让学生认识到旋律及旋律的表现方式是多样及多变的。

3．提供平台，发挥学生的个性化

音乐是一门实践性很强的艺术，需要教师在教学过程中给学生提供不同的展示平台，从而发挥学生的表达归纳能力和创新意识与创造力。本课将莫扎特的介绍设计为学生自己学习并在课堂中展示，学生在讲一讲、唱一唱、弹一弹的不同体验中感受莫扎特音乐旋律的特点，则会学得更轻松。因为本课为综合课，所以在本节课的综合活动中设计了唐诗新唱。唐诗新唱的展示活动大大激发了学生的创编欲望与创作热情，这也为发挥学生的创造力提供了一个很好的平台。

【关于学情分析】

本节课的学情分析主要是根据教师以往的经验以及所教学生能力水平做出的预判。其教学难点的确立也是基于对学生两个学情的分析得来的。第一个学情分析是学生学习新知识之前的学情，包括已有的基础知识和学习能力与方法等；第二个学情分析是学生先学之后，通过独立学习和合作学习哪些是学生自己能学会的、哪些是自己学不会需要教师帮助才能学会的。

【关于教学目标】

本课教学基于对学习内容的把握和两个学情的分析来确定教学目标，采用三维目标分开书写的方式表达教学目标。教学目标1有关“情感、态度与价值观”，目标2有关“过程与方法”，目标3有关“知识与技能”。教学目标的确定需要明确学习的主体是学生。情感态度价值观的目标不一定是一个课时可以达到的，可以是几个课时达到的，因此可以是一个单元的目标。而“知识与技能”的目标是本节课学生能够达到的目标。

【关于教学过程】

1. 环节一说明

由于古典音乐时间背景与音乐时代的原因，学生知之甚少，而对当今的流行通俗音乐有所偏爱。鉴于这样的学情，我将莫扎特的一首《G小调第40交响曲》作为莫扎特音乐学习的引入，这是基于学生对流行歌手SHE组合演唱的《不想长大》歌曲很熟悉，这为学生进一步了解歌曲旋律的出处和作者打下了良好的基础。

2. 环节二说明

对于维也纳古典乐派的代表人物——莫扎特而言，学生在小学五年的音乐学习中也聆听过莫扎特的音乐作品，他们对莫扎特的认识不是空白的，因此请学生回家利用网络和书本对莫扎特的生平和他的小故事进行了解还是可以完成的。这样不仅加深了学生对莫扎特的了解，也为课堂中的进一步学习奠定了一定的体验基础。此外，针对学生目前的音乐学习经历，授课班级有三分之一的学生是从小学习钢琴的，他们对莫扎特的钢琴曲并不陌生，请他们在课堂上表现不仅增加了其他学生体验感知的经历，而且对演奏钢琴曲的学生而言也是一个展示自我的机会。

3. 环节三说明

本课的音乐常识学习没有按照以往的教学形式：学生聆听——回答交流——概念学习来进行，而是采用独立学习与合作学习、小组讨论与合作学习的方式完成。学生对于音乐概念的学习完全可以自己完成，特别是对旋律方向视觉上的理解还是很容易判断。但是学生独立视唱旋律和歌曲表现还有一定的难度，需要合作完成。由于音乐学科的特性，它更需要用音乐来说明音乐的问题。按照教师以往的教学经验，学生在聆听旋律后进行旋律方向的判断以及带来情绪不同的理解可能会产生“相异构想”，这就需要教师用各种音频帮助学生完成。

4. 环节四说明

在学生思辨能力已经有所提高的情况下，需要在实践中加以运用和表现。本节课教师用一首唐诗《静夜思》为学生提供创作的源泉，鼓励、引导学生用不同的表现方式或音乐语言来表达自己的情感，这也是帮助学生学习运用音乐常识来表述美的一种方式。

【关于课后反思】

课后反思主要反思教学中学生对教学活动的反馈情况及教学目标的达成情况，可长可短。教学反思可以是预设的反思，也可以是实践后的反思。本节课我主要对“脚手架”做了反思，利用学生原有认知作为“脚手架”将莫扎特的《G小调第40交响曲》自然引出，为学生进一步的学习打下良好的基础。而唐诗《静夜思》的创编则是将语文学习的资源运用到音乐创作活动中，带给学生熟悉而有挑战的音乐创作体验。通过反思，我总结了本节课的成功之处和不足之处，为进一步完善教学设计做了积累。

玩转魔方　快乐健身

——三年级爬越障碍物(2—1)教学设计

静教院附校　孙靓

【内容分析】

攀登与爬越是上海市《体育与健身》课程基本内容Ⅰ身体活动板块中的内容，目的在于让学生掌握各种爬越方法，发展学生的手脚协调性，提高身体的灵活性。三年级在原有基础上要学会运用多种方法进行攀登与爬越一定高度的障碍物，以提高学生的攀爬能力并建立信心。大多数学校为了学生的安全考虑已经拆除了原先的爬杆、爬绳、爬梯等活动器材，体育课中富有野趣的活动渐行渐远。因此，在本课中教师把原先进行体操教学使用的垫子捆绑，变成了学生心中的高墙、山坡、土丘等，让学生亲近自然，尽情在野外玩耍。在进行爬越高障碍物时，学生借助捆绑垫子的绳子积极向上攀爬的过程中，呈现出来了一种野性与挑战自我的动力，仿佛在野外进行攀岩，“野”味十足。本次课是2课时单元中的第一课时，主要解决手脚协调配合爬越不同高度障碍的问题。

【学情分析】

教学对象是我校三(3)班的30位学生。他们具有一定的活动能力和上肢力量(男生强于女生)，也已积累了一些体育活动常识，对于体育学习的渴望较强烈，主动性高、思维活跃。学生们在二年级时已学习过爬越40cm～60cm障碍物的动作方法，但面对本课90cm～140cm高度的障碍物时可能会不知所措。学生的认知水平已从单一的模仿性学习向合作、自主的学习过渡，平时学生们活动时也有较好的默契和合作交流能力。面对本课的高障碍物有一定的难度，学生们需要通过平时的观察与思考凭借小组合作共同完成爬越任务。

本课在爬越高障碍物练习的过程中富有一定的挑战性，靠学生独立去完成有一定难度。通过学生先学之后，能力强者积极性高，能够激发学生的运动潜能和智慧，但能力弱者可能会恐惧和退缩。这样的学习情境为学生创设了一个共同完成学习任务的条件——合作。教师可以根据学生在课堂上实际学练的情况组织学生合作完成学练任务，活动过程中同学间肢体的互助、思维的碰撞使得学生情感真挚流露、合作意识逐步形成，可以为实现个体和集体的共同目标搭建一个很好的支架。

【教学目标】

1. 通过合作学习体验攀爬高障碍物的方法，80%～90%的同学能手脚协调配合或同伴互助完成。

2. 在学练中学会合作、学会关爱，感受体育活动中“爱”的氛围。

【教学重点】

1. 攀爬高障碍物的方法。

2. 运用合理方法，安全合作学练。

【教学难点】

1. 手脚协调配合安全攀爬高障碍物。

2. 互助学练，关爱同伴。

【教学过程】

<table>
<tr><td>年级</td><td>三年级</td><td>人数</td><td>30</td><td>日期</td><td></td><td>执教</td><td>孙靓</td></tr>
<tr><td>班级</td><td>3</td><td>组班形式</td><td>自然班</td><td>周次</td><td>13</td><td>课次</td><td>39</td></tr>
<tr><td rowspan="2">内容主题</td><td colspan="3" rowspan="2">主题：玩转魔方
1. 攀登与爬越：爬越障碍物　2—1
2. 创意活动：旋转魔方　2—2</td><td>重点</td><td colspan="3">1. 攀爬高障碍物的方法。
2. 运用合理方法，安全合作学练。</td></tr>
<tr><td>难点</td><td colspan="3">1. 手脚协调配合安全攀爬高障碍物。
2. 互助学练，关爱同伴。</td></tr>
</table>

续表

<table>
<tr><td>学习目标</td><td colspan="7">1. 通过自主学习体验攀爬高障碍物的方法，80%～90%的同学能手脚协调配合或同伴互助完成。
2. 借助生活经验能友好协作进行旋转魔方的创意活动。
3. 在学练中学会合作、学会关爱，感受体育活动中“爱”的氛围。</td></tr>
<tr><td rowspan="2">课序</td><td rowspan="2">时间</td><td rowspan="2">教学内容</td><td colspan="3">运动负荷</td><td colspan="2" rowspan="2">教　与　学</td><td rowspan="2">组织与队形</td></tr>
<tr><td>次数</td><td>时间</td><td>强度</td></tr>
<tr><td>一</td><td>1 min</td><td>课前准备：
1. 整队。
2. 导入上课内容。</td><td></td><td></td><td></td><td>1. 集合整队，检查人数，师生问好。
2. 宣布课内容。</td><td>1. 学生注意力集中。
2. 明确学习目标。</td><td>队形：四列横队</td></tr>
<tr><td>二</td><td>5 min</td><td>热身活动：
1. 弄堂游戏：躲猫猫。 
2. 超级模仿秀：洞洞墙。</td><td>2
2～3</td><td>80s
120s</td><td>小/中
中</td><td>教学重点：充分热身，快乐活动
1. 教师带领学生进行躲猫猫（教师打拍子代表脚步声）。
2. 教师引导学生模仿洞洞墙。
3. 教师小结，评价活动中学生的表现
要求：积极参与，安全学练。</td><td>1. 学生通过拍子声来判断方向并调整躲的位置。
2. 学生模仿学练超级模仿秀：洞洞墙。
3. 学生相互激励。</td><td>队形：自主分散</td></tr>
<tr><td>三</td><td>18 min</td><td>攀登与爬越：爬越障碍物
1. 障碍物上各种游戏。
2. 复习爬越低(垫)障碍物。  </td><td>1
3～4</td><td>60s
60s</td><td>中
中</td><td>教学重点：手脚动作协调、快速爬越
1. 教师引导学生利用魔方进行各种游戏。
2. 教师引导学生爬一爬、玩一玩、想一想爬越低障碍物的动作要领。
3. 教师引导学生小结爬越动作要领并点评。
要求：手脚动作协调快速爬越。
教学重点：手脚协调配合或同伴互助安全攀爬高障碍物。</td><td>1. 学生分组进行各种游戏活动。
2. 学生分组活动，教师巡视指导并参与活动。
3. 学生回忆、小结动作。
要求：手脚协调配合或同伴互助安全攀爬高障碍物。</td><td>组织：五人一组共六小组</td></tr>
</table>

续表

课序	时间	教学内容	运动负荷			教与学		组织与队形
			次数	时间	强度	教	学	
三	18 min	3. 学习爬越高(垫)障碍物 (1)体验爬越高障碍物(垫)练习。	3～4	100s	中	1. 教师语言引导把障碍物变高(想一想：如何进行攀爬？练一练：攀爬高障碍物有哪些方法？帮一帮：如何合作攀爬高障碍物?)	1. 学生小组商量合作与保护方法，体验攀爬高障碍物。学生看展板，引出问题。	
						2. 教师巡视辅导，提问方法。	2. 学生思考并回答有哪些单人爬越方法。	
						3. 教师、学生示范，引导学生思考有哪些合作爬越方法。	3. 学生思考方法与合作学习方法。	
						4. 教师引导给予学生方法参考与评价要求(智慧章、能手章、爱心章)。	4. 学生看展板 学练小贴士：双手抓紧一脚踏，蹬拉撑跨用力攀，爬越转身快又稳，俯身下滑安全落 合作小贴士：分工明确齐上阵，背当板凳腿做梯，抬踩推扶互爱护，同伴下落伸手扶。	
		(2)学练爬越高(垫)障碍物练习。	3～4	150s	中	5. 教师巡视辅导，提示动作方法与保护和帮助，安全学练。	5. 学生带着教师提供的参考方法分组进行攀爬高障碍物的合作学练。	

续表

课序	时间	教学内容	运动负荷			教与学		组织与队形
			次数	时间	强度			
三	18 min	(3)自主选择爬越不同高度(垫)障碍物，挑战练习与合作评价。	1～2	60s	中	6. 教师提出合作评价要求。	6. 学生明确“当你们小组同学能友好合作共同安全攀爬自己的魔方后，请把合作粘纸贴在组长衣服上”。	
						7. 教师引导学生挑战自我，尝试攀爬更高的障碍物。教师巡视参与保护与帮助学生练习。	7. 学生自主选择挑战练习。	
						8. 教师示范挑战高垫子，小结动作与评价。	8. 学生相互评价合作互助好的小组。	
四	11 min	创意活动：旋转魔方 1. 炫彩魔方 (小魔方拼大魔方)。 方法：滚动魔方到叠起的垫子上并且所有人站在同一块垫子上，一位同学取红旗并站上垫子挥动旗子。	3	180s	中	教学重点：合理搬运方法，小组团结合作。 1. 教师引出小魔方，激发学生游戏兴趣，提示学生游戏方法和注意安全。	要求：团结协作，把握方向。 1. 学生在教师指挥下团结合作布置场地。	组织：五人一组共六小组
						2. 教师抛小魔方。	2. 学生根据小魔方向上一面的颜色迅速把大魔方旋转到相应格子中，并使颜色对应。	
						3. 教师评价合作好的小组的学生表现。	3. 学生聆听小结方法。	
						4. 教师组织学生玩旋转魔方的游戏。	4. 学生比赛。	

续表

课序	时间	教学内容	运动负荷			教与学		组织与队形
			次数	时间	强度	教	学	
四	11 min	2. 旋转魔方比赛	2	120s	大	5. 教师引导学生小结，并组织再次比赛。 6. 教师引导学生以手拉手的方式围成圆形，小结比赛，并引导。	5. 获胜小组的学生介绍经验，学生再次比赛。 6. 学生为今天自己的表现欢呼，留下“快乐三连拍”。	
五	5 min	1. 放松活动：“我们最棒！” 2. 分享与小结。 (1)学生交流体会 (2)学生评价 3. 师生道别，下课。	1	90s	小	1. 教师与学生一同拍肩踢腿放松身心。 2. 教师小结希望“爱”在生活中延续并组织学生进行自我评价。 3. 师生再见，学生评价。	要求：放松身心，相互关爱 1. 学生分享本课收获。 2. 学生把自己的学号粘贴在相应的评价表中。 3. 学生归还器材。	队形：围成圆圈
场地器材		篮球场 2 块、折叠垫子 24 块、体操垫子 18 块、短绳 20 根、录音机 1 台	安全保障	1. 充分活动开身体各关节，提示学生活动安全，避免受伤。 2. 伙伴之间相互帮助、相互保护。 3. 场地器材的安全放置，保护垫子、合理摆放。				
			预计	练习密度				强度
				全课		内容主题		
				43%左右		41%左右		中上

【课后反思】

本课以自主探究、实践体验、合作交流的学习方式为设计思路，注重器材的创新、体现内容的挑战、创造运动的乐趣，让学生尽情地玩、充分地玩，满足学生的运动需要和表现自己运动能力的机会，帮助学生在体育活动中获得自信、成功的体验，激发学生体育活动的潜能。本课亮点如下。

1. 创意器材，体现童真

创意器材，如生活中的玩具，学生在课堂中就如和玩具在一起活动，真正感受童年和童真。本课设计的“魔方”是运用多个体操垫组合，外面用多彩的色布包裹，使其形成不同高度、色彩鲜艳的“大魔方”。“大魔方”可以横、纵放置，可以借用外力推动旋转，它的稳定性好、安全性高，为学生学习攀爬不同高度的障碍物创造了很好的条件。

2. 建立支架，促进内化

儿童依靠成人的帮助搭建起学习的支架，这对儿童的认知与心理发展是最为重要的。本课为学生设计“玩玩、想想、练练、帮帮”的学习支架，通过适切的问题导入，让学生通过实践、体验、感悟、调整，再实践的方法，从“玩”中感悟知识、技能。在学玩渐进过程中，适宜的学习支架设置为学生创造了良好的学习台阶，使其内化为学生真正的需要，成为学生学习的需要和有效学习的过程。

3. 设置情境，创造乐趣

教师把生活中学生喜爱的游戏纳入课堂，如炫彩魔方、旋转魔方，使学生感受到课堂生活充满童趣。在主教材教学中，教师在“魔方”上安装的拉手(绳)如“勇敢者道路”上的荡绳，学生借助“绳”向上攀爬又如攀岩，使课堂教学内容和学生的生活内容紧密结合，使学生在课堂中回归生活，为学生的体育活动创造了无穷的乐趣。

从整节课的效果看，大部分学生完成了预定的教学目标，但在具体的教学细节上还存在着一些问题：①在爬越障碍物的过程中，学生保护的动作还不够规范，特别在保护站位上还不够明确。学生在保护时虽然有伸手动作，但是积极主动性还不够，语言上的交流不能很好地体现对同学的关心。②教师对于个别同学攀爬的细节动作没有全部指导，个别同学的爬越动作还不够协调、手臂缺乏力量。以上不足之处需要在今后的教学中不断调整。

《玩转魔方　快乐健身——三年级爬越障碍物》教学设计说明

【关于内容分析】

攀登与爬越是上海市《体育与健身》课程基本内容Ⅰ身体活动板块的内容，目的在于让学生掌握各种爬越方法，发展手脚协调性，提高身体的灵活性。现在大多数学校为了学生的安全考虑已经拆除了原先的爬杆、爬绳、爬梯等活动器材，体育课中富有野趣的活动渐行渐远。因此，我们要先想一些可以给学生爬越的器材，但由于学校的器材有限，又要考虑学生活动时的安全、有效、感兴趣，所以想到了使用体操教学用的垫子，把多个垫子用绳子捆绑在一起，这样就摇身一变成了高墙、山坡、土丘等。因为教学对象是三年级的学生，他们对一个个垫子并不稀奇，这一阶段的学生喜欢色彩鲜艳的物体，于是我就想到了去装饰下垫子，但又不能破坏学生爬越时的动作，于是就给垫子包上了有色彩的布。这一个个有颜色的小方块让我们又想到了生活中的玩具“魔方”，这样学生在课堂中就如同和大玩具在一起活动。“大魔方”可以横、纵放置，可以借用外力推动旋转，它的稳定性好、安全性高，为学生学习攀爬不同高度的障碍物创造了很好的条件。在进行爬越高障碍物时，学生借助捆绑垫子的绳子积极向上攀爬的过程中呈现出来了一种野性与挑战自我的动力，仿佛在野外进行攀岩，“野”味十足。

【关于学情分析】

学情分析首先要了解学生们的情况，如男女生的比例情况、活动能力情况、平时上课的专注度如何、怎样的方式才能吸引他们等。其次是要了解学生二年级时的学习情况，学生已学习过爬越 40cm～60cm 障碍物的动作方法，但现在面对三年级 90cm～140cm 高度的障碍物时可能会不知所措，所以必须给学生提供学练的方法或搭建支架让学生进行探究去寻找爬越的方法。从认知水平上看，三年级学生已从单一的模仿性学习向合作、自主的学习过渡，平时学生们活动时有较好的默契和合作交流能力，但是面对这样的新高度不知道学生们是否能挑战成功。

本课爬越高障碍物的练习富有一定的挑战性，靠学生独立去完成有一定难度。学生先学之后，能力强者积极性高，能够激发学生的运动潜能和智慧，但能力弱者可能会恐惧和退缩。这样的学习情境为学生创设了一个共同完成学习任务的条件——合作。教师可以根据学生在课堂上实际学练的情况组织学生合作完成学练任务，过程中同学间肢体的互助、思维的碰撞使得学生们的情感真挚流露、合作意识逐步形成，这可以为实现个体和集体的共同目标搭建一个很好的支架。

【关于教学目标】

教学目标中的三维目标是：知识与技能、过程与方法、情感态度与价值观。是不是每节课都必须写满以上目标呢？回答是不必。同时，制订目标必须针对学生。本节课也是根据教学内容与学情分析制订的相对确切的目标。本节课是爬越课 2 课时中的第一节课，所以在学生掌握动作上来说不用掌握、运用等动词，所以本节课制订了通过合作学习体验攀爬高障碍物的方法，80％～90％的同学能手脚协调配合或同伴互助完成的目标。这条目标包含了知识与技能、过程与方法。在情感态度与价值观上，因为课中有相互交流、合作学习，所以制订了在学练中学会合作、学会关爱，感受体育活动中“爱”的氛围的目标。

【关于重点难点】

一节课的重点是针对教材来说的，是教学中比较重要的部分或环节。爬越障碍物就是要让学生学会爬越方法，同时考虑本节课设计的是合作学习，所以制定了如下教学重点：①攀爬高障碍物的方法；②运用合理方法，安全合作学练。

课的难点简单地理解是学生在课中难以掌握的，所以制订了如下的教学难点：①手脚协调配合安全攀爬高障碍物；②互助学练，关爱同伴。

【关于教学过程】

1. 组内先做，暴露问题

在课开始的时候，教师让学生先学，尝试爬越障碍物，学生可能会出现如下问题。

(1)没有明确共同学习的任务

学生们第一次尝试合作练习时主要把合作重点放在了比较感兴趣的

爬越上，基本上全组的同学全在帮助伙伴如何爬，而没有同学关注到保护伙伴怎么越。教师在观察到这一情况时，用语言、动作提示学生注意保护爬越下落同学。

(2)没有明确个体在群体中的分工

每个班级中都有肥胖的学生，对于他们，小组里有的同学不太愿意帮助，觉得要抬起这样的伙伴要用很大的力气，导致自己在爬越的过程中有可能失败，有的同学则由于自身瘦小真的心有余而力不足。当教师发现小组同学在爬越过程中没有很好地进行相互合作时，可以召集小组成员选出组长，根据组员能力进行较明确的分工。

因此，要让学生们懂得集体完成任务需要体会操作过程。小组中的伙伴有了相对明确的任务分工后再进行合作时，成员们还需要对练习时发生的情况进行适当的调整，让合作更加合理化，使完成任务更趋简单化。

教师可以用语言提示学生，是否保护与帮助的同学可以互换位置、爬越时是否还有更好的方法等。

2. 观摩示范，合作再做

体育课中观摩示范是经常运用的一种教学手段，学生可以根据较完整、正确的动作去修正自己的不足，并通过教师的指导与多次学练之后进行动作的逐渐固化。

(1)课中教师要发出明确的指令

如教师在课中准备展板并集合学生一起观摩展板上的动作方法；学生明确爬越方法后，每个小组的同学再次合作提高爬越障碍物的成功率。

(2)教师巡视

教师要通过巡视了解每个小组爬越的情况，发现学生暴露的问题，如帮助的同学站位不对、同学爬越时脚没有踩在边缘蹬上、保护的同学没有及时到位等。教师要及时号召小组长合理分工并明确职责。

(3)教师组织学生分享爬越过程中的体会

集合学生让学生讲解他们小组是如何合作并成功完成爬越任务的，并请优秀同学展示爬越动作以及组员是如何合理进行保护帮助的。

3. 拓展练习，提高技能

对于能力强的学生可能同样高度的垫子对他们来说没有挑战性，对这样的学生来说，教师在设计本节课时就应考虑安排不同高度的障碍物。

(1)设置 1～2 块最高的障碍物

教师可以为学生设计一块或两块最高的障碍物，鼓励同学们进行“挑战新高”的练习。通过挑战考验小组间的合作在遇到新的高度时如何应对，是否通过小组合作依然能井井有条地完成爬越任务。

(2)鼓励学生采用不同的方法完成任务

学生们在拓展环节中可以采用不擅长的方法进行尝试练习，同时也可以选择帮助伙伴进行爬越或是保护伙伴以免他下落。在这个过程中，学生的爬越技能、保护帮助能力将得到提升。

一个良好的学习情境会激发学生的情感，在身体得到合理有效的锻炼的同时，学生们的情感将得到真挚的交流。本课设计的爬越高障碍物练习富有一定的挑战性，对学习能力强者能够调动其学习的积极性，激发其运动潜能和智慧，但是对学习能力弱者，学生就会表现出恐惧和退缩。这样的学习情境就为学生创设了一个共同完成学习任务的条件——合作。在合作完成任务的过程中，同学间肢体的互助、思维的碰撞使得情感真挚流露，合作意识逐步形成，这为实现个体和集体的共同目标搭建了一个很好的支架，也使原本枯燥乏味的身体练习在人文环境中更加充满情趣。如果体育失去了对人的关怀，只是严肃枯燥地训练学生，将无益于学生的健康和成长。本课设计从满足个人活动需求出发，逐渐转变为关心他人，使学生在活动中懂得合作学习的意义。教师对合作的设计是希望学生在爬越高障碍物时能够体现友爱、互助、互赖、共同进步的精神，这也是学科教育与德育教育无痕化和落实生命教育的有效途径。

设计一节课时必须要考虑问题预设与解决方法。在爬越障碍物的练习过程中，由于学生不能理性估计自己的能力，在练习中容易盲从跟随。教师对安全学练和同伴间的友好合作要时常提示，加强保护与帮助。同时在合作学习过程中，同学之间的保护与帮助不能持续，教师需要向小组组长和成员明确责任，使合作学习落到实处。在游戏“玩转魔方”的过程中，由于学生追求快速，争取第一，出现拖、拉器材等现象，教师要对学生进行爱护器材的教育。

【关于课后反思】

反思是教师在课后对自己在教学中遇到的问题和掌握的信息进行思考，把教学中的成败得失以及学生的困惑见解记录下来，作为今后教学实践的借鉴，提高自身教学素质和教学效果。新教师需要对每一节课都写好教学小结，我们可以从以下几方面入手。

1. 实话实说

一节课下来，教师应该反思教学效果、学生对运动技能的掌握、学生体能的发展情况等。举例：本节课老师通过“想一想、练一连、帮一帮”引出“如何进行爬越？爬越障碍物有哪些方法？如何互助爬越障碍物？”让学生通过体验和实践，观察与比较、互助与交流解决学练中的困难。学生有了自主的空间，同时真正成了课堂的主人，学习兴趣大大提高了。教师在给予学生方法和支架时，以点拨、引导为主，如教师提供的学练小贴士和合作小贴士，通过让学生看、读、思加深学生对动作方法的记忆及与同伴的互助与交流，这样的方法很有效，学生容易接受，教学效果好。

2. 反思成功之处

教师需要反思：本节爬越课设计的教学情境是否真的激发了学生的学习积极性、学生对教学情境设计中的哪一部分感兴趣、对某一教学内容的教学是否一定需要探究性学习、学生在分组学习中有了哪些表现、分组学习怎样才能调动每一名学生的学习积极性并提高学生的自我管理能力。

3. 反思设定的教学目标

本节课大部分学生完成了预定的教学目标，但在具体的教学细节上还存在着一些问题：①在爬越障碍物的过程中，学生保护的动作还不够规范，特别在保护站位上还不够明确。学生在保护时虽然有伸手动作，但是积极主动性还不够，在语言交流上还不能很好地体现对同学的关心。②教师对于个别同学攀爬的细节动作没有全部指导，个别同学的爬越动作还不够协调，手臂缺乏力量。

当然，反思不是面面俱到，教师可以挑选主要的两三个方面来写，这样可以做到扬长避短、精益求精，从而把自己的教学水平提高到一个新的境界和高度。

画画我的手

静教院附校　朱敏

【内容分析】

这是一堂写生课。写生是指直接以实物为对象进行描绘的作画方法，是练习绘画的主要途径。写生比临摹更难，要求更高。本节课旨在让学生当场用左手自然地摆出一个手势，然后右手画左手。

俗话说“画人难画手”，要完成对手的写生，除了要掌握手的外形比例特征、了解手的内部骨骼结构外，还要知道手的块面和在运动中的透视变化。此外，运用正确的写生方法来表现也很重要。本课的重点放在了解手的比例结构，复习从整体到局部的正确的写生方法，并运用此方法完成一幅构图较饱满、比例较正确、细节较生动的写生作品。

【学情分析】

学情分析一：即新授前进行的学情分析。从学生基础来看，画手对学生来说并不新鲜。幼儿园时，他们会用手按在纸上进行描摹，然后通过想象将描摹的手变成另一样东西；小学时，他们会用颜料直接在手上作画。至于直接写生手，在以往的教材中没有出现过，所以，真正意义上对手的写生，学生还是第一次接触。从知识技能分析来看，见表 5-3。

表 5-3　知识技能分析表

	已有知识	较易掌握的知识	较难掌握的知识
正确的写生方法	√		
手的外形比例特征		√	
手的细节描绘			√

学情分析二：即学生通过独立学习和合作学习后的学情分析。正如表 5-3 所分析的：正确的写生方法(先整体后局部)是学生已有的知识，用复习的方法学生很快可以回忆，但“知道”到“理解”和“运用”还是有距离的；手的外形比例特征是学生较易掌握的知识，通过教师提示、仔细观察和独立学习等方法，学生也能基本掌握；手的细节描绘确实是本课的一大难题，需要教师深入分析原因，寻找有效方法，提高教学的有效性。同时，从整体到局部的观察和写生方法也需要教师反复强调。

【教学目标】

运用写生方法描绘比例结构基本正确的手的造型。

教学重点：了解手的比例结构，复习正确的写生方法并运用。

教学难点：掌握从整体到局部的观察和写生方法，画出较生动的手的造型。

【教学过程】

一、学生先学

(一)学习内容

学生写生手(在上节课结束前，老师不讲解，请学生用 5～10 分钟完成一幅手的写生练习)。

(二)学生活动

独立学习。

(三)教师活动

收集学生先学的作业，分析暴露的问题。

二、共同辨画

(一)学习内容

由问题作品引出，了解手的比例结构和细节描绘。

(二)针对要求，寻找问题

1. 学生活动

独立学习：对照评价要求(构图、比例、细节)，分析自己的作品；合作学习：小组讨论，同伴相互找问题。

2. 教师活动

先讲解评价要求，再巡视。

设计意图：运用后“茶馆式”教学策略之一——教学评价与课堂教学融为一体，请学生对照构图、比例、细节要求找自己作品中的问题。同时运用合作学习的方式，同学们互相寻找问题也更容易暴露问题。学生先学的作用将得到充分的体现。

(三)归纳意见，解决问题(以学生的认知规律展开教学)

1. 构图

问题不大，略讲(学生懂的知识少讲)。

2. 比例

根据提示，学生观察、分析、归纳(这是较易掌握的知识，教师可以借助多媒体让学生自己研究得出结论)。

(1)学生活动。独立学习：根据问题，对照 PPT，观察手的比例和结构；合作学习：同桌可以讨论研究。

(2)教师活动。提问：从手心和手背两个不同角度看，手指和手掌的比例关系是一样的吗？不同在哪里？手指前三个关节的比例关系如何？从手心和手背两个角度看一样吗？小结：看 PPT 归纳。

3. 细节

通过比较，暴露问题并解决问题(这是较难掌握的知识。运用前期收集的典型问题作品与教师作品进行比较，找到问题所在并一一解决)。

(1)学生活动：独立学习欣赏作品，并找出问题。

(2)教师活动：出示事先找到的有典型问题的作业，暴露并解决问题。

A. 指纹——立体感。

图一

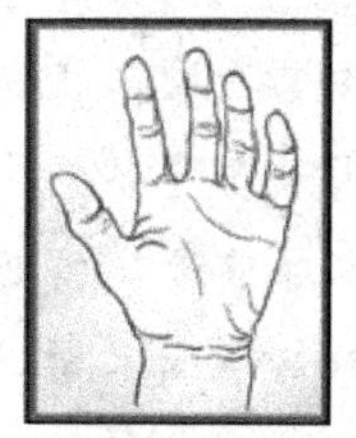

图二

(图一的学生作品比例还可以，和图二的教师作品一比较，学生很快知道指纹是细节之一。教师可接着介绍指纹如何表现立体感。)

B. 指甲——立体感

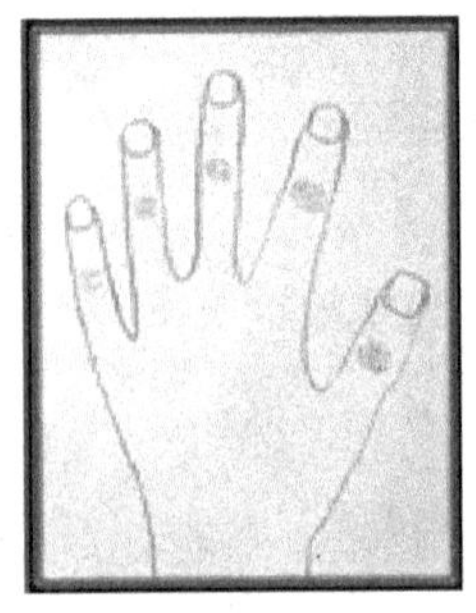

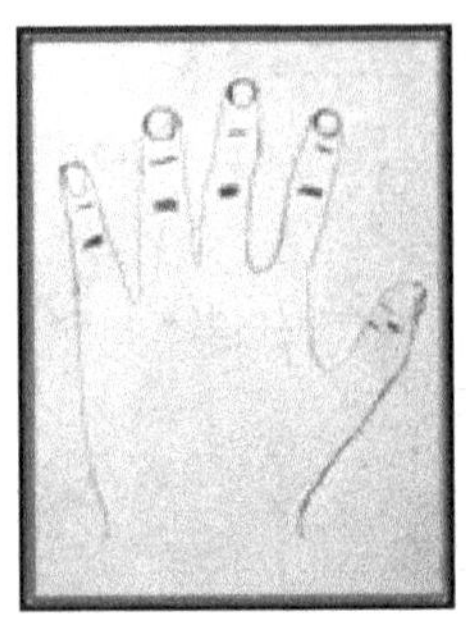

图三　　图四

(这两幅画的比例也可以，另一细节指甲也画了，比较起来哪幅画更逼真？学生马上说出图三大拇指的问题。)

C. 线条前后穿插——层次感

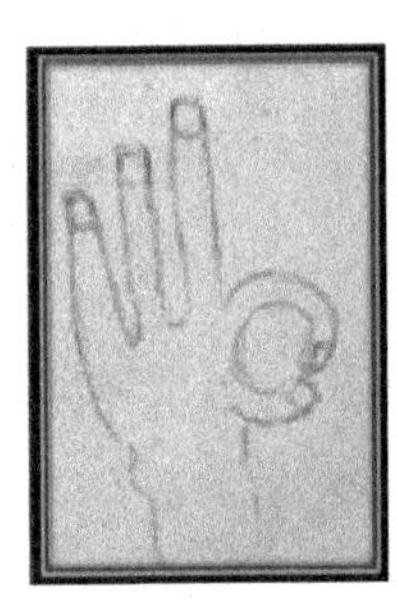

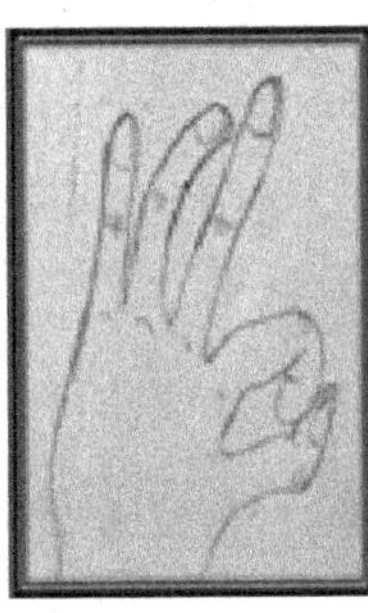

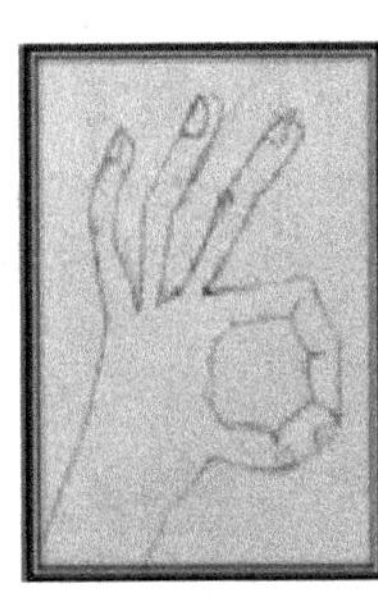

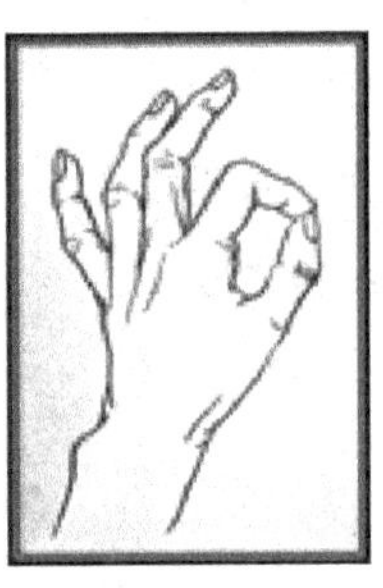

图五　　图六　　图七　　图八

(层次感的表现是最难的，显然图五没有认真观察，图六、图七对竖起的手指表现缺少层次感，和老师的作品相比较，学生马上明白了线条的前后关系处理可以表现层次感。)

设计意图：本环节涉及较易和较难掌握的知识，教师分别运用了不同的方法进行有针对性的教学，特别是在细节描绘这一教学难点上，本课设计充分体现了学生先学的重要性和必要性。通过前期对学生作品的收集和分析，并归纳典型问题将其和教师的作品进行对比，形象而直观地暴露并解决了学生的问题，大大提高了课堂教学效果。可以说，这是本次教学的重要方法之一。

三、扶正再画

(一)设计手的动态

手的姿态除了要有含义外，角度也很重要。学生不要故意设计只看到一个面的角度，这样即使画出来了也会觉得很别扭。

(二)复习作画步骤

1. 学生活动

独立学习：复习已知知识，学生个别回答。

2. 教师活动

(1)提问：写生时，我们一般要先画什么？后画什么？

(整体——局部)

(2)教师出示写生过程。

3. 写生作画

(1)作业内容：运用正确的写生方法完成一幅手的写生作品。

(2)作业要求：构图较饱满，比例较正确，细节较生动。

(3)学生活动：独立学习，学生根据要求完成作品。

(4)教师活动：教师巡视，发现典型问题进行全班的修改和演示。

设计意图：在明确要求的基础上，学生或在原来的作品上进行修改，或重新进行写生完成作品。教师进行有针对性的个别指导，碰到较典型的问题再进行全班的修改演示，即在学生的作品上进行修改。

四、作品展示

(一)展示作品，分享成果

根据作业要求进行赏析讲评。

(二)学生活动

学生将自己完成的作品展示在黑板上。

1. 互评——推荐优秀作品。

2. 自评——介绍最突出之处及作画的经验。(有进步的作品)

(三)教师活动

教师点评(以鼓励为主)并小结。

人们说“画人难画手”，今天我们通过学习了解了手的比例结构并运

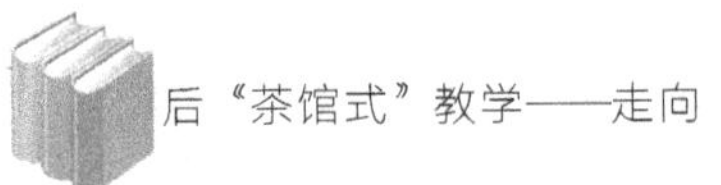

用正确的写生方法完成了一幅较真实生动的手的写生作品。画出真实生动的手只是第一步，其实手还有表情呢。人们把手称为人类的第二表情，许多画家通过对手的细致描绘来传达不同情感和讲述不同的故事，以后我们还要尝试画一画有表情的手，讲讲手传达的不同情感和故事。

板书设计：

整体 / 局部
- 构图——饱满
- 比例——正确
- 细节——生动
  - 立体感
    - 指纹
    - 指甲
  - 层次感

【课后反思】

在整理本次教学实践的学生课堂作品时，我得到了一个很兴奋的数据：几乎所有学生都能运用写生方法描绘比例结构基本正确的手的造型，教学目标基本达成。

附上一组学生作品，前后对比可以看到明显的进步。(见图九至图十四)

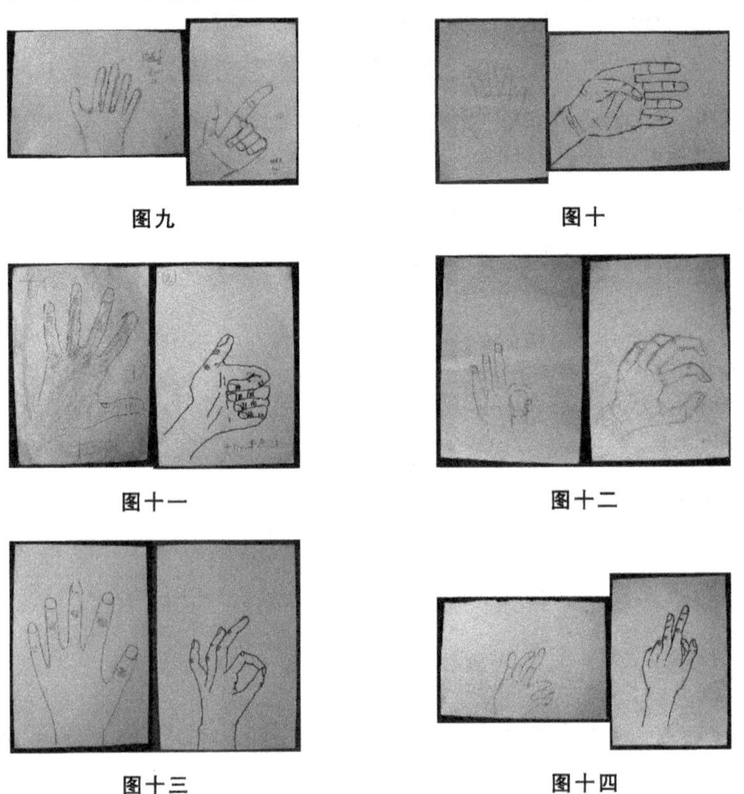

图九　图十

图十一　图十二

图十三　图十四

这是尝试后“茶馆式”教学的收获。过去，我的绘画技能课通常的教学方法完全根据知识结构体系进行教学设计，总认为学生都不懂，必须手把手地教。所以我按照“导入—新授—作画指导—学生作画—作品展示—小结”的教学环节，按部就班、面面俱到地讲解。这样，一方面，学生绘画实践的机会和时间少了；另一方面，会画的学生还是会画，不会的学生仍然一头雾水，他们具体的困难还是不能解决。对学生的学情分析也仅仅停留在表面的共性问题上。

这节课从学生“先画”出发，我得到了最直接、最精确的学情：学生对于写生方法掌握的程度如何？针对写生的构图、比例和细节三个要求，哪个问题最少？哪个问题最大？各是什么问题？怎样指导？根据这些一手资料，我分析原因、设计教学，极大地提升了教学的针对性和有效性。

而在课堂上，“共同辨画”是关键。运用教学评价与课堂教学融为一体的策略，展示学生“先画”的作品，对照构图、比例、细节三方面的评价要求，寻找自己作品中的最大问题。这时，学生自主进入相互评价和自我评价的状态，不用教师评讲，学生以“先画”的体验为基础，对问题、错误和困难有自己明确的判断。同时，同伴合作学习，互相寻找问题也更容易暴露问题。学生先学的作用得到了充分的体现。接着运用学生先解疑、教师后答疑的策略，针对问题一一解疑。

我在实践中还有一个困惑：将以往的教师演示改为让学生先画，再选择有典型问题的作业进行修改演示时，一部分学生自认为懂了，他们就不愿意放下笔看老师的演示，这样教师的演示作用就降低了。这个问题有待以后在实践中慢慢探索，以便寻找到更佳的演示方法。

《画画我的手》教学设计说明

【关于内容分析】

教材是教师教学的依据和核心。在进行教材分析时，教师要有全局观和整体观，可多参考一些书。如从课程标准中整体了解本学科的教学理念、课程目标、知识结构，明确本学科的具体要求、内容及评价；从教学参考资料中具体了解教材设计的背景和理念、结构框架和特点，明确本册教材、本教学内容在整个体系中的位置及各知识之间的相互联系及本教学内容的目标，从而梳理出本教学内容的重点和难点；并从以往的教材中了解本知识点是如何螺旋上升的。

如本课是对手的写生课。这其中就有关于写生知识点的相关知识，课标中是如何阐述的、教学参考资料中又是如何解读的、以前教材中又出现几次、是如何递进的；同样，要写生手，有哪些知识点？外形比例特征、内部骨骼结构、手的块面和在运动中的透视变化等，哪个更重要？更符合学生的年龄特征和知识结构？教师要以此最终确定本课的重点是了解手的比例结构，复习正确的写生方法，并运用此方法完成一幅构图较饱满、比例较正确、细节较生动的写生作品。

【关于学情分析】

在以学生为主体的教学中，学情分析的程度直接影响教学效果，这是教学针对性的直接体现。学新知识前的学情分析可以从以往学生的学习经验和已知知识中了解。如画手，幼儿园时，他们会用手按在纸上进行描摹，然后添加想象变成另一种东西；小学时，他们会用颜料直接在手上作画。这些都是能从教学参考资料、平时的积累和学生的聊天中获取的信息。学生独立学习后的学情分析可以是教师的教学经验，也可借助学生的先学。如本次教学中的问题作业都出自学生先学。对于这些问题作业，教师要仔细分析出现问题的原因并研究对策。这次的学情分析做得越深入、越仔细，找到的对策越多，最终的教学效果就越明显。

【关于教学目标】

三维目标可合可分，重点是要体现直接、可操作、可评价和有限这几个要素。如本次教学中的“运用写生方法描绘比例结构基本正确的手的造型”的教学目标，采用的是合的方式，简洁、明了。其中，“知识与技能”体现在“比例结构基本正确”上，“过程与方法”体现在“运用写生方法”上，“情感态度与价值观”体现在“描绘”“手”中，通过观察生活、描绘生活，从而更热爱生活。

【关于教学过程】

写生教学是一个传统的教学内容，本次教学实践在传统的教学过程与方法上是有所变化、有所突破的，具体如下表 5-4 所示。

表 5-4 传统教学过程及其变化

	以往教学	现在教学	策略	作用
前期准备		在没有任何讲解的情况下让学生用很短的时间尝试练习画手	学生先学策略	1. 暴露问题 2. 分析问题
教学环节	一、导入	一、导入		
	二、新授：根据知识结构体系进行教学	二、共同辨画：根据学生认知规律一一解疑	以重点、难点为依据设计问题的策略	1. 解决重难点 2. 提高课堂效率
	三、作画指导：教师演示指导	三、作画指导：学生讲解 教师补充		学生能自己学会的，教师不讲
	四、学生作画：教师巡视 个别辅导	四、扶正再画 1. 教师巡视，个别辅导 2. 发现典型问题再进行全班的修改演示	修改演示策略	在学生的作品上进行修改演示更有针对性
	五、作品展示	五、作品展示 前后作品比较		可以看到进步之处
	六、小结	六、小结		

对上表 5-4 呈现的教学过程具体解读如下。

1. 学生先画——运用学生先学策略

为了了解学生在学习新知识、新技能前的基础，暴露“相异构想”，教师不做任何讲解，要求学生用写生的方法画自己的手，然后收集所有学生的画，分析这些写生画出现的各种问题以及问题背后的原因，并归纳出典型问题。本环节也可以放在课内，但缺点是教师没有更多时间进行深入的分析。教师也可以收集一个年级或以往学生的问题作品进行分析。

2. 共同辨画——运用多种后“茶馆式”方法和策略

第二环节“解疑”是突破最大的环节。(见下表)在学生先学的基础上，

教师收集整理了学生的“相异构想”，并从学生的认知规律出发，运用多种后“茶馆式”方法和策略进行教学，效果明显。

典型问题的提炼和归纳至关重要。本课中将提炼的问题作品和教师的作品一起呈现，大大增强了说服力，学生一目了然。

本环节涉及较难掌握的知识，通过前期学生作品的收集和分析，并归纳典型问题将其与教师的作品进行对比，形象而直观地暴露并解决了问题。整个过程运用了教学评价与课堂教学融为一体、学生先解疑教师后答疑和独立学习与合作学习相结合的三个策略，使教学收到了明显的成效。

3. 扶正再画

当大部分学生基本掌握了手的比例结构，了解了如何通过指纹、指甲描绘手的细节和立体感，并再一次复习了从整体到局部的写生方法后，学生基本能进行创作了。运用修改演示方法，先让学生创作，然后发现学生共性的问题再进行全体的演示，让学生明白问题在哪里、该如何修改。教师也以自己的画作为范例，展示不同角度的手的作品让学生参考。

本课的实践既是绘画技能教学对后“茶馆式”教学的教学方法的一次探索，也是对美术学科教学的一次深刻思考。美术学科的写生教学不是单一的技术训练课，更应该是对学生能力的培养、情感的陶冶，要引导学生用艺术的眼光审视、用艺术的手法表现、用艺术的内心感悟。稚嫩的画没关系，最关键的是真，引导学生要发现生活中的真善美，从而更加热爱生活。

【关于教学反思】

教学反思和教案应该成一个整体；及时性和真实性是关键。

及时性，即教师尽量第一时间记录自己在整个教学过程中的得与失。

真实性，即在记录时将本课的得失真实地记录，以便于以后的改进。如从学生课堂作业的效果可以反馈学生教学目标的达成度；教学手段、教学环节、问题的提出、教师的演示、板书的设计等，从大到小，所有的问题都可以进行反思。

第六章

后“茶馆式”教学的实践成效

后“茶馆式”教学经过多年的研究，广大教师不仅在实践中提升了教学理念、改变了日常教学行为，还全面提高了教学效能。后“茶馆式”教学也得到了学生们的认同，轻负担、高质量的教与学让学生有了更多的时间和精力去参与各种活动，促进了他们的个性发展和全面发展。后“茶馆式”教学在实践中更得到了许多专家同行的认同，得到了各级领导的肯定，教师们从全国各地而来，也使后“茶馆式”教学的辐射影响更广泛、深远。在后“茶馆式”教学获得一系列成绩的同时，课题组也在不断地进行总结反思，理性分析后“茶馆式”教学的本质，继续在实践中开展对后“茶馆式”教学的发展研究。

第一节　后“茶馆式”教学的实践效果

后“茶馆式”教学的实践研究不但使教师提升了教学理念，而且改变了教师的日常教学行为，有效地提高了教学效能，使教学走向了轻负担、高质量。

一、 教师的教学方式发生了根本转变

从 2007 年到 2010 年，教育部“中小学生学业质量分析、反馈与指导系统”项目组对上海部分区县、部分学校进行了学业质量评价。2011 年、2012 年、2014 年，上海市教委“学业质量、绿色指标”综合评价组对全市中小学进行了学业质量综合评价。这些评价，其根本的导向在于建立正确的质量观、学生观、教学观，减轻学生过重的学业负担，全面提高教育质量。而在众多决定学业质量的因素中，最核心的领域就在日常课堂教学。只有课堂教学发生根本转变，才有可能提高教学效能，为其他领域的改革创造必要的条件。

有关中央文件早就提出，“中小学课堂教学的改革应以教学方式的转

变为突破口……”①“教师要帮助学生学会学习，要遵循学生认知规律，要实施以学生发展为本的教学，要采取启发式、讨论式、合作式等教学方式，提高学生参与课堂学习的主动性和积极性”。教学方式“上”接教学理念，“下”联教学方法等，它属于一个“中”位层面的教育问题。教学方式的变化将直接反映出课堂教学的根本变化和教师教学行为的根本变化。

上海市教委“学业质量、绿色指标”综合评价，在课堂教学方面仅对“教师教学方式”进行评价。而“教师教学方式指数”在学生问卷中由多个问题组成，例如，“课堂教学中你有发言的机会吗?”是“经常”“偶然”还是“几乎没有”。学生发言、讨论多了，教师讲得自然少了，更多学生得到了关注。连续三次的“学业质量、绿色指标”综合评价结果显示，我校“教师教学方式指数”在逐步提高。在 2014 年的测评中，我校这项指数已达最高值“9”，高出市平均值 30 个百分点，这足以反映广大教师的日常课堂教学行为发生了变化！(见图 6-1)

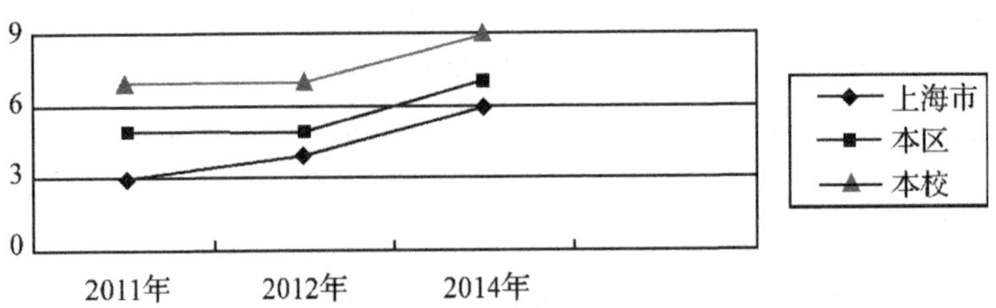

图 6-1　上海市教委的三次“教学方式指数”测评结果

二、学生的学业质量获得全面提高

上海市教委对全市中小学进行的“学业质量、绿色指标”的综合评价，除了“教师教学方式指数”外，还有“学生学业水平”“学习动力”“学业负担”“师生关系”等指数。“绿色指标”不但关注学生的学业成绩，还关注取得学业成绩的过程与方法，关注与学业成绩有关的其他方面。

① 教育部．关于深化基础教育课程改革进一步推进素质教育的意见[Z]．教基二[2010]3号．

近年来，综合评价结果显示：我校所有指数都高出了市区平均值。2014 年，我校学生的“高阶思维能力”“对学校的认同”“师生关系”“教师教学方式”等指数均已达最高值“9”。(见图 6-2)

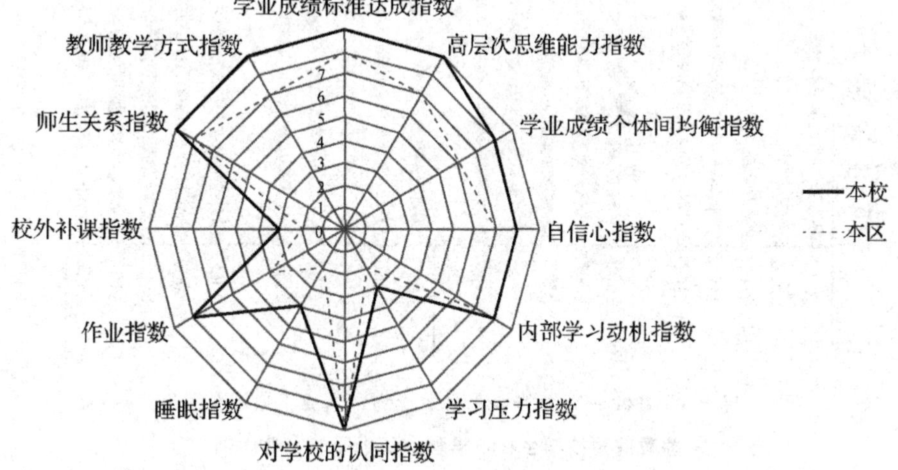

图 6-2 2014 年度上海市“学业质量绿色指标”综合评价结果

这样的评价结果直接反映出后“茶馆式”教学改革的实效。后“茶馆式”教学在提高了教学核心领域——课堂教学的效能的同时，也促进了作业等环节的改进。学生负担轻了、自信心强了、学习能力提高了，他们有了更大空间、更多时间参加德育、体育、艺术、科技等综合实践活动。

学校三至九年级学生一年四季有长跑锻炼；每周都有一次“明星闪亮 30 分”文艺演出；30 余门社团活动课程由学生自主开设、自主实践、自主评价；几十个创新成果获得专利……家长、学生对学校的满意度高达 98%。

自开展后“茶馆式”教学实践以来，学校各学科学业成绩每年都在不断提高，具体表现为成绩“A 档”的人数在逐年增加，“C 档”“D 档”的人数逐年减少。评价结果显示出我校学生正不断走向“轻负担、高质量”。(见图 6-3)

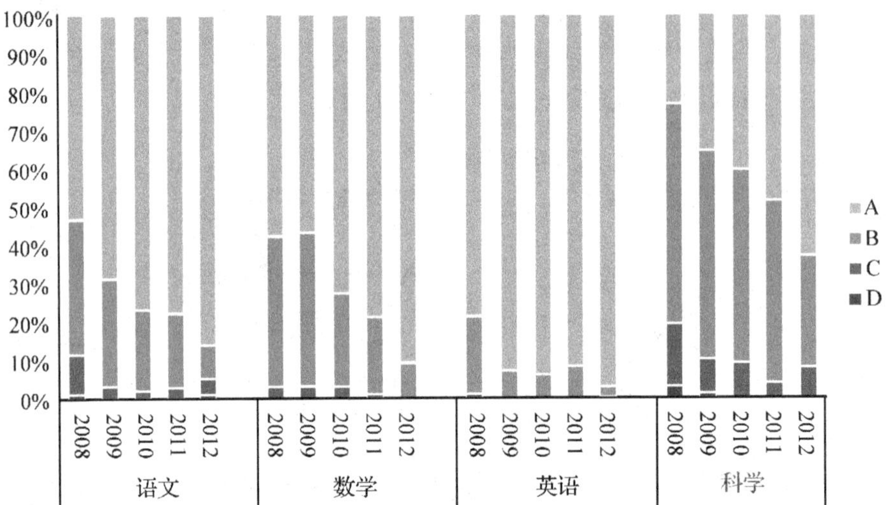

图 6-3　2008—2012 年教育部、上海市学业质量综合评价

静教院附校学生在各学科中各水平的人数比例

三、后“茶馆式”教学赢得学生的文化认同

课题组曾对学生进行了全样本的关于后“茶馆式”教学的调研，各个数据结论令课题组成员高兴。学生对后“茶馆式”教学已有了文化认同。表 6-1 列举的是初三学生关于后“茶馆式”教学推进后的问卷部分分析，从中可以看出学生对后“茶馆式”教学的认可程度。

表 6-1　问卷部分分析

• 你认为自己通过看书能否理解学习的内容？

选项	完全能够理解	能够理解一部分	一般	不能理解	说不清
学生比	37%	49%	10%	0.6%	3.4%

• 在课堂上，如果你不能回答问题（不理解题目、思路不清或者看法不正确）时，你更愿意谁帮助你解决困难？

选项	自己	同学	老师
学生比	25%	40%	35%

续表

• 你愿意用什么形式解决自己的学习困难？					
选项	老师讲解	全班讨论	小组讨论	自己思考	其他
学生比	23%	11%	36%	29%	1%
• 上课讨论问题时你有无发表自己看法的机会？					
选项	总是有	经常有	有时有	偶尔有	从来没有
学生比	26%	35%	26%	10%	3%
• 你认为通过同学的讨论，你对问题的理解是否会更清楚？					
选项	每次都可以	常常可以	有时可以	常常不清楚	越说越不清楚
学生比	21%	53%	21%	2%	3%
• 你认为如果一直坚持这种上课方式，对提高你的学习能力是否有效？					
选项	会非常有效	会比较有效	效果一般	效果不明显	不会有效
学生比	35%	50%	12%	0.6%	2.4%

在后“茶馆式”教学推进之初，学生先学的方法以学生自己看书为多。从统计数据来看，绝大部分学生感到“完全能够理解”“能够理解一部分”，说明“有一部分教学内容，学生是能够自己学会”的，教学设计基本假设是正确的。只是有人学会，有人没有学会；有人这方面学会，有人那方面学会；有人自己认为学会，实际上并没有学会罢了。学生基本接受了自己独立学习的学习方式。当学习方式更加完善、学习方法更加灵活之后，学生必然更加适应，也必然更加认同。

过去许多教师都认为：当学生遇到学习上的问题，可能最想请教的是教师，但从测试结果看，并非如此。教师真正是“自作多情”了。更多的学生喜欢向学伴求教。这正说明，在学生独立学习之后，小组合作学习的选择是符合更多学生需求的，更多学生喜欢这样的学习方式。

学生是很喜欢讲话的，只是以讲解为主的课堂成为教师教学的常态，学生往往只拥有“听”的权利，他们应有的“讲”“议”“问”的权利被剥夺了。后“茶馆式”教学大大增加了学生发表自己的看法的机会，并且绝大部分学生觉得这种讨论是有益的。当学生学会了讨论、学会了合作学习，共

同协作的作用只会更大。

后“茶馆式”教学在教学实践的过程中赢得了广大学生的文化认同，绝大部分学生已认为这样的教与学对提高他们自身的学习能力是有效的，并且已逐步将其内化成了他们的学习行为方式。学生也在后“茶馆式”教学中感受到了课堂的变化，感受到了学习的乐趣。如九年级一位学生在物理课推进后“茶馆式”教学后的感悟如下。

“后茶馆”是什么？一边上课一边喝茶？还是像喝茶一样上课？刚刚接触这个名词的时候，有人不禁感到纳闷，这究竟是怎样的一种上课方式？当我们带着疑惑、新鲜开始上课时，我们渐渐品味到了其中的奥妙。

物理课学习“欧姆定律”前，我们经过预习大致了解了本节重点，学习由以前的先教变为了同学先学。我们先在自学中圈画出自己不清楚的地方，在课堂上我们就特别注意听讲这一部分的内容。这样既复习了内容，又加以巩固和提高，轻松地记住了知识要点，对知识印象更深刻，没有了原先“应接不暇”“消化不良”的情况，形成了一个“温故而知新”的过程。我们先预习，可以充分暴露自己不懂或理解错误的地方，便于老师有针对性地讲课；同时我们理解的内容老师也不再重复，这就节省了宝贵的时间，让我们可以拓展自己的视野。

在学习电功与电功率之间的关系与功、功率之间的关系时，我们在自己预习时就已经总结出正确的结论，当时我们极具成就感，与此同时也对课本开始有了阅读的兴趣，对于书本上的内容有了更深一步的了解，慢慢也养成了有不懂的先看书的习惯。而在课上探讨的崭新模式也培养出了良好的学习氛围，无论是在课上或者课间，处处都有议论声——同学之间的讨论、师生之间的讨论。在这样一种互相议论的气氛中，大家充分暴露自己的各种想法(正确与错误的想法)，同时进一步厘清自己的思路，在依靠“议论”的力量解决了问题之后，解题的思路深深地刻在脑海中，感受到的快乐也无法比拟。而上课不再是老师一个人的独角戏，老师甚至让我们也上台讲课，我们对学习更有兴趣了，学习不再是仅仅为了应付考试、不再是仅仅为了了解标准答案，学习变成了一种有趣的知识探险。俗话说，“兴趣是最好的老师”，这种方式大大增强了我们的学习兴趣，使学习充满了乐趣。

班内有些同学在刚开始接触物理时，考试成绩和自己的心理“价位”落差极大，在实行后“茶馆式”教学之后，他们带着预习中的问题听课，老师根据同学的理解再做进一步的修正和讲解，这样上课的效果使有些同学的物理成绩升至B档了。

后“茶馆式”教学让同学们遇到考试信心满满，一次比一次出色。在后“茶馆式”教学中，我们体验到了成功的喜悦，尝到了刻苦学习之后的甘甜。后“茶馆式”教学使我们的学习效率提高、学习兴趣增强、学习成绩直线上升，它让人受益匪浅，何乐而不为？

七年级一位学生在数学后“茶馆式”教学中的感悟如下。

从小我便不是一个会踏踏实实学习的孩子，当然数学也不例外——每每都是一发下书便怀着满腔热情地“扫视”，把概要在一周内看完，便不再对此重视。如果说我是一个对数学有天赋的孩子，那我一定把它全用在自傲和轻视上了。走马观花的预习让我确实有了在同学面前炫耀的资本，却丢弃了在课堂上听讲的认真，也就失掉了考试的高分。对于老师对课本的平铺直叙，我总怀着一份轻蔑，毕竟我早就看过了。可是，往往其间也夹杂着一些重点和我所欠缺的知识，它也就这样不为我知地被忽略了。

来到后“茶馆式”课堂，老师对于授课方法的改变让我在数学上如鱼得水。每次上课我不用再对着书本“膜拜”整整一节课了，短暂的课本学习让我可以集中精神听讲。加上大家一同进行习题演练，我可以更加明确自己会了什么和需要学习什么。课中各种方式的讨论，让严肃而无趣的课堂重新有了活力，让我们有了更多各抒己见的机会。对于老师最后的总结，我会更加认真、仔细地去聆听，并牢记我欠缺的知识。在多元智慧的碰撞下，数学这门需要永无止境探索精神的学科才有了最好的体现。

在后“茶馆式”的数学课中，我学到了更多，对数学的喜爱也就更深了。在耕耘后，我收到了真正甜蜜的果实——一次又一次的高分和扎实的基础。如果说我以前具有数学天赋，那么在数学课有了这翻天覆地的

改变后，我更愿意承认我爱上了数学，一种一发而不可收的爱！

从学生们的点滴感悟中可以看出，他们真切地感受到了后“茶馆式”教学带来的各种快乐和成长。他们对这种教学方式给予了高度的文化认同。后“茶馆式”教学充分调动起了学生学习的积极性，增强了他们学习的兴趣，使他们在课堂学习中勤思善议、好问乐学，促进了学生的全面发展、和谐发展和个性发展。

四、后“茶馆式”教学赢得社会各界的赞誉

后“茶馆式”教学改革及其改革成效引起了社会的广泛关注，国内外媒体积极报道、教育同人由衷认同、各级领导高度重视及肯定。后“茶馆式”教学也得到了“研究共同体”学校的认同和积极参与，在普适的实践验证中获得进一步的推广，其影响深远而广泛。

（一）国内外媒体的积极报道

美国《纽约时报》、法国《法新社》与新加坡《联合早报》等对后“茶馆式”教学都有大篇幅的报道，《中国教育报》《解放日报》《文汇报》等主流媒体也多次报道后“茶馆式”教学改革。《人民教育》《上海教育》《上海教育科研》《教育发展研究》等全国核心刊物均发表过后“茶馆式”教学论文。以“后‘茶馆式’教学”为关键词进行网上搜索，有十万余条赞誉。

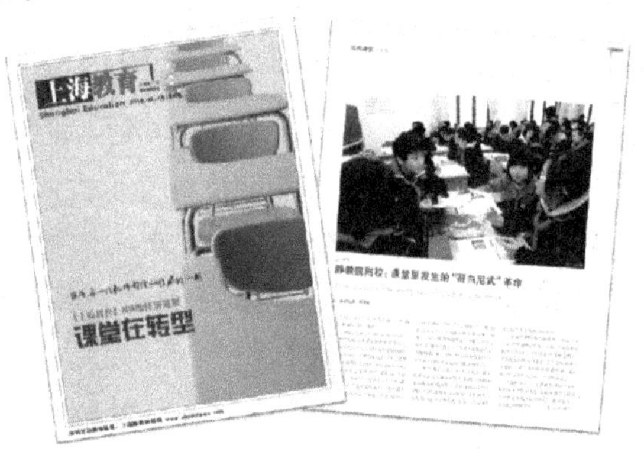

图 6-4 《上海教育》对静教院附校的教改报道

(二)国内外教育同行的高度认同

受新加坡教育部邀请，我校教师多次赴新加坡为他们的校长、教师进行培训，均获得好评。后"茶馆式"教学还多次在课程与教学的国际会议上做介绍，成为中国教育学会、中国教师教育网等教师培训课程。浙江、贵州、福建等20余个省市的数万名教师来校学习。

许多到静教院附校参观、轮岗的校长、教师都有这样的体会：任何时候、任何办公室，教师闲谈的情况几乎没有，教师不是在备课，就是在阅卷；不是在辅导，就是在讨论具体的教学问题。来校学习的教师们被静教院附校浓厚的研修文化所震撼，被后"茶馆式"课堂教学所折服。每每遇到开放日等教学展示活动，教室里、走廊上都挤满了听课的教师，实在挤不下了，他们干脆就踩在凳子上，透过窗户观课。(见图6-5)

图6-5 求知若渴的来校观摩学习后"茶馆式"教学的教师们

来校学习的教师们参观学习之后深有感触，纷纷留下了自己的学习体会。

在这短短的两周时间里，在静教院附校听到的、看到的、感到的，每天都在震撼着我、感动着我，静教院附校办学的成功经验让我知道学校原来可以办得这样富有内涵与品质，校长原来可以做得这样有思想、有魄力，教师原来可以这样个性、诗意地工作与生活，学生原来可以这样自主、快乐地学习。静教院附校让我知道了什么是理想的教育。

——浙江省绍兴县鲁迅外国语学校　李华琴

静教院附校犹如一块净地，从校长到每个老师不唯上、不唯书，立足学生的实际和身心成长的规律，不功利、不浮躁、不短视，不断在由校长亲自引领的教学研究的氛围下，为挖掘学生的认知局限、启迪思维、保护兴趣、尊重个性差异不遗余力地做着富有创造力的教学实践。张校长以自身的专业引领、推进民主教师合作文化，无论是基于问题研究的头脑风暴，还是资源开发的项目驱动，浓浓的学术文化氛围无不点燃教师的教育激情，教师个个“不待扬鞭马自蹄”。教师们自觉钻研教学，从知识传授、到引导方法、到引导思维，教师们深谙教育真谛。张校长与教师们一起就教育问题的互相争论，同时把握对教师教育行为实施的原则，体现了对教师学术的尊重。张校长对学校办学方向和项目运作取舍的价值思考体现了领导者的大气、民主与睿智。

——华东师范大学第四附属中学　张莹晶

我观摩的静教院附校的语文教研活动主题是“诗意语文，灵动课堂”，教研组长从容淡定的神态、佳句连连的才华、点拨应变的智慧令我们称赞不已。组员们教学中对教材的把握、处理，对教法的选择，对学生的指导，足见他们深厚的教学底蕴和艺术，这样的课学生当然喜欢，这样的教学质量当然高。

而在与教师的座谈中，最让人感动、难忘的是英语金老师的介绍，一份“老金的作业”设计，流淌的是金老师对教育的无限情和对学生的无限爱，她把所有的精力和情感都倾注在作业设计中，她的作业功能是巨大的，也是令人折服的。

——上海市奉贤区实验中学　陈琳

后“茶馆式”教学是对传统及现行教学方式、流派的继承与批判，颠覆了传统教学方式，汲取“茶馆式”教学中的精髓，依据“最近发展区”理论，让教师充分掌握学科特点以及学科学习的内在规律，找到学生的最佳发展区，利用现代化教学手段充分暴露学生的学习问题，进而导疑、探疑、解疑，最终培养的是逻辑思维缜密、学科素养较高、学习发展水平较高的学习者。在后“茶馆式”教学的课堂上，学生勤学、善问，学习动机强烈，学习能力较强，这样的学习为学生未来的发展奠定了扎实的基础。

——浙江省景宁县城北中学　黄祖顺

在静教院附校的课堂上，最常能听到老师问：“你们认为这样可以吗?”“他说的，你们同意吗?”“谁能就刚才的学习梳理一下方法?”老师们把学生推到了学习的最前沿，课堂上充分让学生探究，给学生极大的锻炼！

——福建省厦门市松柏小学 蔡益萍

通过在静教院附校一个星期的学习及听了一系列讲座后，我从思想、理论、实践等方面都有了很大收获，我深刻地理解了“学生自己能学会的，教师不讲”“尽可能暴露学生的潜意识，尤其关注‘相异构想’的暴露与解决”。这也促使我思考：如何在今后的教学中利用后“茶馆式”教学的精髓来加强实践，从而提高自己的课堂教学质量。

——浙江省景宁县民族中学　徐永平

听朱艳妍老师上的《愚公移山》一课很受启发：开篇点明所学内容，既能复习知识又激起学生学习本文的兴趣，很好！自读课文环节，教师指示明确，学生带着问题去阅读，效率高！课题理解环节通过四个问号解决了对文本大部分内容的理解，学生对文章了然于胸、发言积极，佩服！

对比以往的教学，我从中学到了很多技能，更多的是感受到了一种教学理念。的确，“理念决定教学行为”，更新理念才是教学的出路！

——广西南宁横县石塘镇二中　苏民懂

曹琦玮老师执教的《松鼠的尾巴》一课有很多值得我们学习的地方，比如，课前的习题能紧扣教学目标、所提的问题有明确的指向性，做到了学生自己能解决的问题教师不讲，重点放在帮助学生理解他们自己弄不懂的问题，真正体现了后“茶馆式”教学的优势。所有的问题都能在课堂上解决，做到“问在课堂、练在课堂”，真正达成“轻负担、高质量”，值得我们学习！

——广西南宁横县六景镇良村小学　黄洁桂

我特别欣赏“引导暴露”这个教学环节。“学生自己能学会的，教师不讲”，以教学目标为依据来设计问题，确定学生哪些学会、哪些还没有学会、哪些自己认为学会了实际上并没有学会，“尽可能暴露学生的潜意

识，尤为关注‘相异构想’的发现与解决”。注重问题的设计，扩大引导暴露的时间与空间，在学生先学阶段，教师的引导暴露往往已经引入；而在小组合作中大大增加了引导暴露的空间，思考更值得关注哪一层面的学生。在课堂中若能真正做到这样，教学的针对性更强，效果也更显著。回到厦门后，我想把这个环节放到课堂教学中，提高课堂教学的有效性。

——福建省厦门市湖明小学　吴炯鹭

（三）各级领导及相关部门给予高度评价

2013 年 10 月，经上海市教委批准，建立“上海市后‘茶馆式’教学研究所”。（见图 6-6）

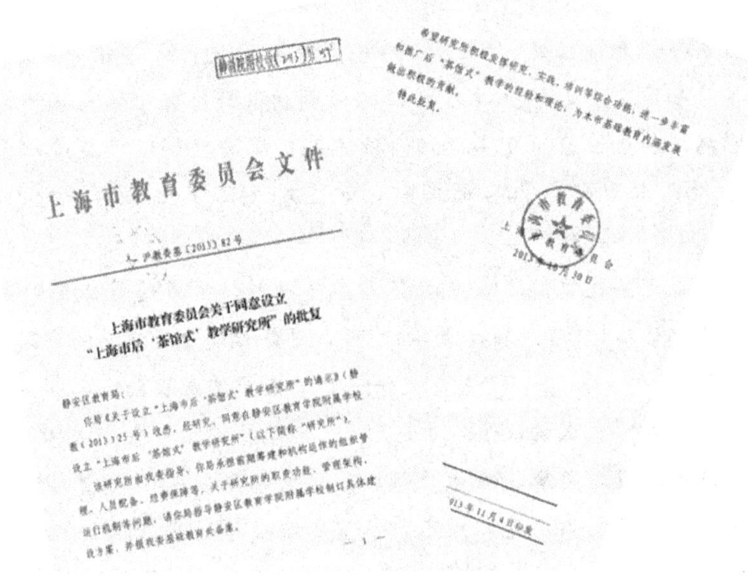

上海市教育委员会文件

沪教委基〔2013〕82 号

上海市教育委员会关于同意设立
“上海市后‘茶馆式’教学研究所”的批复

静安区教育局：

你局《关于设立“上海市后‘茶馆式’教学研究所”的请示》（静教〔2013〕25 号）收悉。经研究，同意在静安区教育学院附属学校设立“上海市后‘茶馆式’教学研究所”（以下简称“研究所”）。

该研究所由我委指导，你局承担前期筹建和机构运作的组织管理、人员配备、经费保障等。关于研究所的职责功能、管理架构、运行机制等问题，请你局指导静安区教育学院附属学校制订具体建设方案，并报我委基础教育处备案。

— 1 —

希望研究所积极发挥研究、实践、培训等综合功能，进一步丰富和推广后“茶馆式”教学的经验和理论，为本市基础教育内涵发展做出积极的贡献。

特此批复。

上海市教育委员会

2013 年 10 月 30 日

2013 年 11 月 4 日印发

图 6-6　上海市教育文件

“后‘茶馆式’教学”已成为上海市教师培训课程。

《解放日报》于 2015 年 7 月 27 日在头版头条报道了“后‘茶馆式’教学让‘家常课’更有效”的静教院附校课堂教学探索。（见图 6-7）上海市政府及市教委有关领导充分肯定了我校教学改革的成果，认为它完全符合上海教育改革的理念和路径，其实践经验值得研究并总结推广。

上海新城经济区

解放日报

静教院附校校长张人利的新探索："讲堂"变"学堂"，教师"少教"学生多学

“后茶馆式”教学让“家常课”更有效

教改需要实下家

欢迎刊登中缝

图 6-7 《解放日报》报道

第二节 后“茶馆式”教学的辐射影响

课题组认为：普适的教学方式、教学策略可以有不同的应用，同为教学手段的“脚手架”应该有不同的设计。在共同的改革方向下，不同学校面对不同学生灵活地应用后“茶馆式”教学成果，可以达到丰富后“茶馆式”教学、发展各校特色的共赢目标。由于效果明显，与我校签约，进行深度合作的学校已达 40 余所。其中，有优质学校，也有薄弱学校，而且包括中国东西部不同地区。另外，还有区域推广，如上海市闵行区。

后“茶馆式”教学不但在静教院附校的课堂教学实践中获得了丰硕的成果，同时也将先进的理念与一些好的经验方法传递到其他兄弟学校。在与我校建立合作关系的后“茶馆式”教学“研究共同体”学校都在日常交流、观摩学习及课堂教学实践中获得了新的提高，有教师认识的提高，亦有学业效能的提高。

一、一所后“茶馆式”教学同盟校的变化

静安实验小学的前身是新江宁小学，它曾是静安区内比较薄弱的学校。由于各种原因，该校的教育质量不如人意，对口学生流失严重，办学遇到很大困难。从2006年起，在静安区教育局的牵头下，静安实验小学和区内其他几所学校与静教院附校成立优质教育共同体。

在后“茶馆式”教学的共同研讨中，静安实验小学在课程、教法改革中大胆实践，以课堂教学改革为突破口，以探索减负增效的课程、方法、途径等让学生在校园里得到快乐的体验，从而提高学生的幸福指数。静安实验小学还因此立项了上海市一般课题“小学课堂教学逻辑结构变化的实践研究”，积极开展课堂教学改革的实证研究。结合学校情况，该校将后“茶馆式”教学经验予以校本化实施。静安实验小学不是只学习后“茶馆式”教学的表象、形式，而是抓住了教育改革的本质。这个本质就是课堂教学逻辑结构的变化：顺应学生的认知规律、把教师的讲堂变为学生的学堂。通过对课堂教学的循环实证研究，静安实验小学的教师慢慢地读懂了学生的疑惑、读懂了学生的精彩，课堂教学慢慢地被学生所喜欢。如今，社会、家长、学生对静安实验小学的认同度大大提高，不但对口学生流失变少了，还出现很多家长想方设法把孩子送进该校的情况。

2016年第8期的《人民教育》上，上海市教委“绿色指标”综合评价组还特地在文中提到了：静安实验小学在“绿色指标”测评中成绩优良，学生的学业水平、品德行为、师生关系乃至教学方式等指标均优于全区和全市水平，学生的作业少、睡眠多，学习的幸福指数高。作为上海教改“风向标”和“导航仪”的中小学校“学业质量、绿色指标”综合评价结果显示，静安实验小学的教改成效明显，获得了社会的关注。

二、一位后“茶馆式”教学研究共同体学校教师的实践研究

闵行区的上海市实验学校西校的章志强校长于2011年成为张人利校长主持的上海市第三期德育实训基地学员后，有更多的机会走进后“茶馆式”教学实践的课堂，对后“茶馆式”教学也有了深入了解。他非常认同后

“茶馆式”教学对课堂教学改进的价值取向，并把后“茶馆式”教学项目实践引入实验西校的“成长课堂”，开展了校本化的实施。2014 年，实验西校与静教院附校签订了后“茶馆式”教学“研究共同体”协议后，更进一步地学习后“茶馆式”教学的具体操作，开展了课堂教学微技术等研究。实验西校的教师们在课堂教学实践中积极运用后“茶馆式”教学的教学方式，组织开展教学，收获了意想不到的效果。

案例 6-1：

一个“合作学习”提高教育效能的实证研究

上海市实验学校西校　沈晓茹

在教育转型的大背景下，合作学习作为一种新型的课堂教学方式为大家所认同，我作为一名一线教师，积极投入课堂教学改革，结合校情、学情充分发挥合作学习的优势，通过尝试、改进、收获的不同阶段，开展了合作学习的实证研究并积累了实践经验。

1. 运用合作学习提高教学效能的缘由

(1)任教班级的学情分析

①英语学习的现状和学生间的巨大差异促使我改进教学

图 6-8　沈晓茹老师和她的学生们

我任教班级的学生英语基础存在巨大差异，大多数外来务工子女的英语学习起步晚，语法基础极其薄弱，阅读、听力、作文等项目更是无法开展。开学初学生英语学习状况的调查问卷显示，由于英语学习中积累了大量未能及时解决的问题，大部分同学对英语学习持有接近放弃的心态。这些长期积累的问题不解决，继续学习英语愈加困难。与此同时，班级少数学生的英语基础较扎实，且乐于帮助学困生。

②传统教学的低效迫使我反思教学

我最初的教学方式主要以我主讲、学生被动听为主，我满足于把知识点讲清楚，结果教学效能低下、学生上课走神，学困生对英语愈发失去兴趣。如果继续这样的教学，不仅原有问题解决不了，又会产生新的学习障碍。

(2)学校课堂教学改革的现状分析

在教育转型的新时代背景下，我校以后“茶馆式”教学理念为指导，提出“调结构、转方式、变关系”的课堂改进策略，构建以“主动、分享、快乐”为特征的“成长课堂”，积极倡导合作学习。对于我校的课堂教学改革，教师总体持支持态度，但在具体操作中，多数老师缺少可行的办法，普遍讲得太多，课堂上缺少真正的对话。教师存在着疑虑，例如，开展合作学习后课堂纪律如何保证？合作学习会影响教学进度吗？合作学习能让不同层次的学生都获益吗？

为了消除教师的上述疑虑、检验合作学习的效果，以及在教学过程中寻求并完善合作学习的策略，我在任教班级开展了合作学习的尝试。

2. 运用合作学习初步实践的策略

(1)以语法为切入点，尝试合作学习

①语法是听说读写的基础

学好语法可以重建学困生对英语学习的信心，提高英语综合能力的条件。没有语法，英语只能传达很少的信息。中国学生是在缺乏语言环境的条件下学习英语的，只有掌握系统的基础知识和语法结构、规范口语表达、提高获取英语信息的能力，才能真正提高学生的英语综合运用能力。

②语法学习比较适合开展合作学习

佐藤学认为：“学习原本就是合作性的，通过同他人的合作，同多样的思想的碰撞，实现同客体(教材)的新的相遇与对话，从而产生并雕琢自己的思想。”因此，真正的学习只有通过对话才能实现。班级学生层次的差异使学生在理解和运用固定的语法规则上存在较多的“相异构想”，同步教学已经不能满足每一个学生的学习需求，此时，合作学习便成为一种自然的选择。学生在合作中通过质疑、讨论来发现问题和解决问题，建立符合学生认知规律的语法知识结构。

(2)做好前期准备，开启合作模式

①分组原则

按照“组内异质，组间同质”的原则，把学生分成5个小组，每组4～5人，男女混合。

②共同制作海报，确定组名，设计组徽，提出小组口号和共同目标

借助此环节，为学生提供一个增进彼此了解的机会，形成共识，增强团队凝聚力。

③统一认识

使学生认同合作学习的价值，积极、主动地投入有效的合作学习中。教师用浅显易懂的语言或者图片告诉学生合作学习的必要性，或者让学生观看合作学习的课堂实录，让学生更直观地明确合作学习的方式。

④明确合作学习的角色分工

为每一小组确定组长、记录员和监督员，分工明确、职责清晰是保证合作学习效率的关键。组长负责组织协调，记录员记录组内错误率高的题目，监督员督促小组成员是否认真投入。

(3)有序展开各环节，初步推进小组合作

①确定合作学习任务

教师设计导学案，学生先学，把导学案反映的问题布置为合作学习的任务。

②小组讨论、释疑

小组交流导学案中有困难的问题，初步形成小组的统一认识；小组无法解决的问题留待组间交流时解决。

③大组展示、组间释疑

当一组同学站起来展示时，其他各组进行批判式质疑，共同探讨小组讨论中未解决的问题；学生回答问题或者质疑时要求声音洪亮、自信表达；全班无质疑后方可坐下。在此过程中，教师认真聆听，遵照“学生先解疑，教师后解疑”的原则进行释疑，关注学生的“相异构想”和有创意的“闪光点”。

④检测、反馈

检测分为当堂检测和课后检测。当堂检测要求教师针对课堂重难点精选题目，课上讨论展示完成后由学生独立完成；课后检测是针对讨论和课堂检测反映出来的难点和易错点精心设计的题目，让学生课后完成。检测后组长负责统计，记录组员存在的问题，汇总给老师，由老师及时集体反馈或者对个别同学进行当面辅导。

⑤小组捆绑式评价

将个人在小组学习中的表现体现在集体评价中，如个人在课堂纪律、发言、质疑、课后默写订正等方面的奖惩都会与小组整体评价捆绑在一起。

(4)坚持小组合作，凸显初步成效

通过对比2013年9月我接班时的成绩和2013年第一学期、第二学期两次期末考试成绩可看出，学生英语有了提高，如表6-2所示。

表6-2　任教班级与同类班级数据对比表

	接班时成绩	2013年第一学期期末成绩	2013年第二学期期末成绩
七(a)	61.2	53.5	60.6
七(b)	62.2	55.1	62.7
任教班级	61.4	60.6	66.1
七(c)	61.1	57.1	62.2

3. 运用合作学习实践的深化策略

在实践中，合作学习也暴露出了问题，如学优生在小组讨论中占主导，学困生只是被动听讲，未充分暴露自己的问题。针对这一问题，我对小组合作各环节进行了调整和完善。

(1)设置模式，提高效率

设置“发问—释疑—质疑—再述”的小组讨论流程。“发问”要求犯错的同学主动提问，陈述自己犯的错误；“释疑”要求组长在充分尊重组员的意见后给予解释说明；“质疑”是指组员在组长解释后继续发问，直至弄清楚为止；“再述”要求犯错的同学在听明白后再讲述正确的思路。

(2)聚焦错题，集中展示

错题是“有价值的生成性问题”，关注这些错题会大大提高课堂效率。为了激励学困生更踊跃地参与错题展示，我主要采用以下三种方式。

①点将法

讨论结束后如果仍有未能解决的问题，犯错同学可以点名已经解决问题的别组的任何一个组员回答。

②委派法

组长有意识地委派曾经犯错的组员回答。

③抢答法

在倾听别人的发言后，只要有任何质疑都可以站起来抢答。为了更好地激励学困生，规定发言次数每周不少于3次，以此来保证抢答的积极性。

(3)跟进检测，及时反馈

充分利用学生暴露出的错题形成班级错题库，循环利用；每天安排一位同学课上讲解以前犯错如今已经掌握的题目，并对相关知识点进行补充；为了让犯错同学更加重视对错题的利用，要求学困生能随时接受老师的再考验。以我的一节课为例：考前班级进行了一次对手PK赛，要求每人整理40道语法基础错题(必须自己已经掌握)。不同组的同等层次的同学互做对方的题目，如第一组的A与第二组的A′互做对方的错题进行PK，结果记入小组积分，出题人负责给做错的同学讲解。当时班级气氛非常活跃，同学们积极投入，效果非常好。它暴露了学生知识的遗漏点，又尊重每一个同学的学习尊严，基础最弱的同学也可以借助帮助别人来提升存在感。

(4)完善评价，注重激励

和德育结合，关注对学生的过程性评价。利用班会课，每月评出最佳小组和最佳个人，学期末选出课堂的“风采之星”“进步之星”等。

4. 运用合作学习取得的成效

(1)有效的合作学习大幅度提高教学效能

经过几个环节的改进，班级学优生在监督组员的同时，自身能力得到了很大提高，学困生发言提问也比之前有了很大进步，班级学生的语法基础也得到了大幅度的提高，从表6-3可以看出学生在语法学习上明显的进步。

表6-3　2014学年第一学期期中考试各项目平均分对比

	听力(满分25)	语法(满分38)	阅读(满分25)	写作(满分12)
八(a)	16.4	21.4	12.5	7.7
八(b)	17.2	22.8	13.6	8.8
任教班级	16.9	25.7	14.3	8.2
八(c)	17.1	22.7	13.5	8.7

语法基础大幅度提升又促进了听力、阅读、写作的提高。随着合作学习的完善，学生的英语综合运用能力也呈现出可喜的进步，如表6-4所示。

表6-4　2014年第一学期期末考试各项目平均分对比

	听力(满分25)	语法(满分38)	阅读(满分25)	写作(满分12)
八(a)	17.4	23.1	11.7	5.4
八(b)	17.9	23.1	12.7	5.7
任教班级	19.7	28.2	13.2	6.9
八(c)	19.1	23.1	12.6	5.9

有效的合作学习是互惠学习，它让学优生和学困生都得到了提高，如表6-5所示，我班英语学习的优良率、及格率、低分率均占优势。

表6-5　2014年第一学期期末考试同类班级质量分析对比

	优良率(80分以上)	及格率(60分以上)	低分率(40分以下)	平均分(满分100)
八(a)	15%	44.36%	32%	57.4
八(b)	27.5%	50.3%	20.5%	59.4
任教班级	37%	63%	7%	68.5
八(c)	27.5%	42.6%	12%	60.7

以上的数据对照说明了合作学习在提高学生英语学业成绩的基础上，

也激发了他们的学习兴趣，加深了他们对英语的理解。在合作学习调查问卷中，让学生列举出合作学习对他的帮助时，86%的学生认为合作学习使自己听讲更认真、45%的学生认为自己敢于主动发问、43%的学生认为对知识点的记忆更深刻了、45%的学生认为学习英语的信心增强了。同时，我也认识到学生在彼此的对话、交流、分享中不再把英语看作靠死记硬背获取分数的考试科目，而是当作彼此交流的工具。

(2)合作学习给学生提供更多的锻炼机会

学业成绩不是衡量学生成绩的唯一标准，在成绩的背后更多的是合作学习带给学生的素质提高。学生在宽容、开放的学习氛围中，获得平等参与的机会，分享了智慧、学会了倾听、学会了质疑、学会了表达，懂得了团队合作的意义，学会了与人相处，提高了分析问题、解决问题的能力，这为学生健全人格的塑造打下了基础。

(3)合作学习促进教师专业成长

合作学习对教师的教学理念和教学行为是一种挑战，它促使教师不断调整教学策略，让学生成为学习的主角。在合作学习中，看似教师退居二线，实则担当起导演的角色。任务的选择、生成性问题的捕捉、难题的释疑、学生的激励等均对教师的能力提出了很高的要求。

(4)合作学习为班主任开展德育提供了新契机

学科上的合作学习方式运用到班级管理中，无疑给班主任工作打开了新的思路。各小组在组长的组织和协调下，职责清晰、分工明确，管理班级卫生、纪律、文明礼仪等各项行为规范项目，每组值日一周，将值周情况在班会课上做汇报。家长会上，也由各组长展示汇报组员的成长足迹，改变了家长会固有的形态，得到了家长的一致好评。

5. 合作学习带来的启示

(1)通过亲身实践才真正感受到合作学习的有效，并消除了先前的疑虑

①合作学习优化了教师的教学方式

合作学习提高了教学效能，加深了教师对教学理论的理解。在之前的理论学习中，不管是“学习金字塔”还是后“茶馆式”教学，都阐述了合

作学习的重要性，而亲身实践让教师对合作学习有了更丰富的体会。合作学习完善了问题解决的对话机制，实现了师生和生生对话的最优化，激发了学生学习的主体性。

②有效的合作学习机制是促进教学效能提高的保证

在合作学习实践中，有前期充足的准备，教师合作任务的精心设置，讨论、质疑环节的不断完善，捆绑式评价的督促、检测反馈的及时有效，这些因素都保障了合作学习的有效展开。学生认真投入，不仅未出现纪律问题，反而在合作、分享中找到了学习的乐趣；教师精心设置讨论任务，不仅未影响教学进度，反而帮助学生在对话、合作中逐渐建构起符合认知规律的学科知识体系，提高了学习效率；合作学习促进了生生之间的相互学习，丰富了不同学生的学习经历，使学优生和学困生都得到了提升。

(2)合作学习需要在实践中继续完善

合作学习的研究是一项综合性研究，它需要在实践中不断完善。在遵循教学规律的前提下，教师需要精心设计讨论时间和任务分配模式，提高宏观调控能力；在原有的积分评价机制的基础上，调动学生的非智力因素，使勤学、质疑、内化成为学生自觉的行为，让主动学习成为学生的习惯。

三、一批后“茶馆式”教学实践课的普适应用

后“茶馆式”教学改变了身边的兄弟学校，影响了上海市区学校教师的教学行为，大批教师来到静教院附校，深入课堂听课后发现了很多值得学习的地方。回到本校后，他们学以致用，积极尝试用后“茶馆式”教学，并尝到了甜头。

案例 6-2：

初中美术课中学习与实践后“茶馆式”教学所得

大新中学的朱珺懿是一位有着 3 年教龄的老师。她多次来静教院附校听课，对于后“茶馆式”教学，起初她并不十分在意，还曾感叹：“市区

学生的素质就是高!”因为后“茶馆式”教学将课堂时间更多地留给学生,让学生探讨研究学习,他们自己能学会的老师坚决不讲,整堂课下来可能学生讲的比老师讲的还多。她认为,这对农村学校孩子来说有一定难度,这套教学方法对于大新中学的教师和学生来说可能并不适用。后来,听了后“茶馆式”教学的专题讲座后,她茅塞顿开,发现后“茶馆式”教学不简单。老师讲得越少恰恰要求老师讲得越精,抛给学生的问题更要结合学生学情进行反复雕琢,不能太简单也不能太难,还得恰到好处地引起学生的学习兴趣。从表面看起来,在课堂上教师很轻松、讲得很少,实际教师提前要做的工作更多、更复杂。

静教院附校职初教师杨老师的美术课给了她很大的震撼。杨老师上的是《石库门》,在短短一节课的时间内,师生就完成了教学与作品制作,学生们了解了石库门,并用超轻彩泥做出石库门的小模型,既精致又漂亮。反思自己的课堂,朱老师有点汗颜,如果是她来上这节课,估计没有三个课时,这作品是出不来的。这样的认知难免让她有些沮丧,但更多的是她内心的跃跃欲试,她想要尝试这种上课方式,去相信学生,放手让他们、让自己共同来尝试一下。

于是她开始实践,试验了《四季的色彩》一课。课上,朱老师节选了描写四个季节的精彩文章,通过提问加小提示帮助学生梳理思路,并通过几何形体与点线面等知识来引导他们掌握绘画步骤,最终的作业效果还算不错,学生多多少少能开始独立进行绘画。朱老师还通过“哪位同学画的最与众不同,哪位同学就得高分”的类似方式鼓励他们,学生们找到方法,对自己的绘画能力有了信心,因此兴趣盎然。但试验中朱老师遇到了一个问题,比如,她希望学生提到夏天的色彩能想到树木的浓绿色、荷花的粉色等,但有学生回答的是黑色,并解释说因为夏天有蚊子,蚊子是黑色的。这可真让当时的朱老师愣住了。这一回答说明学生脑海中并不是一片空白,他有自己的想法,面对新授的知识,不同的学生会有不同的理解或解释,会获得不同的学习结果。所以,每个学生在头脑中产生的“相异构想”也是各式各样的。

关于后“茶馆式”教学基本特征之一的关注“相异构想”的发现与解决,

朱老师觉得非常有必要在今后的课堂教学中继续深究下去。因为后“茶馆式”教学方法正逐渐将她之前在教学中遇到的问题慢慢解开。拨开云雾见青天，后“茶馆式”教学帮助朱老师在教学中豁然开朗。

案例6-3：

在课堂上寻找后“茶馆式”教学的身影

大新中学的英语老师朱琴燕在观摩了几堂英语课之后，深有感触。

静教院附校六年级的Amenda老师在检测学生对6BU7 Uniforms for different seasons这一文本的理解时，采用了判断正误的方式，让学生在很短的时间内分组讨论，又快速地呈现问题所在。整个过程中教师并未多做解释，学生的正确率却很高。这充分体现了后“茶馆式”教学的基本特征之一：学生自己能学会的，教师不讲。Amenda老师课上所呈现的每道题都是从学生作业的错题中挖掘出来的，并通过不同的形式加以整合再现出来。她细致了解每一名学生存在的问题，每一个音标的错误，甚至能站在学生的角度分析犯错的原因。这一点着实让人佩服，也体现了后“茶馆式”教学策略中的“关注有价值的生成性问题策略”。关注学生的典型错误，能帮助学生少走许多弯路。

对比Amenda老师的课堂，朱老师明显感觉到自己的上课进度缓慢，一堂课下来能处理掉的问题很少。其根源在于自己讲得太多，预设的教学难点未必就是学生的学习难点，而在学生自己能解决的问题上又浪费了太多时间。于是，她尝试着在教学中让学生自己解决问题，并采用了合作学习的方式。如以牛津6B教材中的听说课School life in summer为例，她要求学生以School life in winter为题仿写，其结构与课中文章类似。在给予充分的提示(包括关键词和图片)之后，学生通过小组讨论快速完成，而且都写得比较完整。在整个教学环节中，教师能帮助他们的只是个别生词的提示，但这样的教学方式却真正起到了事半功倍的效果。

在每个单元结束之后，朱老师不再是急急忙忙地去考查学生，而是利用一堂课的时间将平时学生作业中存在的问题归类呈现，分析巩固知识，然后再考查，这样一个举措大大提高了学生的成绩，也使得学生学习英语的自信心和兴趣都增强了。

案例 6-4：

我们的课堂怎么学后“茶馆式”教学

大新中学的顾芸芸老师和盛强老师在静教院附校听了一节物理课。课后，两人进行了分析和讨论。

顾老师：赵老师这节课设计的亮点在于以下几点。①教师给出测三种不同类型物质密度的实验方案，并预设学生容易出现的错误；②学生通过自主阅读和讨论发现问题并探究解决方案，这是后“茶馆式”教学课堂关键干预因素的集中体现——学生自己能自学的教师坚决不讲；③教师讲的不一定是最重要的，但一定是学生不懂的；④课堂应当让学生充分暴露问题，这是解决问题的前提。没有问题的教才是典型的满堂灌。

盛老师：物理科学源于生活，学好物理必须善于观察、善于分析。关于物理实验的演示和分析，除了仔细操作，还需要怎样的指导？我越来越觉得，课堂实验无论是演示实验，还是学生实验，不能只关注是否做完，更要关注怎么做和为什么这么做。不仅是不同的结果背后有不同的过程，就算是同样的结果背后也可能有着不一样的过程。如何帮助学生调整不合理的思维趋向，这需要教师设计有利于学生互动交流的环节，而这正是后“茶馆式”教学提倡的教师要思考的问题，也将是我今后的努力方向。

顾老师：以往我在上实验课的指导时，由于对学生学习能力不放心，害怕学生无法进行实验探究或归纳总结得出结论，于是就会把实验步骤和结论直接灌输给学生。有时也会面面俱到地把自己的经验加入教学中，把自己认为的重点、难点强加给学生，这不仅加大了教学容量，也减少了原本属于学生思考的时间。由于学生的“相异构想”暴露得不充分，问题仍然得不到解决，所以要提高教学质量，课堂教学的转变势在必行。

…………

第三节　后“茶馆式”教学的研究反思

后“茶馆式”教学研究取得了一定的成效：它减轻了学生过重的学业负担，提高了教学质量；它站在教学逻辑结构的高度审视课堂教学，形成了较为完整的操作体系并付诸实践；实践中又强调以证据支持研究，形成了“循环实证”的行动研究方法。后“茶馆式”教学研究成果获得了国家级教学成果一等奖。这一系列的教改成效也促使课题组在研究中不断反思：其一，后“茶馆式”教学试图遵循学生的认知规律，那么这个认知规律是什么？或者说，后“茶馆式”教学探索的理论支撑是什么？其二，课堂教学是一项十分复杂的群体活动，课堂教学有哪些基本属性？后“茶馆式”教学主要偏重对课堂教学中哪一方面的研究呢？

一、　全面理解“最近发展区”的深刻内涵

后“茶馆式”教学的理念支撑是多方面的，如“最近发展区”理论、“多元智能”理论、“建构主义”理论等，但主要是“最近发展区”理论。“最近发展区”理论是苏联教育家维果茨基在 20 世纪 30 年代提出来的。维果茨基这位伟大的教育学家、心理学家在世时间不长，30 多岁就去世了。维果茨基身前，教育界几乎没人知道这位伟人，也不知道他创立的“最近发展区”理论。“最近发展区”理论是维果茨基去世之后才被教育界发现并认同的。而且，随着维果茨基逝世的时间越长，流传、应用越广。至今为止，“最近发展区”理论在教育界是没有争议的教育理论之一，是许多国家高等教育中必定涉及的教学内容，甚至可以说“最近发展区”理论是当今教学改革中很难绕过的理论。

维果茨基的“最近发展区”理论是这样阐述的：“学生有两个发展水平：第一个是现有的发展水平……表现为学生能独立地、自如地完成教师提出的智力水平。第二是潜在的发展水平……表现为学生还不能独立

地完成任务，需在教师的帮助下、在集体活动中，通过自己的努力才能完成的智力水平。这两个水平之间的间距称为‘最近发展区’。”①

教育界对维果茨基“最近发展区”的解释常常简单地概括成一句话：“学生跳一跳能摘到的果子。”当然，今天已经很难去查证这句话究竟是谁提出的，但是这样解释“最近发展区”只能说是简单、易懂，但是不够全面。因为它似乎仅仅解释了“最近发展区”中的一句话：“学生自己的努力。”

维果茨基的“最近发展区”内涵十分丰富。“最近发展区”至少阐明了教学中三个最本质的问题：学生学什么、学生怎样学，以及学生怎样才能学会。

（一）学生学什么?

在课堂教学中，特别是在实施国家课程的课堂教学中，学生学什么是由授课教师预设的，即“教师提出的智力水平”。教师不但决定学生学习什么内容，而且决定学生在学习这一内容上达到什么程度，集中表现为教师对教学目标的制订。教师应该把国家课程演变为适合自己学生的实践课程，即国家课程的校本化实施。教师对学生的帮助不仅在学生“第一个发展水平”上，而且也在学生的“第二个发展水平”上。因此，教师的主导作用不是削弱，而是加强。教师的角色是帮助者、引导者，而且是教学目标的制订者。后“茶馆式”教学提出“教师要明确了学生先学的要求，包括侧重点、关注点，学习期望达成的目标”，实际上明确教师制订学习的具体内容。“课堂教学与教学评价融为一体”“不但鼓励学生提出问题，还要求教师依据教学目标设计问题和习题，帮助学生自己学习”等。实际上，在后“茶馆式”教学中，教师提出的问题从表象来看是教师对学生的评价，从本质来看是教师进一步让学生明确期望达成的“智力水平”。

（二）学生怎样学?

“最近发展区”提出了学生的两个发展水平：一个是学生“独立地”“自

① 麻彦坤．维果茨基与现代西方心理学[M]．哈尔滨：黑龙江人民出版社，2005.

如地”完成；另一个是“在教师帮助下、在集体活动中，自己努力才能完成”。这里明确了学生是学习的主体，学生学习的主要组织方式为独立学习和合作学习。从这个角度审视段力佩先生的“读读、议议、练练、讲讲”、杜郎口中学的“预习展示，反馈达标”、魏书生的“六步教学法”，直到今天的“翻转课堂”，它们共同的依据就凸显了。我们完全可以说它们都有意识或无意识地运用了“最近发展区”。然而，本课题组认为，“最近发展区”并不是固定的、不变的。“最近发展区”不但与学生自身有关，还与教师采用的不同策略、手段、方法等有关。因此，“最近发展区”是动态发展的，不是固定不变的，它可以前移，也可以后退，可以缩小，也可以放大，而且这个动态的发展体系也符合新课程提出的“三维”目标，即知识与技能、过程与方法、情感态度与价值观。后“茶馆式”教学不但认清了“最近发展区”的本质，而且依据“最近发展区”对教学策略、方式、手段和方法进行灵活运用，体现出教师的教学智慧。后“茶馆式”教学追求学生“最近发展区”“区域”的最大化，重视“最近发展区”的质量。

后“茶馆式”教学的两个课堂教学关键干预因素都从某一个角度强调了“最近发展区”的质量。“尽可能暴露学生的潜意识，尤其关注学生‘相异构想’的发现与解决”正是出于“最近发展区”质量的考虑；“学生自己能学会的，教师不讲”，这个“学生自己能学会”很明确地表明不仅包括学生独立学会的，也包括学生群体通过互相对话学会的。也正因为出于这一思考，后“茶馆式”教学才把“议”作为课堂教学的核心，其作用在于提高学生“最近发展区”的质量。

（三）学生怎样才能学会？

“最近发展区”认为：教师正确、全面、系统的讲解还不能让学生真正学会，更不会使学生达到会学的境界。真正学会、真正会学需要“教师的帮助”“集体活动”和“学生自己的努力”。

学生在学习某一项内容之前，头脑里都不会是空的，都有他们原来的知识与经历。这些知识与经历，有的能帮助学生掌握新知识，甚至会出现“闪光点”；有的却与新知识的掌握相悖。教师的责任在于把这种各不相同的“相异构想”充分暴露出来，形成“碰撞”，再放入学生“脑”中，这才算学生真正学会。自然，这正是“最近发展区”的依据。目前，教师越来越认识到：众多的学生问题的解决不能仅靠一位教师，还需要依靠学生。而且，当学生教会学生的时候，他自身也在提高。

“最近发展区”理论实际上不但强调了学习的组织方式，还强调了活动方式，有对话、有讨论等。“集体活动”“自己的努力”其实都需要“教师的帮助”。

学生在独立学习的过程中，教师的帮助可以包括：为学生提供原材料、激起学生的学习欲望、为学生提供检验他们学习的机会、对学生的进步情况予以反馈、帮助学生厘清他们学过的知识要点等。

合作学习是新课程提倡的学习方式，也是丰富学生经验、培养多种能力、促进自主学习的重要途径。合作学习并不是绝对的，一堂课是否安排合作学习、安排几次应根据具体的教学情境而定，而且合作学习需要教师的精心组织。首先，要有充分的理由，要根据知识的特点和学生的实际来确定，处理好班级教学、个人独立学习和小组合作学习的关系；其次，要培养学生学会倾听，处理好踊跃发言和虚心听取的关系；再次，要有一定的时间保证，强调先独立思考再发言交流，处理好独立思考与合作交流的关系；最后，要有明确的小组分工，让每位学生积极参与，处理好小组中不同角色的关系。而在合作学习中，同伴也起着很大的作用：互相帮助、解释难懂的概念、发现有用的资源、从彼此的错误中学习等。

其实，“最近发展区”从某角度来看就是强调了与自己的对话、与他人的对话、与客观世界的对话。它的这些内涵与教学走向对话、走向学习共同体的教学理念是一脉相承的。

“最近发展区”的这些内涵与“多元智能”“建构主义”的教育理论也是有关联的。正是认为学生与学生之间是有差异的，不同学生是有不同智能的，因此才会有“集体活动”的教学过程。如果所有学生都是划一的，那么还有必要与他人对话吗？同时，“最近发展区”已经把学生的多元智能、学生之间的差异视为教学资源，并且这种集体活动、这种与他人的对话，不是削峰填谷，而是共同提高。“独立地、自如地”学习，“在教师帮助下”“在集体活动中”“通过自己的努力”，这些过程往往才是每位学生自己在建构知识的“网络”，而没有把学生简单地视为容器。

从以上分析可以获得这样的结论：“最近发展区”不仅仅是一个心理学的理论，还应该是教学论和认识论的理论。

二、 后“茶馆式”教学与“最近发展区”

（一）后“茶馆式”教学关注“最近发展区”的“最近”

“最近”指什么？似乎十分明确，“最近”是指原来的学生基础。问题的关键在于这个“原来”指的是学生的哪个阶段。例如：让学生学习“一元一次方程”，是学生学习“一元一次方程”之前的基础，还是让学生“独立地”“自如地”学习之后的学生基础？许多教师认为是前者，其实，“最近发展区”提出的“最近”指的是后者，即学生独立学习之后学生的基础、学生的达成度才是第一个发展水平。

正因为“最近”是指学生的第一个发展水平，因此才会有“最”的问题。为什么？如果这种学生独立的学习在课堂内进行，教师授课之前只能推出要求达到的智力水平，而是否达到、有多少人达到、有多少人超过，往往是很难判断的。即使有教学的评价手段，也很难在每堂课上达到精确的程度，因此才有“最”之说，“最”的意义在于教师要尽可能靠近学生独立学习之后的基础。

如果以新课程的理念来理解维果茨基的“最近发展区”，那么，这个最“近”不仅关注学生的知识与技能，而且还关注学生学习的过程与方法，情感、态度与价值观。

目前，许多学校都要求教师在备课的过程中做“学情分析”。以学定教，教师关注学情是完全必要的，问题是“学情分析”分析的是学生哪个阶段的学情？如果仅仅是教师授课之前，或者是“学生先学”之前的学生“学情分析”，是不够的，应该还有“学生先学”之后的“学情分析”。学情分析应该贯穿于教学的全过程，有的是预设的，有的是生成的。教师在课堂教学的全过程中，每时、每处都在关注学情，考验着教师的应变能力。

后“茶馆式”教学的基本特征之一“学生自己能学会的，教师不讲”是针对教师讲得太多、讲得太滥提出来的。但是这个课堂教学关键干预因素实施中教师最难把握的问题之一是教师怎么判断学生究竟哪些学会了、哪些还没有学会、学会的又有多少学生。这个学会与否就是由“教师提出的智力水平”，即教师确定学生“独立地”“自如地”能达到的教学目标。其实，这个问题的本质就是在探讨“最近发展区”的“最近”是指什么。

另外，学生如果能达到“自如地”独立学习，如果教师只是简单地提出智力水平，有时还显得不够，需要教师创设各种不同的外部条件，如设计几个问题、提供一张图表、先放一段录像等。在静教院附校，我所见到的为学生独立的、自如的学习而创设的外部条件就有十余种。

（二）后“茶馆式”教学追求“最近发展区”的最大化

教学实践证明：同样的学生、同样的教学用时、同样的环境，而不同的教师在学生“三维”目标的达成度上有显著差异；同样的学生、同样的教学用时、同样的环境，而同样的教师，用不同的教学，在学生“三维”目标的达成度上也有显著差异。

本书的第二章阐述的静教院附校的“循环实证”已经用证据支持了我们的结论：控制“变量”，相同教师教相同学生，在相同的时间内用以“最近发展区”理论支撑的后“茶馆式”教学进行教学效果明显好；即使同样都用了后“茶馆式”教学，但由于设计的问题不同、练习的题目不同、评价的方法不同等，还会带来效果的不同。这些正说明，现在要比较的不是不同的学生，而是相同学生的比较；不是不同教师的比较，而是相同教师的比较。在静教院附校广大教师对后“茶馆式”教学有基本文化认同的情况下，如何提高教学的效能，其基础的理念是：学生最近发展区的“大小”不是一个固定值，而是动态的、发展的。因此，遵循“最近发展区”教育理论的课堂教学改革应该追求“最近发展区”的最大化。

最大化的“化”字既表示了程度，又表现了过程。可以这么认为：静教院附校的每一节后“茶馆式”教学的课堂教学，包括外显的“观摩课”，都不是终极目标，都有不断改进、不断完善的必要。静安区的五四中学是静教院附校在后“茶馆式”教学研究上的合作伙伴。2010 年、2011 年，静教院附校的一位中学数学教师用五四中学的学生上了同一教学内容的课，五四中学的校长与全体教师一致认为：都说是后“茶馆式”教学，但是在具体的教学细节上有很大的变化，效果又不一样，事实果真如此。

“最近发展区”的“最近”要关注“三维”目标，那么“最近发展区”的最大化也应该关注“三维”目标。过程与方法、情感态度与价值观的最大化往往体现在学生的达成度上。

追求最大不等于无限，教学的时间是有限的，学生的学业基础也是有限的，因此，课堂教学目标也一定是有限目标。最大化与有限目标并不矛盾，只是说明在有限的范围内有很大的差异。

（三）后“茶馆式”教学重视“最近发展区”的质量

有人把教师与学生比喻成一桶水和一杯水，可以吗？如果单从教师所教学科以及与所教学科有关的知识容量、文化底蕴上来看，教师应该远远大于学生，这样的比喻未必不妥。但是，如果把我们的教学过程看成只是把教师桶里的水倒到学生一个个杯子里去，恐怕就不全面或不妥当了。

“最近发展区”理论在强调学生独立学习的同时强调合作学习，学生“需在教师的帮助下，在集体的活动中，通过自己的努力”完成第二个发展水平。这种学习过程与建构主义教育理论是完全相通的。建构主义虽然有各种流派，但是主张知识要靠自己建构的观点还是完全趋同的。

当学生在独立学习之后，每一名学生的第一个发展水平一定是不同的，有人学会了，也有人没有学会；有人学深了，也有人学浅了。而且，这种发展水平不同还不能简单地用好、中、差来区分，而常常会有各种不同的情况。可能一位教师已经完全无法满足全班几十位学生的问题，这就需要教师、学生的小组、大组对话。

即使没有让学生独立地先学习，学生的头脑里也不是“空”的，一定有它原有的知识、经历，甚至方法。这些知识、经历、方法，有的能帮助新知识，有的可能与新知识完全相悖。有人把它称为“相异构想”，有人称其为“迷思概念”，有的称“潜概念”“前概念”。名字可以各异，但是都没有否定这种现象。

教学中有的内容，教师一讲学生就懂；有的内容，教师不讲，学生自己一学也懂；但是，有的教学内容，学生真正掌握一定是在与其他学生、与教师的对话后才有可能。这些教学内容如果没有这样的对话，而仅仅是教师讲解，表面看去学生似乎懂了，实际上他们没有真正掌握。从这个视角去分析，“最近发展区”不但有大小，要追求其最大化，而且要充分关注学生“最近发展区”的质量。

后“茶馆式”教学的两个课堂教学关键干预因素都从某一个角度强调了“最近发展区”的质量。“尽可能暴露学生的潜意识，尤为关注学生的‘相异构想’的发现与解决”，正是出于“最近发展区”质量的考虑。“学生自己能学会的教师不讲”，这个“学生自己能学会”很明确地不仅包括学生独立学会的，也包括学生群体通过互相对话学会的。也正是出于这一思考，后“茶馆式”教学才把“议”作为课堂教学的核心，与自身对话、与他人对话、与客观世界对话。

（四）后“茶馆式”教学考虑“最近发展区”的后续发展

“最近发展区”还应该关注它的后续发展。这个后续发展往往决定了“三维”课程目标中的“过程与方法”。学生的学习过程本质上也是一种知识，是一种默会知识。学生的“过程与方法”目标的达成不同，决定了“知识与能力”掌握的牢固程度，也决定了“情感、态度与价值观”的达成程度。

在静安区曾有过这样的教育实验，在 4 月底和 9 月初对区域内所有五年级(小学毕业年级)和六年级(初中起始年级)学生进行两次数学、语文两门学科的测评，学生成绩见表 6-6。

表 6-6　五六年级学生数学和语文测评成绩

学校	数学			语文		
	后测标准分	前测标准分	差值	后测标准分	前测标准分	差值
A 校	−0.20	−0.42	0.22	−0.04	0.31	−0.35
B 校	−0.55	−0.36	−0.19	−0.64	−0.29	−0.35
C 校	−0.37	0.00	−0.37	−0.18	−0.36	0.18
D 校	0.04	0.18	−0.15	0.38	0.56	−0.18
E 校	0.59	0.51	0.08	0.57	0.12	0.45
F 校	−0.28	0.34	−0.62	−0.21	0.00	−0.21
G 校	0.22	−0.17	0.40	0.65	0.02	0.62
H 校	−0.74	−0.61	−0.12	−0.63	−0.91	0.28
I 校	0.10	0.18	−0.08	−0.09	−0.04	−0.05
J 校	0.10	−0.78	0.88	−0.32	−0.36	0.04
K 校	−0.22	−0.30	0.07	−0.28	−0.35	0.07
L 校	−0.82	−0.79	−0.03	−0.64	−0.65	0.01
M 校	0.52	0.46	0.06	0.28	0.47	−0.19
N 校	0.19	0.65	−0.46	0.36	0.60	−0.23

该表剔除了流向外区和新流入本区的学生，且把成绩从百分制变换成标准分。虽然两次评估之间过了暑假，中学上课时间不多，但是各小学学业成绩在区内的地位发生了很大的变化，这种变化与当时小学教学的“过程与方法”维度的发展状况有关。常有教师抱怨：“我们这些学生，不要他们记的都记住了，如歌星、影星名字，习惯、代表作等，而要他们记的，他们往往前学后忘。”为什么？完全有可能和“过程与方法”有关。有的教师把 10 遍、20 遍的机械抄写作为记住外语单词的唯一方法，过后怎么可能不忘呢？又如有的学生有不良习惯，又有教师抱怨：“我每天都提醒他，他就是不改！”我们认为，重复、不变、单一的教育，如果没有成效，说明我们的教师应该改变其教育方法、教育过程。教的过程和方法，决定了学生在“过程与方法”这一维度上的发展程度。

（五）后“茶馆式”教学依据学生学习的逻辑结构

维果茨基的“最近发展区”理论的最大贡献在哪里？强调关注学生的原有基础？强调学生自身的努力？“跳一跳能摘到的果子”？看来都远远不够。我们认为“最近发展区”教育理论的最大贡献在于颠覆了长期以来以班级授课、教师讲解、学科体系为线索的课堂教学，而提供了一种以学生的学习为线索的课堂教学。

后“茶馆式”教学是在归纳全国许多优秀教学的基础上发展起来的，而这些优秀的教学虽然名称不同、提法不同，但是它们都引用了这种以学生的学习为线索的课堂教学，只是“茶馆式”教学在我国为时最早，所以冠以后“茶馆式”教学的名称。其中，如果要做到“学生自己能学会的，教师不讲”，也一定是以学生的学习为线索进行课堂教学设计。

后“茶馆式”教学的逻辑结构完全符合“最近发展区”理论，从老师的讲解变成学生的建构，而这种建构通过不同方式，即书中学、做中学、独立学习、合作学习来帮助学生自己建构行之有效的方式。

三、 正确认识课堂教学的三个基本属性

课堂教学是一项十分复杂的社会活动，它具有科学性、社会性、艺术性这三个基本属性。

基于自然人的本质属性，学生在学习中具有认知规律的基本属性，称之为教学的科学性。教育是科学，科学是有规律可循的。课堂教学主要探索、研究、归纳两方面的规律，即学科及学科发展的规律、人的认知和人的成长规律。将学科、学科发展的规律、人的认知和人的成长规律应用于教育实践，正体现出中小学教师的创新精神和创造性劳动，反映出教师的实践智慧。课堂教学从科学性的视角看，主要回答了三个问题：学生该学什么、学生应该怎样学、学生怎样才能真正学会。

基于社会人的本质属性，学生在学习中具有个体与群体相互作用的基本属性，称之为教学的社会性。课堂教学的社会性主要研究课堂教学中的社会事实，包括：客观事实，如行为、结构、制度、问题(包括生成

性的问题)等；主观事实，如人性、社会心理等。课堂教学从社会性的角度来看，主要解决以下问题，例如：学生没有自己看书的习惯怎么办？在合作学习中，有人不投入、不热情帮助别人怎么办？学生没有倾听别人的习惯怎么办？等等。

课堂教学是一种艺术创作，具有艺术性，具体体现在如何构建教学美。成功的、符合教育规律的课堂教学具有艺术性，更是美的，因为这种教学显示了人的本质力量。例如，同样一句话可以让人“跳”，也可以让人“笑”。艺术能引起人们感官愉悦、感动、震撼，其价值在于唯一性。课堂教学的艺术性包括环境、语言、声音、形象、举止、图片、文字、影像等。对于课堂教学中的艺术性，模仿有一定意义，但却又很难模仿。

学校曾经请过多位名师来校上示范课，如特级教师窦桂梅老师上了一课《我的爸爸叫焦尼》。在窦老师声情并茂的教学中，所有上课的学生、听课老师都仿佛置身于故事里，心情与小主人公焦尼一起跌宕起伏，或喜，或悲，或怅然……甚至有学生当场留下了感动的泪水。听课教师赞叹这是一堂好课。然而，这些名师的示范并没有带来我校教师教学行为的改变。他们说：“我们想学，但是学不会。”为什么？因为这些名师的课往往极富艺术感，他们的课堪称艺术品，其价值往往也是唯一的。而教师要面对的是不同的学生，因此很难模仿。

四、课堂教学中的三个基本属性是有关联的

科学性的本质在于求真，社会性的本质在于求善，艺术性的本质在于求美，三者共同决定了课堂教学的效能。即使其中的两个属性基本不变，一个属性突出，课堂教学的效能也会提高。课堂教学的不同组织方式将会产生不同的社会性和艺术性问题。

如果以教师讲解为主，那么，上课学生认真听老师讲解就成为十分突出的问题，教师的教学艺术性又往往表现为讲解、表达的艺术。曾有教师对课堂教学改革不理解，还举例说听过一位特级教师的历史课，特级教师的课堂就是一讲到底，那还要搞什么教学改革？其实，在这位特级教师一讲到底的课堂上有严密的科学性和艺术性存在。对于历史故事，

这位特级教师如数家珍，且语言非常生动，学生自然而然被吸引了，其课堂效率自然也得到了提升。就像窦桂梅老师的课堂能激起听课者强烈的情感共鸣一样。课堂教学的艺术性也能带来课堂教学效能的提高。

如果以独立学习和合作学习为主要教学方式，那么不但有学生认真听讲的社会性问题、教师讲解的艺术性问题，更有学生如何倾听其他学生、如何表达自己、如何关注不愿意发言的同学，又如何提高学生表达能力的艺术性、社会性等问题。广大教师在实践中不但要科学地运用教学策略、方式、手段、方法，还要关注课堂教学中的社会性问题，关注学生的身心发展。有时候良好的师生关系也能提高教学效能。我们经常听到一句话：喜欢一位老师，喜欢一门学科。的确，学生是会被有人格魅力的老师吸引，并由衷地喜欢这位老师、喜欢他或她教授的学科。在静教院附校，这样的例子有很多。曾经有位将要中考的学生回家对家长说：“全班同学都在暗暗发誓，这次中考化学争取拿满分，否则对不起我们的高老师。”六年级的学生一下课就去找风趣幽默的顾老师，追着她，向她讨要数学题目来做。年轻的 Amanda 老师，总是和学生打成一片，学生们也特别喜欢这个美丽的大姐姐，英语学习劲头十足。课堂教学实在是一项复杂的活动，良好的师生关系能提高教学效能。

迄今为止，无论是 20 世纪 80 年代上海教育家段力佩先生提出的“读读、议议、练练、讲讲”的有领导的“茶馆式”教学，还是其他在全国产生过重大影响的优秀教改成果，以及我们静教院附校正在进行的后“茶馆式”教学研究，都偏重于教学的科学性研究。在研究学科和学科发展规律的基础上，进一步关注人的认知及人的成长规律。

后“茶馆式”教学起源于静教院附校解决日常课堂教学中的弊端，追求课堂教学的“轻负担、高质量”，继承和发展了“茶馆式”教学的思想，改变了课堂教学的逻辑结构，从以授课教师认为的学科体系为线索进行讲解，变成由教师帮助、以学生的认知为线索让学生自己进行建构，在实践中有效地提升了课堂教学效能，同时也促进了学校各方面工作的改进，得到了更多专家同行的认同与积极参与。但是，教学是一项十分复杂的活动，课堂教学中值得研究的问题仍然很多。迄今为止，后“茶馆式”教学偏重于教学科学性的研究。除了教学的科学性研究仍有待进一步探索外，教学的艺术性、社会性都值得深入研讨。后“茶馆式”教学还将继续深入研究，课堂教学改革永远在路上，任重而道远。

附　录

一、各类报纸关于后“茶馆式”教学的报道

时间	报纸名	报道文章标题
2010-12-30	*The New York Times*	Shanghai Schools' Approach Pushes Students to Top of Tests
2011-03-24	文汇报	教师少讲多听，学生勤议善问
2011-06-06	家庭教育周刊	后“茶馆式”教学主张学习的权利
2011-07-17	联合早报	他把课室变成茶馆
2011-01-19	新闻晚报	变“灌输式”教育为后“茶馆式”教学——学生成为课堂真正主角
2011-10-23	解放日报	静教院附校“后茶馆式教学”走出传统课堂老路——角色“换位”：教师多听，学生多讲
2012-06-28	文汇报	毕业典礼上的“校长特别奖”
2012-08-28	东方早报	教育不是送孩子进名校
2012-12-25	文汇报	教育信息技术需为“学”服务
2013-02-28	中国教育报	轻负担也能高质量——上海市静安区教育学院附属学校后“茶馆式”教学彰显魅力
2013-10-11	文汇报	少先队活动上了喜欢的“排行榜”
2013-11-18	文汇报	让“学生讲教师听”走进更多课堂
2013-12-04	第一财经日报	张人利：教改不是简单征求意见，要有科学态度
2014-03-21	文汇报	评价指挥棒“改革”：分数从唯一变成十分之一
2014-04-13	解放日报	学生“点菜”，体育课也能“宅急送”
2014-09-01	解放日报	“减负”，别偏离了学生成长规律
2015-07-27	解放日报	“后茶馆式”教学让“家常课”更有效
2015-12-11	解放日报	把课堂真正交还给学生——对话静教院附校校长张人利
2015-12-11	文汇报	“绿色指标”为学校发展“体检”
2015-12-11	劳动报	让“讲堂”真正成为“学堂”
2015-12-11	新民晚报	增效减负，让学生成为学习主体
2015-12-16	东方教育时报	静教院附校变“讲堂”为“学堂”
……	……	……

二、各类杂志上发表的关于后“茶馆式”教学的文章

发表期数	文章名称	期刊名
2013(12)	班级授课制下的个别化教学	教育发展研究
2014(10)	没有立项的科研也可以很精彩	上海教育科研
2013(2)	从教学目标透视学科德育	思想理论教育
2013(10)	提升教学效能文化引领“减负”	思想理论教育
2014(5B)	静教院附校：以“一贯制”优势带动“一体化”发展	上海教育
2014(1B)	“绿色指标”评价的实践价值	上海教育
2013(12A)	让改革成果在更大范围内辐射	上海教育
2013(12B)	电子书包改变了什么	上海教育
2013(10B)	有必要普及教育测量初步知识	上海教育
2013(7B)	相关关系不等同因果关系	上海教育
2013(6A)	课堂教学：职初教师朝哪个方向起步	上海教育
2013(4B)	“大数据”也会影响基础教育	上海教育
2013(3B)	“零起点”的校长职责	上海教育
2013(1B)	课堂转型引发信息技术功能多种诉求	上海教育
2013(1A)	“先学后教”之释疑	上海教育
2012(12A)	可以做些未立项的教育小实验	上海教育
2012(11B)	以教育公平促进教育质量提升	上海教育
2014(4)	后“茶馆式”教学——走向“轻负担、高质量”的实践研究	中小学校长

续表

发表期数	文章名称	期刊名
2013(B5)	课程与教学改革的自信	上海教育(环球教育时讯)
2014(3A)	后“茶馆式”教学的基本假设	现代教学
2014(4A)	后“茶馆式”教学的教学方式	现代教学
2014(5A)	后“茶馆式”教学的教学手段	现代教学
2014(8AB)	提高校长的价值领导力	现代教学
2014(9A)	后“茶馆式”教学的教学策略	现代教学
2016(8)	“绿色指标”综合评价如何产生实践价值	人民教育
……	……	……